权威·前沿·原创

皮书系列为
"十二五""十三五"国家重点图书出版规划项目

融资租赁蓝皮书

BLUE BOOK OF
FINANCIAL LEASING

中国融资租赁业发展报告
（2018~2019）

ANNUAL REPORT ON CHINA'S FINANCIAL LEASING
DEVELOPMENT (2018-2019)

中国社会科学院金融研究所
中国博士后特华科研工作站
主　编／王　力　黄育华
副主编／王光伟　祝玉坤

社会科学文献出版社
SOCIAL SCIENCES ACADEMIC PRESS (CHINA)

图书在版编目（CIP）数据

中国融资租赁业发展报告. 2018 - 2019 / 王力，黄育
华主编. -- 北京：社会科学文献出版社，2019.5
（融资租赁蓝皮书）
ISBN 978 - 7 - 5201 - 4406 - 3

Ⅰ.①中… Ⅱ.①王… ②黄… Ⅲ.①融资租赁 - 研
究报告 - 中国 - 2018 - 2019 Ⅳ.①F832.49

中国版本图书馆 CIP 数据核字（2019）第 036619 号

融资租赁蓝皮书
中国融资租赁业发展报告（2018~2019）

主　编／王　力　黄育华
副主编／王光伟　祝玉坤

出 版 人／谢寿光
组稿编辑／恽　薇　颜林柯
责任编辑／颜林柯

出　　版／社会科学文献出版社·经济与管理分社（010）59367226
　　　　　地址：北京市北三环中路甲 29 号院华龙大厦　邮编：100029
　　　　　网址：www. ssap. com. cn
发　　行／市场营销中心（010）59367081　59367083
印　　装／天津千鹤文化传播有限公司

规　　格／开　本：787mm×1092mm　1/16
　　　　　印　张：19　字　数：284 千字
版　　次／2019 年 5 月第 1 版　2019 年 5 月第 1 次印刷
书　　号／ISBN 978 - 7 - 5201 - 4406 - 3
定　　价／148.00 元

本书如有印装质量问题，请与读者服务中心（010 - 59367028）联系

融资租赁蓝皮书编委会

主要编撰者简介

王 力 经济学博士，特华博士后科研工作站执行站长，中国社会科学院金融研究所博士生导师，北京大学经济学院校外导师，湖南大学金融学院和上海商业发展研究院兼职教授。主要研究领域为区域金融、产业经济、资本市场和创业投资。中国生产力学会常务理事和副秘书长，中国保险学会常务理事和副秘书长，中国城市经济学会常务理事，北京创业投资协会副秘书长，受聘担任多家地方政府经济顾问和上市公司独立董事。出版《兼并与收购》《香港创业板市场研究》《中国创业板市场运行制度研究》《中小企业板市场研究》《国际金融中心研究》《中国区域金融中心研究》《国有商业银行股份制改革研究》等10多部著作，在国家核心刊物发表学术论文170余篇，主编《中国服务外包竞争力发展报告》《中国金融中心城市金融竞争力发展报告》《中国上市公司质量评价报告》《中国融资租赁业发展报告》《中国保险业竞争力发展报告》等多部蓝皮书，主持"深圳金融后台与服务外包体系建设研究""北京中关村科技园区金融资源整合研究""当前金融领域流动性紧张问题研究""上海自贸试验区金融创新机制研究"等省部级和国家级重点课题50余项。

黄育华 经济学博士，毕业于中国社会科学院研究生院，金融学博士后，现就职于中国社会科学院城市发展与环境研究所城市经济研究室。主要研究领域为金融理论、城市经济和风险管理。编著出版《香港创业板市场研究》《国际金融中心研究》《中国金融论丛》《中国金融风险管理》《中国服务外包竞争力发展报告》《中国金融中心城市金融竞争力评价报告》等多部著作。在《中国金融时报》《国际金融报》《经济日报》《中国金融》《经济研究参考》等国家核心报刊发表《中国金融中心建设若干问题研究》《中国城市基础设施资产证券化研究》等学术论文 80 余篇。主持和参与国家社科基金项目"国有商业银行股份制改造跟踪研究"（编号：05BJY101）、北京市软科学项目"首都金融后台与服务外包体系建设研究"　（编号：Z000608100007104）、国家自然科学基金项目"商业银行操作风险管理研究"（编号：71040011）、中国社会科学院国情调研项目"新型城镇化背景下政府融资平台发展对策研究"（编号：2013）、"北京金融业发展战略研究"（2003）、"中国城市发展报告——城市投融资体制改革与创新"（2007）、"中国城市发展报告——中国开发区建设与发展"（2009）、"城市经济学"（2010）、"消费金融问题研究"（2011）和"中国生态环境报告"（2013）等国家和省部级课题。

王光伟　经济学博士，毕业于中国社会科学院研究生院，特华博士后科研工作站博士后。现供职于中国铝业集团，担任中铝保险经纪（北京）股份有限公司总经理、北京保险中介行业协会常务理事。主要研究方向为货币金融、公司金融、融资租赁和保险经纪。参与多项重要课题，包括清华大学国家金融学院主持的租赁法修改和内蒙古自治区金融改革发展课题等，在《征信》等核心刊物发表文章多篇。

祝玉坤　经济学博士，毕业于西安交通大学经济与金融学院，特华博士后科研工作站博士后，美国印第安纳大学奥斯特罗姆政治理论与政策分析研究所高级访问学者，中国能源战略研究院企业导师。主要研究领域包括资本市场、融资租赁、财税政策、产业经济，拥有丰富的投资银行业务经验，地方政府融资、企业上市、债券发行与承销等领域专家。先后在《财贸经济》《财政研究》《税务研究》《当代经济科学》《银行家》等学术期刊发表论文10 余篇，主编或参编"融资租赁蓝皮书"、"新三板蓝皮书"、"自贸区蓝皮书"、《陕西经济发展报告》、《西安经济发展报告》等多部业内权威著作。主持和参与"北京市'十三五'时期金融业发展规划""北京市基金小镇产业发展规划""石景山区'十三五'时期现代金融产业发展规划""经济新常态下发展绿色债券之路径探讨""上海保险资产交易所实施发展规划""新三板市场流动性分析""亚太租赁资产交易中心发展规划""西部开发中中央与地方政府间财政利益关系研究""完善我国矿产资源开发的税制研究""我国省以下政府间转移支付制度研究""西安产业聚集和集群发展的路径、机制与政策选择""西安浐灞生态区财政发展战略"等国家社科基金或省部级重点课题，主持中国博士后科学基金第57批面上资助项目（一等资助）、北京市博士后科学基金A类资助项目。

摘　要

随着我国引导金融回归服务实体经济本源、防范系统性金融风险，金融迎来强监管，融资租赁统一监管形成，融资租赁业步入转型升级发展新阶段。《中国融资租赁业发展报告（2018～2019）》紧随融资租赁业发展新变化，从租赁行业的四大支柱即法律、监管、税收、会计制度出发，全面梳理我国融资租赁业的发展现状及存在的问题，系统研究国内外融资租赁理论和实践发展动向，提出我国融资租赁业发展的政策建议。

全书分为总报告、专题篇、城市篇和启示篇4个主要部分。

总报告认为我国融资租赁业在经历起步、规范和快速发展阶段后，由于内外部环境的变化，已经进入转型升级发展新阶段。总报告对融资租赁业的整体运行情况进行了全面分析，重点论述了监管分割格局的历史演变以及统一监管格局形成后对融资租赁业发展的影响。总报告坚定看好我国融资租赁业的发展前景，认为在系统解决行业面临的问题后，融资租赁业会凤凰涅槃，迈向高质量发展。

专题篇对我国融资租赁业发展的四大支柱，即法律、监管、税收和会计制度进行了研究，系统梳理了四大支柱在我国的演变脉络，结合发展的新实践，分析了现行制度环境的不足和缺陷，并提出了优化建议。其中，重点讨论了"营改增"税制和新租赁准则IFRS16的发布对融资租赁行业的影响，并提出了应对措施。

城市篇对比分析了我国三大融资租赁产业集聚地——天津、上海、深圳的发展概况、政策环境、优势特点、存在问题及前景展望，并选取三地的典型案例，介绍其发展经验。通过比较分析，多角度、全方位解读三地融资租赁业发展的动力因素，有助于对我国融资租赁业未来的发展趋势进行预测判断。

启示篇重点研究了融资租赁公司的融资渠道以及国际融资租赁业的发展经验。在融资部分，全面分析了融资租赁公司如何借助资本市场，使用资产支持证券、上市公司股东注资、债券融资、上市（股权）融资等金融工具拓展融资途径，以及部分公司通过资本市场融资的成功案例。此外，还专门分析了保险资金规模大、周期长的优势，及其全方位与融资租赁业深入创新合作的前景。在国际部分，首先介绍了欧美国家融资租赁业的发展情况，然后研究了美国、德国、日本、韩国融资租赁业的运作模式和监管体制。鉴于美国是全球最大的融资租赁市场，本报告深入探讨了美国融资租赁业的发展情况、盈利模式、融资模式、监管措施、扶持政策，总结了美国融资租赁的发展经验，提出了促进我国融资租赁业发展的对策。

关键词： 融资租赁业　四大支柱　产业集聚　资本市场工具

目　录

Ⅲ 城市篇

Ⅳ 启示篇

皮书数据库阅读**使用指南**

序 言

2015 年，融资租赁蓝皮书《中国融资租赁业发展报告（2014～2015）》正式发布，受到经济金融领域、学术界和监管部门的一致好评，对广大融资租赁从业者也具有较强的实践指导意义。目前，我国融资租赁行业继续保持蓬勃发展势头，截至 2018 年，融资租赁公司（不含项目公司、分公司、SPV 公司和收购的海外公司）数量达到 11565 家，较 2017 年增长了 27.2%；全国融资租赁合同余额 6.55 万亿元，较 2017 年增长了 8.1%。

变化在不知不觉中来临。2016 年，中央经济工作会议就提到要把防控金融风险放到重要的位置。2017 年，全国金融工作会议、十九大等相继召开，进一步强调金融要回归本源，更强调要加强金融监管。以国务院金融稳定监管委员会成立为标志，金融强监管的大幕徐徐拉开，一行两会等监管部门针对资管、银行、保险、公募等密集出台一系列监管政策。2018 年，中美贸易摩擦持续升级，我国宏观经济形势面临巨大压力和不确定性，标志着过去 10 多年来以金融自由化、影子银行、资管繁荣为特征的金融扩张周期结束，金融周期进入了下半场的收缩时代。

金融业"史上最严"监管年的来临，对融资租赁行业的冲击是不言而喻的。我国融资租赁行业在高速发展的同时，也集聚了较多风险。许多融资租赁公司偏离了融资租赁本质，完全围绕融资功能开展业务，有的甚至在成立之初就是为了利用外资融资租赁公司的外债额度引入境外资金。根据有关部门统计，目前整个行业大约有 2/3 的空壳和通道公司，即使正常经营的公司，也大多是开展类信贷业务，与银行直接竞争。由于不存在成本优势，融资租赁公司的客户往往是那些无法从银行获得信贷资金的客户，行业经营风险放大。在金融强监管的背景下，融资租赁公司传统的类信贷业务和通道业务势必会加速萎缩，融资租赁公司迫切需要找到一条能充分发挥自身优势和特点的转型升级发展之路。

本书对法律、监管、税收和会计制度融资租赁业四大支柱的发展变化进行了系统的实证研究。法律部分重点研究了实践先于法律、规制分散化与规章化的痼疾，以期推动《融资租赁法》出台，实现法律规制的体系化和制度化。监管方面最大的变化就是商务部将融资租赁业务经营与监管职责划给银保监会，由此统一的监管格局正式形成。一方面，解决了过去监管分割导致的市场主体竞争地位不平等、经营行为扭曲的问题；另一方面，也将推动不同类型的融资租赁公司根据比较优势分类经营，更好地控制金融风险，推动行业长期健康发展。在税收方面，深入剖析了"营改增"对融资租赁各参与主体的影响，并对不利因素进行规避。在会计制度方面，详细解读了新发布的租赁准则 IFRS16 的具体内容，新规则对会计处理方式、成本与效益、财务报表、投融资政策和租售策略的影响等。

本书的一个突出亮点，是对加快融资租赁产业集聚进行了研究。融资租赁因其对产业升级和新增固定资产投资的拉动，很受地方政府重视，各地纷纷从公司设立、融资政策、市场培育、物权保护、财税政策等方面出台优惠政策，吸引融资租赁公司入驻。但整体来看，我国融资租赁业发展的地区差异仍然很大，发展中形成了天津、上海、深圳 3 个融资租赁产业高地。本书分析了三地融资租赁业的发展概况、政策环境、优势特点、存在的问题，剖析了三地部分典型案例，期望全方位解读三地融资租赁业发展的动力因素，为其他地区融资租赁产业发展提供可借鉴的经验，并对我国融资租赁行业发展趋势做出判断和预测。

融资难是融资租赁业发展绕不开的话题。融资渠道狭窄、融资成本高企是制约我国融资租赁公司发展的主要因素，可喜的是，融资租赁公司在过去主要依靠银行信贷和股东注资的情况下，近年来充分借助资本市场力量，广泛利用资产支持证券、债券融资、上市融资、股权融资等金融工具，尤其引入长期处于旁观地位的保险资金，开辟了新的融资途径。通过关注这些积极的变化，通过剖析典型案例，将这些成功经验全面分享给读者，希望能够通过这些卓有成效的探索，从根本上解决融资租赁行业的融资问题。

　　本书还介绍了欧美国家融资租赁业的发展情况，重点研究了美国融资租赁行业，从其发展现状、盈利模式、融资模式、监管措施、扶持政策等方面全面分析了美国融资租赁业的发展经验。主要目的还是借外智，再联系我国实际，找到一条适合我国融资租赁业的发展之路。本书在秉承前两部蓝皮书风格特点的基础上，增加了大量鲜活生动的案例，目的是加强理论与实践的结合，以期给读者更大的实践指导价值。

编者

2019 年 1 月

总 报 告

General Report

B.1

金融强监管下中国融资
租赁业发展与展望

王 力 黄育华 王光伟*

摘 要： 融资租赁业在我国诞生以来，经历了起步、规范和快速发展
阶段，不管是企业数量还是业务规模都取得了令人瞩目的成
就。但是，我国融资租赁业仍处于初级发展阶段，具有强烈
的类信贷特征，在一定程度上偏离了融资租赁的本质。随着
国家引导金融服务实体经济、防范系统性金融风险的各项金
融强监管政策的出台，以及融资租赁统一监管格局的形成，

* 王力，经济学博士，中国博士后特华科研工作站执行站长，中国社会科学院研究生院金融系
博士生导师，北京大学经济学院校外导师，主要研究领域为产业经济、区域金融和资本市场
等。黄育华，经济学博士，中国社会科学院城市发展与环境研究所副研究员，主要研究领域
为金融理论、城市经济、风险管理等。王光伟，经济学博士，特华博士后科研工作站博士后，
现供职于中国铝业集团，研究方向为公司金融、资本市场、融资租赁。

我国融资租赁业开始进入转型升级发展新阶段。在新的形势下，融资租赁业面临法制建设不完善、租赁物登记未统一、融资渠道单一、资产管理能力弱等问题。我国经济新常态下经济增长速度开始放缓，但融资租赁快速发展的内在驱动力依旧强劲，融资租赁业应把握新时代发展机遇，切实转变经营模式，不断拓宽融资渠道，提升资产管理能力，走一条高质量的发展之路。

关键词： 融资租赁 统一监管 转型发展 资产管理

过去 10 年，我国处于明显的金融扩张周期，其主要特征是金融自由化、影子银行和资管繁荣。但是，这一切在 2017 年发生了深刻的变化。2017 年是金融监管大年，被称为金融业"史上最严"监管年，"一行三会"等监管机构密集发布一系列金融监管措施①，涉及资管、银行、保险、公募等金融领域的方方面面，标志着金融扩张周期画上句号，金融周期进入了下半场的收缩时代，这是一个具有深刻意义的转折点。

简单梳理一下本轮监管逻辑的脉络和演变，大致可以分为几个阶段。第一个阶段是 2008～2011 年。2008 年金融危机后，我国推出了扩大内需、促进经济平稳快速增长的 10 项措施，也就是通常所说的"4 万亿"，加上地方政府的各项配套措施，投资规模远超 4 万亿元。4 万亿元的投入，刺激了房地产投资和地方城投的崛起。两者一个收益率高，另一个有政府的隐性担保，拉动了实体经济的融资需求。在 2010 年房价飞涨、通胀抬头的情况下，地方政府债务问题凸显，国家实施从紧货币政策，并配以严厉的房地产管

---

① 据统计，2017 年全年，金融监管部门出台重要监管文件超过 20 个，行政处罚 2700 余件，罚没金额超过 80 亿元。这一势头在 2018 年开年仍然不减，仅第一季度央行和银保监会就出台 24 个监管政策文件，这在中国历史上绝无仅有。

控，为了绕开监管，银信合作模式应运而生。尽管此后银监会出台了各种银信合作规范政策，但监管和被监管者之间更多玩的是"猫抓老鼠"的游戏，同业创新模式层出不穷，影子银行在创新中不断强大。第二个阶段是2012～2016年。2012年，经济出现"类滞胀"，我国再度实施宽松货币政策，加上十八大后金融体制改革的推进，银行理财、券商资管和基金子公司开始崛起，推动了大资管或泛资管时代的到来，但大多数业务属于通道业务，成为规模扩张的主要贡献因素。在多头监管下，伴随流动性宽松，"同业存单—同业理财—委外"链条开始发展，保险通过发行万能险筹集巨额资金频繁举牌上市公司，P2P等互联网金融无序发展，各种案件频发，房地产和城投更为隐蔽，借道政府购买、产业基金和PPP大举融资，金融呈现一片"乱象"。第三阶段是从2016年开始。大家逐渐认识到，金融体系的过于膨胀和脱实向虚无助于国家核心竞争力的提升，2008年美国次贷危机的教训犹在眼前。大量金融资源被城投、房地产和僵尸企业消耗，宏观杠杆率不断攀升，经济结构恶化，系统性风险越来越大。因此，2016年底整治金融"乱象"的大幕徐徐拉开，直指分业监管下的监管空白和短板。

党中央、国务院高度重视对金融风险的防控。在2016年12月的中央经济工作会议上，就提到要把防控金融风险放到更加重要的位置①。2017年7月14～15日，5年一次的全国金融工作会议召开，会议重点围绕服务实体经济、防控金融风险、深化金融改革3项任务进行研究部署。会议决定设立国务院金融稳定监管委员会，强化跨部门监管协调功能，明确宏观审慎和系统性风险防范责任，并首次确认"机构监管"变为"功能监管和行为监管"。会议强调金融要回归本源，监管要"长牙齿"，所有金融业务都要纳入监管。10月召开的十九大，明确了金融发展的定位，并强调要守住不发生系统性风险的底线。2017年中央经济工作会议进一步指出，要打好"防范化解重大风险、精准脱贫、污染防治"三大攻坚战，首先是要打好防范

---

① 会议提到，"要把防控金融风险放到更加重要的位置，下决心处置一批风险点，着力防控资产泡沫，提高和改进监管能力，确保不发生系统性金融风险"。

化解重大风险攻坚战，重点是防控金融风险，要"服务于供给侧结构性改革这条主线，促进形成金融和实体经济、金融和房地产、金融体系内部的良性循环"。

融资租赁公司是一般工商企业还是金融服务企业，国内一直有争议。在过去的国民经济行业分类体系中，"金融业"门类下只有金融租赁，且明确为银监会批准的机构从事的业务。还有一个"租赁和商业服务业"门类，但在其下面并没有提到融资租赁。大家通常认为，非金融租赁公司从事的融资租赁，也就是商务部管理的内资试点融资租赁公司和外资融资租赁公司从事的融资租赁业务，应该属于"租赁和商业服务业"，而不是在"金融业"里面。实际上，融资租赁和金融租赁的业务没有本质区别，都是从事融资和融物相结合的金融服务，只是监管和审批的不同导致存在差异。这种现象已经发生变化，在国家统计局最新发布的《2017年国民经济行业分类》中，已经把融资租赁服务归类为"金融业"，且将融资租赁明确定义为经银行业监督管理部门或商务部批准，以经营融资租赁业务为主的活动。根据新的行业分类，融资租赁服务属于金融业，按照金融功能监管和行为监管的原则，融资租赁也将顺理成章被纳入大的金融监管范围。

近年来，我国融资租赁行业发展迅猛。截至2018年第三季度，融资租赁公司总数约为11565家，融资租赁合同余额6.55万亿元。但不可忽视的是，融资租赁行业的粗放发展，也集聚了一定风险，到了亟须规范整顿的时候。融资租赁本来是融资和融物的结合，实务中不少融资租赁公司偏离了融资租赁业务的本质，在经营中完全围绕融资功能开展业务，对交易的融物性质则视而不见，冲击了行业正常的经营秩序。更有甚者，许多融资租赁公司成立的初衷，就不是为了开展正常的融资租赁业务，有的是看重其具有金融属性的牌照价值抢先落子，有的则是看重外资融资租赁公司的外债额度，将其作为通道从境外引入相对低成本的资金。据粗略估算，融资租赁行业真正开展实质经营的公司不多，大约有2/3的空壳和通道公司，也就是说，正常做业务的不到4000家。即使这些正常经营的公司，也大多是开展类信贷的售后回租业务。另外，由于历史的原因，我国融资租赁公司被多头监管，不同类型的融资租赁公司所受监管规则和尺度不一，金融租赁公司监管有规范的监管指标，相对严格，而内资试点融资租赁公司和外资融资租赁公司的监管标准相对宽松，导致整个行业发展混乱。2018 年 5 月 14 日，商务部办公厅发布通知，将制定融资租赁公司业务经营与监管规则的职责划给银保监会，针对 3 类融资租赁公司的监管规则和标准有望统一。从大方向来说，将类金融机构纳入金融监管部门的监管框架，有利于整个金融行业的风险防控和发展稳定，但也将给整个融资租赁行业的发展带来冲击，加上金融业进一步对外开放，融资租赁行业将进入一个新的发展阶段。

一 我国融资租赁行业进入转型升级新阶段

融资租赁是目前世界上比较普遍和通行的一种非银行金融形式。出租人根据承租人对供应商和租赁物的选择，购买租赁物后给承租人使用。在租赁期内，租赁物的所有权和使用权分离，所有权仍归出租人所有，没有发生转移，承租人拥有租赁物的使用权。租赁期满，租赁物可由承租人留购、续租或退回出租人。在融资租赁项下，租赁物由承租人指定，往往具有专用性，出租人为了规避风险，在租赁期通过租金的回收基本上能覆盖资金成本并实现一定收益，因此，融资租赁合同的留购价款比较低，通常是象征性的 1 元，承租人也基本上留购。可见，融资租赁是一种将随附于某项资产所有权的全部风险和报酬都实质性转移给承租人的交易。

融资租赁是集融资与融物、贸易与技术更新于一体的新型金融产业，是在现代化大生产条件下，实物信用和银行信用相结合的产物，也是目前国际上提供租赁服务的普遍模式。作为一种重要的社会信用，融资租赁演变到今天的模式大概经历了 3 个阶段：古代传统租赁、近代设备租赁和现代融资租赁。现代融资租赁产生于 20 世纪 50 年代的美国，1952 年诞生了第一家融资租赁公司——联合金融公司，标志着现代融资租赁业的正式开始。自此，融资租赁凭借其在改善资产结构、促进销售以及融资手段创新等方面的优势，获得了迅速发展，与银行信贷、证券并列，成为三大融资工具之一。在欧美发达国家，融资租赁已成为仅次于银行信贷的第二大融资方式，全球近1/3 的固定资产投资是通过融资租赁方式完成的。

我国的融资租赁发端于改革开放政策的实施。20 世纪 80 年代，我国经济发展百废待兴，迫切需要外部资金和先进技术支持，融资租赁凭借其融资融物相结合的独特优势进入高层视野。在荣毅仁先生的倡导和努力下，1981年，中国国际信托投资公司与日本东方租赁株式会社成立了我国第一家融资租赁公司，正式从日本引入融资租赁业态，拉开了我国融资租赁业发展的序幕。迄今为止，我国融资租赁行业发展大体经历了 3 个阶段，目前进入第 4个发展阶段。

第一阶段是起步阶段，大体是 1980 ~ 1987 年。通过前期的大量筹备，1981 年成为我国融资租赁业发展的破局之年，在当年的 4 月和 7 月，相继成立了中国东方国际租赁公司和中国租赁有限公司，标志着我国现代融资租赁制度的建立和融资租赁业的兴起。改革开放初期，政府发展经济的热情高涨，但普遍受限于资金匮乏和技术落后，希望从国外引入资金和技术，而融资租赁成为有效解决上述问题的一个工具。因此，各级政府大力扶持融资租赁业的发展，有的甚至直接提供担保。融资租赁公司如雨后春笋般不断涌现，行业呈现一派繁荣景象。不过，当时的融资租赁业基本是野蛮粗放发展，行业的四大支柱即法律、监管、税收和会计制度多为空白，相关部门多以通知、批复等方式对具体问题进行规定，这为以后的发展埋下了隐患。

第二阶段是规范阶段，时间是 1988 ~ 2006 年。从 1988 年开始，国内的经济金融环境开始发生变化。一方面，经济明显过热，央行开始紧缩银根为经济降温；另一方面，经济体制改革不断推进，政府的定位和角色开始发生变化，作为一个市场主体直接参与经济的行为受到抑制。由于前期融资租赁业的发展过于依赖政策扶持和政府担保，外部环境的变化沉重打击了融资租赁业。另外，融资租赁公司本身的经营也偏离了自身的定位，风控能力低下，各类违规经营现象层出不穷。内外交困之下，行业发展低迷，拖欠租金成为行业普遍现象。尤其是 1997 年亚洲金融危机爆发，海外资本大量撤离融资租赁业，进一步恶化了行业环境，融资租赁业走到了生死攸关的十字路口。在此背景下，各方都在思考，融资租赁业究竟要不要发展，究竟怎样发展。1999年，中国人民银行在秦皇岛召开"中国租赁业研讨会"，统一了对融资租赁业的认识，标志着我国融资租赁开始艰难复苏。同时，我国逐渐认识到四大支柱的重要性，开始着手进行建设。《中华人民共和国合同法》、《企业会计准则——租赁》和《金融租赁公司管理办法》等文件和法规相继出台，结束了我国融资租赁业长期无法可依的局面，为行业后续的持续稳定发展奠定了基础。

第三阶段是快速发展阶段，时间为2007～2017年。经过前期近20年的探索，我国融资租赁业终于迎来了重要的战略发展期。2007年，根据新修订的《金融租赁公司管理办法》，商业银行设立金融租赁公司的禁令取消，银行系融资租赁公司加入融资租赁大家庭，其凭借雄厚的资本、充足的大型项目储备，引领我国融资租赁业进入了发展的快车道。2009年，商务部将外资租赁公司的审批权下放到省级商务主管部门，各地政府相继出台了一系列鼓励融资租赁业发展的政策措施。我国经济的高速增长、新常态下经济结构转型升级的需要，以及政府的高度重视，为融资租赁业的发展带来了巨大机遇。李克强总理多次指示要培育和发展好融资租赁①，国务院也出台了相关政策措施②。在各种利好因素的推动下，包括海外资金在内的各路资本纷纷进入融资租赁市场，融资租赁市场呈现蓬勃发展态势。截至2017年12月31日，我国融资租赁公司数量达到9090家，融资租赁合同余额约为6.06万亿元人民币。

第四阶段是转型发展阶段，从2018年开始。当前，我国融资租赁业处

① 2013年12月27日，李克强总理在天津视察工银金融租赁有限公司，指出"租赁行业是一块新高地，国际要培育这个行业发展起来"。2014～2015年在李克强总理主持召开的多次国务院常务会议上，都提及推动融资租赁行业发展的内容。尤其是在2015年8月26日会议指出，"加快发展融资租赁和金融租赁，是深化金融改革的重要举措，有利于缓解融资难融资贵，拉动企业设备投资，带动产业升级"。

② 2015年9月7日、8日，国务院办公厅分别印发《关于加快融资租赁业发展的指导意见》和《关于促进金融租赁行业健康发展的指导意见》，系统全面地描绘了我国融资租赁和金融租赁业的发展蓝图。

于初级发展阶段的特征比较明显。商务部发布的《2015 年融资租赁行业运行情况分析》报告显示，2015 年度，内资试点融资租赁公司和外资融资租赁公司的售后回租业务居高不下，占比达到 83.9%。外资融资租赁公司数量占全部融资租赁公司的比例超过 95%，空壳化和通道化现象比较严重，大多数外资融资租赁公司偏离融资租赁本质，实际上沦为银行的通道，靠收取手续费获取收入。更有甚者，不少外资融资租赁公司淡化融物特征，仅围绕融资功能开展业务。前些年利用境外资金成本低的条件，利用自身的外债额度，大量引入境外资金，成为境外资金流入通道，破坏了正常的金融秩序，对融资租赁行业的声誉造成了不良影响。即便是正常开展业务的融资租赁公司，也大多以银行信贷的思路和模式拓展业务，没有深耕的行业、企业和用户，其业务人员大多由银行信贷人员转行过来，业务资源主要来自银行；风控能力不高，增信措施与银行无异，基本是厂房、土地抵押，或者第三方担保。融资租赁公司与银行相比不具有成本优势，业务类信贷化后，客户有资金需求，第一选择通常是银行，只有在不能从银行获取资金的情况下，才转而考虑融资租赁公司。因此，融资租赁公司的客户质量堪忧，经营风险逐渐加大。2017 年以来，金融监管机构密集发布各项监管政策，引导市场服务实体经济，防范系统性金融风险。随着银保监会的成立，商务部将制定内资试点融资租赁公司和外资融资租赁公司的业务经营与监管职责交由银保监会行使，以前被视为类金融机构的融资租赁公司被纳入金融监管框架，对其运营管理水平提出了更高的要求。《关于规范金融机构资产管理业务的指导意见》发布，融资租赁公司传统的类信贷业务和通道业务势必萎缩，融资租赁公司需要进一步厘清发展模式，回归融资租赁业务本源，走出一条转型升级的发展之路。

二 我国融资租赁行业运行情况分析

（一）企业数量

我国融资租赁公司近年来数量增长较快（见图 1）。

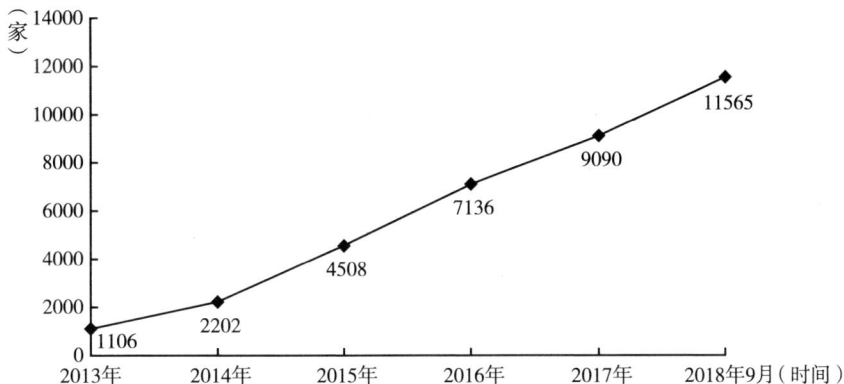

图1 融资租赁公司数量增长情况

资料来源：万得、中国租赁联盟、联合租赁研发中心、天津滨海融资租赁研究院。

截至 2018 年 9 月，我国融资租赁公司①数量为 11565 家，比 2017 年底的 9090 家增加了 2475 家，增幅为 27.2%。

金融租赁公司 69 家，与 2017 年底相比没有变化，原因是银保监会在 2018 年还没有审批放行新的金融租赁企业。

内资试点融资租赁公司 397 家，较 2017 年底的 276 家增加 121 家，增幅为 43.8%。增速较快的主要原因是从 2016 年 3 月起，商务部、国家税务总局下发《关于天津等 4 个自由贸易试验区内资租赁企业从事融资租赁业务有关问题的通知》（商流通函〔2016〕90 号），将注册在自贸试验区内的内资试点融资租赁公司试点确认工作委托给各自贸试验区所在的省、直辖市、计划单列市级商务主管部门和国家税务总局。进入 2018 年，天津、广东等地加快了内资企业开展融资租赁业务的试点工作，导致企业数量持续增长。

外资融资租赁公司 11099 家，较 2017 年底的 8745 家增加了 2354 家，增幅为 26.9%，增速有所放缓。

融资租赁公司数量分布不均衡，仍以外资融资租赁公司为主（见图2），

---

① 不含单一项目公司、分公司、SPV 公司和收购的海外公司，下同。

外资融资租赁公司数量占比达到96%，金融租赁公司数量占比为1%，内资试点融资租赁公司数量占比为3%。

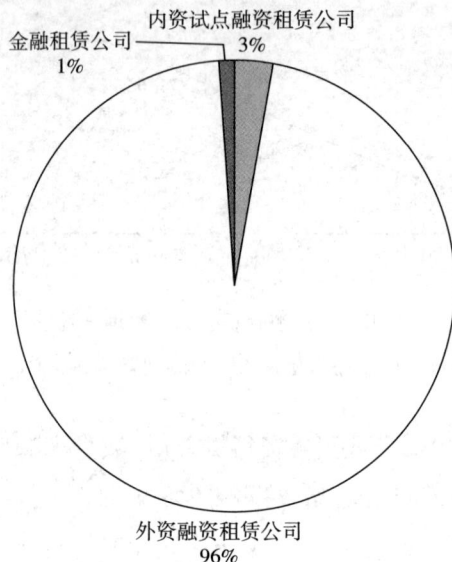

图2 2018年9月融资租赁公司类型分布

资料来源：中国租赁联盟、联合租赁研发中心、天津滨海融资租赁研究院。

（二）业务规模

我国融资租赁业务规模逐年稳步上升（见图3），业务范围日益扩大，在航空、医疗、工业装备等领域已经成为主流的融资方式。

截至2018年9月，我国融资租赁合同余额为6.55万亿元，较2017年底的6.06万亿元增加了4900亿元，增幅8.1%。其中，金融租赁公司合同余额2.45万亿元，较2017年底的2.28万亿元增加了1700亿元，增幅7.5%；内资试点融资租赁公司合同余额2.06万亿元，较2017年底的1.88万亿元增加了1800亿元，增幅9.6%；外资融资租赁公司合同余额2.04万亿元，较2017年底的1.90万亿元增加了1400亿元，增幅7.4%。

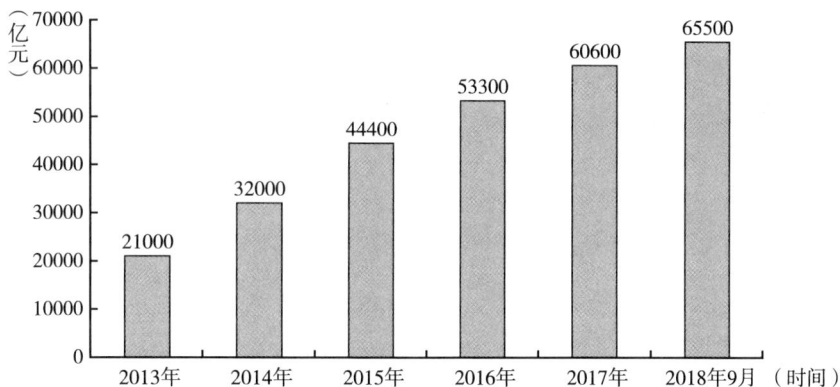

图 3　融资租赁合同余额增长情况

资料来源：万得、中国租赁联盟、联合租赁研发中心、天津滨海融资租赁研究院。

从结构上看，金融租赁公司合同余额占比为 37.4%，内资试点融资租赁公司合同余额占比为 31.5%，外资融资租赁公司合同余额占比为 31.1%，基本上是三分天下的格局。但外资融资租赁公司数量占比为 96%，与其合同余额占比不相称。

（三）注册资金

我国融资租赁公司注册资本金逐年上升，截至 2018 年 6 月底达到 32762 亿元①，较 2017 年底的 32031 亿元增加了 731 亿元，增长 2.3%，增速有所放缓（见图 4）。

金融租赁公司注册资本金为 2262 亿元，较 2017 年底的 1974 亿元增加了 288 亿元，增长 14.6%；内资试点融资租赁公司注册资本金为 2117 亿元，较 2017 年底的 2057 亿元增加了 60 亿元，增长 2.9%；外资融资租赁公司注册资本金 28383 亿元，较 2017 年底的 28000 亿元增加了 383 亿元，增长 1.4%。

金融租赁公司注册资本金占融资租赁公司注册资金的比例为 6.9%，内资试点融资租赁公司占比为 6.5%，外资融资租赁公司占比最高，达到

---

①　外资融资租赁公司注册资金美元按照 1∶6.9 的平均汇率折算成人民币。

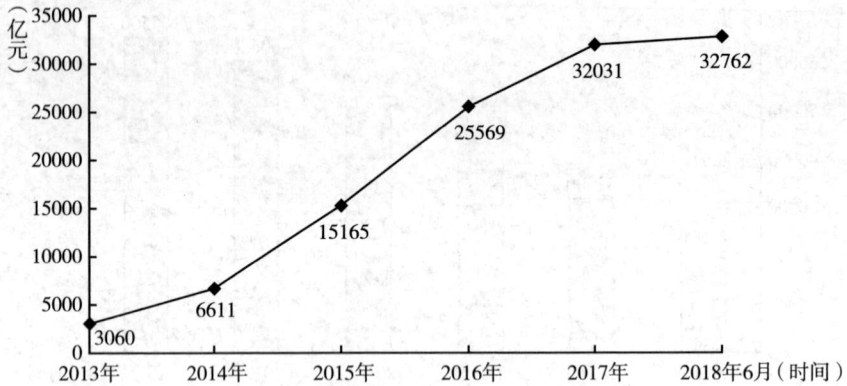

图4 融资租赁公司注册资金增长情况

资料来源：万得、中国租赁联盟、联合租赁研发中心、天津滨海融资租赁研究院。

86.6%。按注册资金为序，全国排名前10的融资租赁公司如表1所示，天津渤海租赁有限公司以221.01亿元的注册资本金规模排在榜首，工银金融租赁有限公司在2018年6月将未分配利润70亿元转增注册资本，以180亿元的注册资本金规模跃居第2位。

表1 截至2018年9月融资租赁公司注册资本金排名前10

排名	企业	注册时间	注册地	注册资金（亿元）
1	天津渤海租赁有限公司	2008	天津	221.01
2	工银金融租赁有限公司	2007	天津	180.00
3	浦航租赁有限公司	2009	上海	126.83
4	国银金融租赁股份有限公司	1984	深圳	126.42
5	远东国际租赁有限公司	1991	上海	125.35
6	平安国际融资租赁有限公司	2012	上海	122.11
7	长江租赁有限公司	2004	天津	107.90
8	芯鑫融资租赁有限责任公司	2015	上海	106.50
9	郎丰国际融资租赁(中国)有限公司	2016	珠海	103.50
10	上海易鑫融资租赁有限公司	2014	上海	103.50

资料来源：中国租赁联盟、联合租赁研发中心、天津滨海融资租赁研究院。

（四）资产规模

我国融资租赁公司资产规模逐年稳步上升，2017 年底达到 5.20 万亿元，相比 2016 年底的 4.36 万亿元增加了 8400 亿元，同比增长 19.3%（见图 5）。

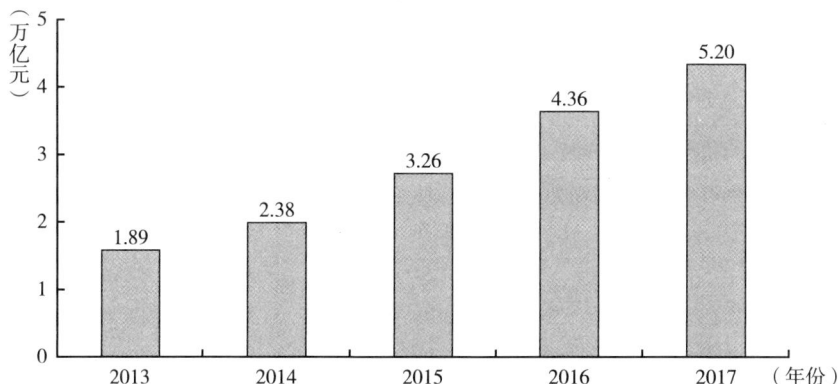

图 5　融资租赁公司资产规模逐年增长情况

资料来源：根据公开资料整理。

截至 2018 年 6 月，金融租赁公司资产规模达到 2.66 万亿元，相比 2017 年底的 2.60 万亿元增加 600 亿元，增长 2.3%（见图 6），增速明显放缓。

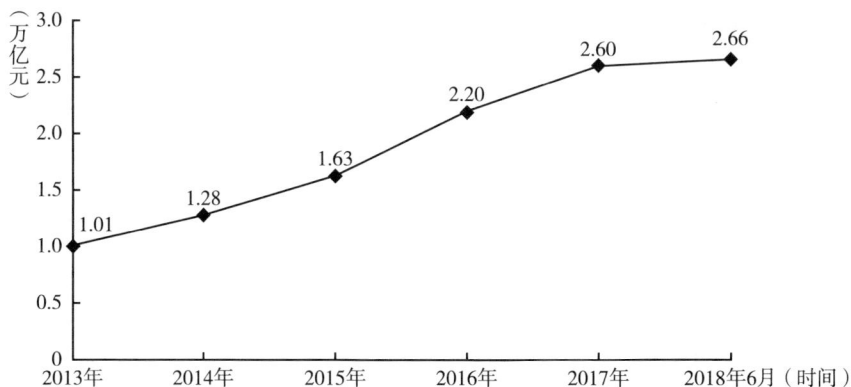

图 6　金融租赁公司资产规模增长情况

资料来源：中国租赁联盟、联合租赁研发中心、天津滨海融资租赁研究院。

在金融租赁公司中，2017 年底资产规模超千亿元的有 8 家，基本属于银行系金融租赁公司，其中工银金融租赁资产规模排名第一，达到 3148.94亿元。

表2　金融租赁公司按资产规模排名前10

单位：亿元，%

序号	公司名称	资产规模	同比增长	营业收入	同比增长	净利润	同比增长
1	工银金融租赁	3148.94	4.76	81.66	4.12	35.68	4.33
2	交银金融租赁	2072.43	20.56	124.05	37.15	24.10	20.44
3	国银金融租赁	1870.99	12.36	118.00	9.10	21.31	36.50
4	民生金融租赁	1782.89	16.84	118.70	34.69	17.05	32.12
5	招银金融租赁	1554.15	13.45	89.77	30.75	19.59	15.05
6	建信金融租赁	1380.13	9.08	79.04	15.70	12.22	-3.48
7	兴业金融租赁	1349.38	14.63	71.11	17.11	15.20	10.15
8	华融金融租赁	1320.00	11.39	64.18	15.27	16.23	10.25
9	光大金融租赁	646.73	0.20	32.04	5.27	5.74	6.67
10	中国外贸金融租赁	634.01	31.70	34.48	146.81	8.36	51.72

资料来源：中国租赁联盟、联合租赁研发中心、天津滨海融资租赁研究院。

（五）地区分布

截至 2018 年 9 月，我国融资租赁公司分布在 31 个省、直辖市，10个省、直辖市的融资租赁公司数量超过 100 家，分别是广东、上海、天津、辽宁、浙江、福建、山东、江苏、北京和陕西（见图7）。广东、上海和天津三个地区形成了融资租赁产业集群，广东融资租赁公司数量为4116 家，占全国融资租赁公司的比重为 36%，上海为 2201 家，占比19%，天津为 1970 家，占比 17%。这三个地区得益于自贸区的政策优势以及地方政府的积极扶持，融资租赁公司总数量达到 8287 家，占比达到 72%。

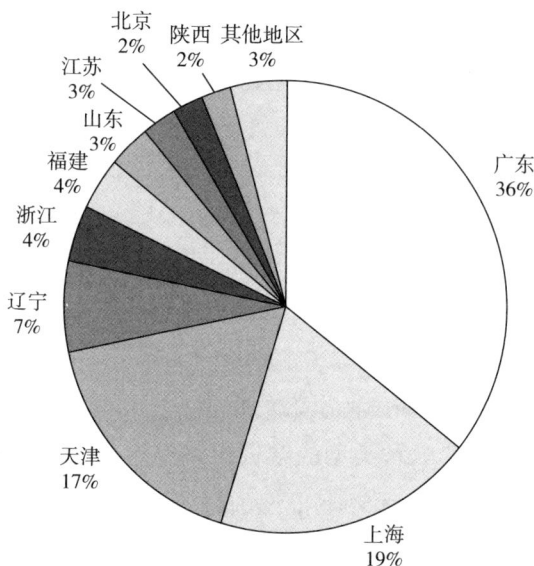

图7 2018年9月全国融资租赁公司地区分布

资料来源：中国租赁联盟、联合租赁研发中心、天津滨海融资租赁研究院。

三 我国融资租赁行业统一监管的形成及影响

2018年5月14日，商务部办公厅发布《商务部办公厅关于融资租赁公司、商业保理公司和典当行管理职责调整有关事宜的通知》，将制定融资租赁公司业务经营与监管规则的职责划给银保监会，至此，困扰融资租赁行业多年的多头监管局面有望结束。此次银保监会的扩权，符合业内的预期，与中央防范金融风险的整体思路和用意高度相关。在2017年全国金融工作会议上，明确提出要加强功能监管，更加重视行为监管，也就是金融大监管。

地方金融办已有所行动，早在2017年12月15日，深圳市金融办就更新了职责内容①，明确将融资租赁公司等 7 类地方金融机构纳入监管范围，这在全国属于首次，还加挂了金融监管局的牌子，可以说是一个强烈的信号。

（一）监管分割格局的演变

我国融资租赁的监管现状可概括为"一个开放市场，两套监管体系，三类企业准入"。"一个开放市场"指的是融资租赁市场是开放的，不管是金融租赁公司还是非金融租赁公司，签订的融资租赁合同都是合法有效、受法律保护的。"两套监管体系，三类企业准入"指的是融资租赁公司有两个监管主体，并因此分为三种类型的融资租赁机构。一个是银监会（现银保监会）的监管体系，在此体系下批设的融资租赁机构属于金融租赁公司，是金融机构；另一个是商务部的监管体系，在此体系下批设的融资租赁机构属于非金融机构，其中又可分为商务部和国家税务总局批设的内资试点融资租赁公司、商务部省级主管部门批设的外资融资租赁公司。

要追溯融资租赁行业监管分割格局形成的缘由，应从融资租赁业态进入我国的那一天开始分析。可以说，在我国经济体制改革、国家部委职能调整的大背景下，融资租赁分部门监管有其历史的必然性。

对发展初期的我国融资租赁业，与其说是监管，不如说是审批。改革开放初期，融资租赁集融资和融物的特点，非常适合我国引入外资和国外先进设备的需要。当时租赁业务主要是进口设备，因此 1985 年政府明确中外合营或外商独资的租赁公司一律由对外经济贸易部审批。2000 年中国人民银行也正式确认外商投资融资租赁公司的主体资格由对外贸易经济合作部审批和监管。2003 年，商务部成立，整合了国家经贸委负责贸易的部门和对外贸易经济合作部，相应的，由商务部负责对外商投资租赁公司进行审批监管。

---

① 深圳金融办负责"对全市辖区内小额贷款公司、融资担保公司、区域性股权市场、典当行、融资租赁公司、商业保理公司、地方资产管理公司等金融机构实施监管，强化对全市辖区内投资公司、社会众筹机构、地方各类交易场所的监管，配合有关部门加强对互联网金融监管"。

原国内贸易部负责管理内资租赁公司，曾挑选部分有资质的租赁公司试点开展融资租赁业务。后来因国家体制改革，国内贸易部被撤销，又历经国家经贸委和商务部，目前相关管理职能由商务部承担。2004 年，商务部与国家税务总局联合启动内资租赁公司开展融资租赁业务的试点工作，审批设立的机构称为内资试点融资租赁公司。综上可见，由于国家部委的不断重组和职能范围的不断调整，内资试点融资租赁公司和外资融资租赁公司的监管机构几经变化，最终全部归于商务部。

从 1984 年起，许多银行开始涉足融资租赁业务，主要通过其下属的信托部门兼营。到了 1988 年，由于融资租赁全行业的经营乱象，系统性风险凸显，我国对融资租赁行业开始清理整顿。中国人民银行牵头，对融资租赁业务属性进行了重新界定，明确为金融业务。这样，非金融机构的内资租赁公司被清退。中国人民银行批准了 16 家融资租赁公司，将其定性为金融机构，归属为金融租赁公司，由中国人民银行监管。2003 年，银监会成立，中国人民银行将金融租赁公司的监管职责移交给银监会。

随着银监会和商务部两个监管主体的形成，两个部门不断出台和修订针对融资租赁公司的监管办法和制度，两套监管体系不断完善，最终演变成当前的监管分割格局。目前银保监会负责审批监管金融租赁公司，主要依据是 2014 年出台的《金融租赁公司管理办法》，对其监管的思路主要参考银行业金融机构，监管比较严格。商务部则负责监管内资试点和外资融资租赁公司，主要依据是 2013 年 9 月出台的《融资租赁企业监督管理办法》，实行的是适度监管原则。

（二）多头监管引发的问题

融资租赁分部门监管，不同类别的融资租赁公司适用不同的监管规则，会衍生出很多问题。一方面，不同类型融资租赁公司从事的业务本质是相同的，理应享有平等的竞争环境，由于"出身"而产生区别，这违背了市场公平竞争的原则；另一方面，融资租赁公司类别属性不同，优劣势就不同，继而在发展方向和空间上存在差异，这会扭曲市场主体的经营行为，迫使市场主体将精力放到追逐更好的"出身"上，在一定程度上忽视了自身的经营。

1. 租赁物范围不同

对于金融租赁公司的租赁物，《金融租赁公司管理办法》中明确规定是固定资产。这样，只要在会计上可以确认为固定资产的，都可以作为金融租赁公司的租赁物。另外，规定中还有一句话"银监会另有规定的除外"，为将来租赁物范围的调整留出了空间。

《外商投资租赁业管理办法》中明确规定了外资融资租赁公司的租赁物是设备动产、交通工具及附带的无形资产。内资试点融资租赁公司的租赁物范围则比较宽泛，目前没有明确的限定，只有一个定性的认定，即租赁物要"权属清晰、真实存在且能够产生收益"。

综上可见，三类融资租赁公司的租赁物标准不一，内资融资租赁公司最为宽泛，金融租赁公司次之，外资融资租赁公司限定最严。举个例子，房屋建筑和高速公路是固定资产，可以作为金融租赁公司的租赁物，内资试点融资租赁公司虽然没有明确，但从定性上应该也可以，外资融资租赁公司则不行。人为将融资租赁公司的租赁物范围区别开来，不利于形成有效的竞争，导致市场效率损失。

2. 准入门槛不一

准入门槛的高低主要看最低注册资本要求、对出资人或发起人的要求、审批难度等。金融租赁公司的最低注册资本金为一次性实缴的1亿元人民币或等值自由兑换货币；外资融资租赁公司的最低注册资本不低于1000万美元，没有要求一次性实缴；内资试点融资租赁公司的最低注册资本金为1.7亿元，这个要求是针对2001年9月1日至2003年12月31日期间设立的内资试点融资租赁公司，后来没有进行调整，一直按照这个标准沿用至今。可以看出，内资试点融资租赁公司的注册资本要求远高于其他两类公司。

银保监会沿袭对金融机构出资人和发起人严格审批的惯例，对金融租赁公司的出资人和发起人有非常明确的准入规范，不仅如此，还严控牌照发放。截至 2017 年底，金融租赁公司只有 69 家，占全国融资租赁公司 9090 家的比重仅为 0.76%。内资试点融资租赁公司的设立，需要通过省级商务厅申报试点资格，再由商务部和国家税务总局联合确认，每批次数量不多，审批相对严格。2016 年，商务部和国家税务总局将天津等 4 个自由贸易试验区的内资试点融资租赁公司试点确认工作下放，导致数量一度上升。外资融资租赁公司的审批层级已经下放到省级商务主管部门和高级经济技术开发区，审批相对宽松，数量也最多，2017 年底占比达到 96%。

3. 经营范围迥异

融资租赁是资金密集型行业，融资租赁公司的融资成本和融资便利性对其经营模式有很大影响，甚至在一定程度上决定其发展方向和路径。三类融资租赁机构在经营范围上的一个重要区别就是融资途径的问题。金融租赁公司是金融机构，根据《金融租赁公司管理办法》，金融租赁公司可以同业拆借、发行金融债，还可以吸收非银行股东 3 个月以上的定期存款，这也是金融租赁公司在三类机构中受出资人和发起人青睐的主要原因。外资融资租赁公司有外债额度，可以引入境外资金。前些年境外资金成本较低，外资融资租赁公司引入大量境外资金，甚至有的外资融资租赁公司成立的主要目的就是作为境外资金流入的通道。内资试点融资租赁公司的融资途径则相对狭窄，既没有境外融资的便利，也很难直接进入金融市场融资。可见，从事同质业务的融资租赁公司因监管主体的不同而被划入不同类型，从而造成融资环境的差异，也就难以开展公平竞争。

4. 监管程度不同

三类融资租赁公司受到的监管程度不一样。对内资试点融资租赁公司和外资融资租赁公司的监管相对宽松，主要是控制其杠杆水平，要求其风险资产不能超过其净资产的 10 倍。除此以外，没有其他严格的监管指标。而且，由于这两类融资租赁机构数量众多，监管难以到位，甚至处于缺位状态。金融租赁公司则完全不一样，我国对金融机构一直实行严格的监管，金融租赁公司也不例外。对金融租赁公司的监管有非常明确和具体的风险监管指标，很多指标甚至直接参考对银行的监管，比如单一客户关联度、单一客户融资集中度等。银保监会对金融租赁公司的监管非常细致和及时，并有详尽和多频的现场和非现场检查。可见，金融租赁公司面临的监管环境更严格。

5. 税收差别待遇

三类融资租赁机构在税收政策上的差异，从另一个角度揭示了金融机构和非金融机构的不同。金融租赁公司是金融机构，基于审慎经营的考虑，可以按照《金融企业准备金提取管理办法》税前计提呆坏账准备金。内资试点融资租赁公司和外资融资租赁公司不是金融机构，不能享受上述税收待遇，一方面导致税收地位不利，另一方面也不利于企业稳健经营。

（三）统一监管对融资租赁行业发展的影响

此次商务部划转、银保监会接收的是制定业务经营和监管规则的职能，并不是实施具体监管，也不是代表要出现一个全新的监管业态，更多的是落实 2017 年全国金融工作会议上提出的金融管理职责划分的要求[①]。因此，融资租赁公司的监管模式可能更多要参考小额贷款公司的监管方式。2008年，银监会和中国人民银行共同发文，将小额贷款公司的监管责任和风险处置责任落实到地方政府[②]。自此，小额贷款公司开启了银监会和央行制定业务经营和监管规则，各省金融办或指定省属部门进行具体监管的模式。循此思路，内资试点融资租赁公司和外资融资租赁公司，未来可能由银保监会制定要求和标准，委托地方政府管理，再由地方政府将监管任务下放到地方金融办，地方金融办实施具体监管。

统一监管有利于更好地控制社会金融风险，推动融资租赁行业长期健康发展。与金融租赁公司相比，内资试点和外资融资租赁公司所受监管明显不足，多数成为影子银行，为企业提供流动性和增加杠杆。在防控金融风险的

---

① 会议提到，地方政府要在坚持金融管理主要是中央事权的前提下，按照中央统一规则，强化属地风险处置责任。

② 《关于小额贷款公司试点的指导意见》（银监发〔2008〕23 号）指出："凡是省级政府能明确一个主管部门（金融办或相关机构）负责对小额贷款公司的监督管理，并愿意承担小额贷款公司风险处置责任的，方可在本省（区、市）的县域范围内开展组建小额贷款公司试点。"

大环境下，银行等金融机构在"去杠杆"，融资租赁公司等影子银行却在变相"加杠杆"。统一监管后，融资租赁公司会受到严格监管，有利于更好地控制社会金融风险。另外，金融租赁公司与内资试点和外资融资租赁公司长期以来因监管分割，造成业务性质相同的机构，却产生隔阂和经营异化。统一监管后，三类融资租赁公司在租赁物范围、接入征信、税前计提坏账准备金等方面有望统一标准，有助于营造公平竞争环境，推动行业健康有序发展。

统一监管在短期内将不可避免地冲击融资租赁行业，抑制类信贷和通道业务，融资租赁公司将出现分化。在经济下行的宏观背景下，规模大、风险低、期限长的政府平台类项目和类信贷通道业务一直受到融资租赁公司的偏爱。随着中央政府出手规范地方融资平台，政府平台融资与政府信用脱钩，平台类项目规模大幅下降，促使融资租赁业务向实体经济转型。"资管新规"消除多层嵌套，打击通道类产品，纯通道的融资租赁业务将没有生存空间，直接租赁和经营租赁将是融资租赁业务发展的大趋势。在新的监管形势下，银行系金融租赁公司的优势在于资金，其一直是银行信贷的一个补充，面临转型的压力，但并不迫切。而大量的第三方融资租赁公司，会逐步淡化资金功能，应立足于产业，开展专业化经营，在深耕领域内开展以融物为主的业务。一些资金规模小、没有专业经营能力的融资租赁公司将被清除和淘汰，融资租赁公司近年来的大跃进局面可能告一段落。

四　我国融资租赁行业发展要着力解决的若干问题

支撑行业的四大支柱即法律、监管、税收和会计制度不断成熟完善，尤其是监管的统一，排除了融资租赁发展道路上的一个主要障碍。但受诸多因素的影响，现阶段仍有不少问题亟须解决。

（一）法制建设不完善

融资租赁集融资和融物为一体，交易关系复杂，涉及众多法律关系，通常会有物权、债权法律关系，如果进入医疗、航空领域经营，还需遵守这些特殊行业的法律规范，另外也会涉及财税、外汇等特殊领域的监管。

我国一直没有针对融资租赁出台专门的法律，现行规范融资租赁交易的法律主要是《中华人民共和国合同法》（以下简称《合同法》）和《中华人民共和国民用航空法》。《合同法》在第十四章融资租赁合同部分明确了融资租赁合同的定义、合同条款以及违约责任等，是目前融资租赁行业的主要法律依据。《中华人民共和国民用航空法》第四节则对民用航空器这类特殊的租赁物进行了专门的规定。随着行业的发展，融资租赁案件增多，《合同法》的基本规定不能满足案件审理需要。2014 年，最高人民法院出台《最高人民法院关于审理融资租赁合同纠纷案件适用法律问题的解释》（以下简称《司法解释》），该《司法解释》在《合同法》第十四章的基础上，结合实际判例，对融资租赁合同的认定和效力、合同的履行和租赁物的公示、合同的解除、违约责任等做出了规定。另外，目前也没有专门针对融资租赁的行政法规，仅在《中华人民共和国企业所得税法实施条例》《中华人民共和国船舶登记条例》中对融资租赁的税收、船舶租赁物登记进行了一些特殊规定。

我国目前审理融资租赁纠纷的主要依据是《合同法》和《司法解释》，但二者主要针对的是融资租赁合同法律关系的规定。实践中发生的大量融资租赁案例，主要涉及融资租赁法律关系的构成、租赁物的界定、融资租赁合同与买卖合同的关系、租赁物公示等，《合同法》和《司法解释》对此有点力不从心。主要原因在于，《合同法》本质上是债权法，主要规定融资租赁关系中的债权关系，而融资租赁交易本身的融物特点会产生重要的物权问题，比如租赁物登记和取回等，《合同法》对此均没有明确，其相对原则的规定早已不能满足实践的需要。《司法解释》出台后虽然解决了部分问题，但只是重点针对合同法律关系的适用问题进行解释，面对涉及债权的相关问题时，也缺乏解释权限。

2004 年，全国人大财经委组建了融资租赁法工作领导小组和工作组，对融资租赁的立法问题进行研究，形成融资租赁法草案并历经三次修改，

2006 年向社会公开征求意见。然而，在全国人大财经委组织的立法国际研讨会中，因参会人员意见不统一，立法工作暂停至今。

第五次全国金融工作会议指出要把防控金融风险放在更重要的位置，党中央、国务院在随后印发的关于落实全国金融工作会议的若干意见中明确提出要"完善金融法治，加快制定融资租赁法等法律法规"，可以说，目前制定融资租赁法的时机和条件已经基本成熟。融资租赁经过多年的高速发展，逐渐发展壮大，为专门立法提供了必要的前提，高速增长下潜在的风险隐患也使立法的必要性大大提升。近年来，各级人民法院受理的融资租赁案件明显增多，现有《司法解释》已经不足以解决，亟待在法律层面予以明确，通过立法解决行业发展中面临的矛盾和问题，以规范和促进融资租赁的健康发展。

（二）租赁物登记未统一

在融资租赁交易中，租赁物的所有权和使用权是分离的，这就产生了承租人越权处分租赁物的可能。融资租赁公司作为出租人，虽然拥有所有权，但在很大程度上是名义上的。租赁物由承租人实际占有和使用，当其对租赁物越权进行抵押和转让时，根据《物权法》的善意取得制度，受让人可以获得租赁物的所有权。因此，融资租赁公司的物权保障实际上很弱。

要保护融资租赁公司的物权，对抗善意第三人，需要将其对租赁物的所有权进行公示。目前的问题是，租赁物类型不同，公示方式也不同，缺乏全国统一的公示方式和渠道。飞机、轮船、车辆和建筑物，有明确的所有权登记机关，作为租赁物的话其所有权以登记为公示方式。但是，更多的租赁物是没有所有权登记机关的机械设备等动产，通常来说，占有就是所有权的公示方式，这就存在承租人侵害融资租赁公司权益的风险。

降低融资租赁公司的涉诉风险、维护融资租赁市场秩序，有效的手段就是对租赁物进行登记公示。《司法解释》也明确，融资租赁未经登记，不可对抗善意第三人。因此，建立全国统一的租赁物登记和公示系统刻不容缓，并应将其作为推动融资租赁行业长远发展的基础设施建设工作来抓。

我国根据动产的性质，采取了分别登记制，主要包括运输工具登记部门（涉及民用航空器、船舶、机动车）、工商行政管理部门、公证部门、中国人民银行征信中心以及商务部 2014 年建成的"全国融资租赁企业管理信息系统"。分别登记的好处是各登记机关熟悉各自所登记标的物的性质，便于行政管理，但弊端更大，登记规则不一、登记系统重复建设，大大降低了公示登记的效果，影响了租赁物物权的保障。

融资租赁公司的权益受到侵害，主要在于缺乏证据对抗善意第三人。租赁物的统一登记公示，将对承租人越权处置租赁物的行为构成有效制约。为了降低自身风险，第三方可通过统一的租赁登记系统查询租赁物的权属信息，使得承租人难以自行处置租赁物或对其擅自抵押、一物多融。可见，融资租赁的统一登记，有助于保障融资租赁公司的交易安全，降低融资租赁交易成本，推动融资租赁业健康发展。

国际上包括美国、加拿大、德国、俄罗斯、新西兰等国都建立了融资租赁登记制度，我国尚处于以登记实践推动法律制度建设的阶段。我国应打破分部门登记的藩篱，建立全国性的动产登记平台，并以法律的形式明确并保障登记的法律效力，切实保障融资租赁物权，维护融资租赁交易秩序，促进我国融资租赁业务健康发展。

（三）融资渠道单一

融资租赁是资金密集型行业，大部分租赁项目有 3～5 年的回收期，单靠资本金的运作远不能支持业务的发展需求。融资租赁公司的融资成本、融资的便利性，除了直接影响其经营效率，在很大程度上甚至可以决定融资租赁公司的发展方向和发展路径。能获得长期稳定、成本可控的大额资金的融资租赁公司，其业务投向通常是一些大企业、大项目，相应可获得稳定的长期收益；而融资利率高企的中小融资租赁公司，为了确保收益覆盖成本，其投向的经常是高风险项目。可以说，融资能力是融资租赁公司发展的重要竞争力。

长期以来，融资租赁公司的融资来源主要是资本金和银行信贷。从资本金角度看，金融租赁公司的股东实力雄厚，通常具有高额资本金，而内资试点和外资融资租赁公司的股本投入往往不高，一般在 1 亿～5 亿元。不管是哪个类型的融资租赁公司，不管前期资本投入有多大，终归有个限度。从银行信贷角度看，银行信贷比较看重融资租赁公司的资质水平，一般还要求股东的担保，且信贷资金多为短期，与租赁业务期限不匹配。融资租赁公司一直在拓展融资渠道上狠下功夫，这些年市场上常见的融资方式均有涉及，包括上市、股东增资、银行信贷、银行保理、同业借款、信托融资、发行债券、资产证券化、引入保险资金、境外融资等，但融资渠道单一的局面依然存在。

中国人民银行天津分行课题组选择了天津地区 34 户融资租赁公司为样本，研究当下融资租赁公司的融资情况。课题组研究发现，金融租赁公司和外资融资租赁公司的融资渠道相对多元，但主要还是依靠同业融资和母公司融资，其他融资渠道占比较低。内资试点融资租赁公司尤其是中小型公司的融资渠道单一，多元化融资难度较大，93.4% 的资金来源于母公司的投入和银行融资。融资租赁公司的资金运用多为中长期，与资金来源期限错配严重。以金融租赁公司为例，3 年期以下资金来源占比接近 85%，而资金运用中 75% 属于 3 年期以上的长期资产，存在较大的流动性风险。天津是我国重要的融资租赁产业集聚地，所在的融资租赁公司的融资现状基本可以被视为我国融资租赁业融资的一个缩影。可见，我国融资租赁公司的融资主要依靠银行和母公司渠道、融资来源和运用期限错配等痼疾仍未得到根本性解决，融资渠道单一已成为我国融资租赁业健康发展的最主要障碍。

（四）资产管理能力弱

我国融资租赁的业务模式目前以售后回租为主，利润来源主要靠利差。随着中国经济步入新常态，过于依赖售后回租，将使得融资租赁舍弃自身优势和特点，直接与银行、信托等业态开展同质竞争，最终结果是增速趋缓、风险上升。我国融资租赁业依靠做大规模、赚取利差的经营模式已经不能适应当前的宏观环境。

无论是从宏观战略、微观业务特点，还是从国际经验来看，未来融资租赁公司发展的重点都应为实质性经营租赁。这就要求融资租赁公司真正融入实体经济，深入了解产业链，提升专业服务能力，走专业化和差异化的发展道路。

融资租赁要寻找与银行的差异化发展路径，开展业务创新，重点突破银行信贷解决不了的产品和领域。从世界租赁业的发展来看，经营租赁是全球租赁行业发展的一个主要趋势。经营租赁具有银行信贷无法替代的优势，可在为承租人提供资金的同时，为承租人优化税务结构并降低债务负担。对融资租赁公司而言，经营租赁的核心是租赁资产本身的价值管理和未来产生的现金流，承租人的信用状况反倒在其次，这就对融资租赁公司的资产管理能力提出了更高的要求。

这就要求融资租赁公司回归本质，更加专注于服务真实的经济需求，更加专注于服务企业以业务发展为目的的投资行为。融资租赁公司不能仅仅满足于资金提供者的传统角色，其行业定位要从单一的资金提供者转变为资金提供者、资产提供者和经营参与者。通过商业模式的创新，以租赁物为资源整合的核心，为客户提供一揽子服务方案，全方位、多元化满足客户在各个环节的需求。

我国经济进入高质量发展阶段，经济增长方式从数量型增长转化为效益型增长。在增长动能切换期，经济出现明显下滑，信用风险环境严峻。融资租赁公司过去靠铺摊子、上规模、赚利差的经营模式已经难以为继，必须走专业化资产管理道路。只有转换角色定位，为客户提供多元化综合服务，同时不断提升自身的风险控制能力，才能实现自身转型升级，最终持续健康发展。

五 新形势下我国融资租赁业的发展展望

在经济新常态下，我国经济增长速度开始放缓，但融资租赁快速发展的内在驱动力依旧强劲。有研究指出，基于新常态下5%的GDP增速假设，我国融资租赁行业未来 5 年的复合增速虽有所下降，但仍处于高位运行，到 2020 年交易规模大约为 9.8 万亿元。对比欧美成熟市场，虽然近年来我国融资租赁市场增长显著，每年新增余额也居全球前列，但融资租赁渗透率仍偏低，发展空间依然广阔。融资租赁是产融结合的天然载体，新常态下，我国产业经济结构调整、技术革新带动的固定资产投资增长将是推动融资租赁市场发展的原动力。

（一）迈向高质量发展

我国经济步入高质量发展阶段，融资租赁业应把握新时代的发展机遇，转变经营模式，推动融资租赁在融入实体经济、服务绿色发展和"走出去"方面贡献力量。

新时代我国经济发展的鲜明特征是由高速增长转向高质量发展，其中的一个重要抓手，就是加快发展先进制造业。建设现代化的经济体系，要将着力点放在实体经济上，而实体经济的核心是制造业。融资租赁与制造业有天然的契合关系，作为金融业的融资租赁，要回归实体经济本源，最好的方式就是以服务制造业为切入点，在推动制造业高质量发展的同时实现自身的转型发展。在当前我国普遍重视实体经济、发展制造业的大环境下，融资租赁业迎来了一个很好的发展机遇。相关数据显示，按照租赁资产规模排名，前五大行业分别是能源设备、交通运输设备、基础设施及不动产、通用机械设备和工业装备行业，均超过千亿元。我国融资租赁公司服务装备制造业的产业链比较完善，围绕高端装备制造业，可以覆盖其技术研发和转化成本，提供固定资产投资、盘活存量资产、资产管理等服务，助力我国高端制造业提质增效。

污染防治是三大攻坚战之一，污染防治的推进，为融资租赁开辟了新的业务领域。节能环保等绿色行业集中度相对低，投资大、资金占用多、周期长，传统金融产品很难满足，而融资租赁一头连接资产、一头连接资金，相对其他金融工具更有优势切入这个市场。绿色租赁属于资金和技术密集行业，对融资租赁公司的资产投资运营能力和专业化经营能力是个挑战。这有助于推动融资租赁公司转型升级，迫使融资租赁公司不仅提供资金，还要进行资产和资本的整合，为客户提供一站式服务，通过融合资金、资产和资本三个平台，实现真正的租赁专业化运营。

另外，随着"一带一路""走出去"等重大战略和倡议的实施，我国融资租赁公司走出国门、开展跨境租赁业务迎来重要契机。国际租赁市场具有跨地区、跨时区、跨币种和跨文化的特点，对融资租赁业务和人才都提出了更高的要求。我国融资租赁公司只有不断完善服务网络，提升业务创新力和专业能力，方能稳步拓展国际业务。

（二）发展路径开始分化

目前我国融资租赁公司的同质化经营现象比较严重，产品与银行信贷类似，主要扎堆在大企业，风险控制手段多为房产、土地抵押或第三方担保，三类融资租赁公司在经营上差异不大，基本上是一片混战。随着外部经济金融形势的变化以及统一监管的到来，融资租赁行业进入转型升级发展阶段，各融资租赁公司将根据自身的优势特点，取长补短，走出适合自己的专业化和特色化道路。

金融租赁公司的主要优势就是资金，股东实力雄厚，还能很好地利用金融市场工具，另外两类融资租赁公司完全不可与之比拟。因此，中小型企业和项目并不适合金融租赁公司，既增加了经营成本，也不能发挥资金和抗风险能力强的优势。金融租赁公司未来将改变"眉毛胡子一把抓"的局面，重点支持国家和企业的大型和重点项目建设。

内资试点融资租赁公司的股东多为设备或汽车厂商，其设立融资租赁公司的主要目的是促销，在国外一般归属为厂商租赁公司，面临的问题是如何平衡销售和风险控制。从促销的角度，应该放宽信用条件，但融资租赁交易本质上属于金融业务，有特殊的风险控制要求，尤其是银保监会统一制定融资租赁业务经营规则和履行监管职责后更是如此。根据国外发展经验，在20世纪90年代中期，大批的厂商租赁公司被转让给第三方。因此，内资试点融资租赁公司未来可能会逐步消亡，要么转为厂商的内部职能部门，要么将其相关职能外包给独立第三方。

外资融资租赁公司的发展路径相对多元化，没有一致的方向和定位，取决于融资租赁公司自身的资源禀赋、经营能力和战略选择。大量的通道类或空壳化公司，由于没有实质经营，随着金融强监管和金融回归实体政策的推进，通道业务将大幅萎缩，这类公司将逐步破产消失。对中小型外资融资租赁公司来说，最好的选择是做出自身的特色，扎根某个行业或市场，成为这个行业或市场成长的伴随者和参与者。而对那些大型的外资融资租赁公司而言，其经过市场多年的拼杀，积累了雄厚的资本和大量人才，未来将向综合化、国际化方向发展。

（三）融资渠道进一步拓宽

融资租赁是资金密集型行业，能否获得长期、大额、成本可控的资金，关系到融资租赁公司的生存与发展。发达国家的融资租赁公司，融资渠道比较丰富，可根据租赁资产的特性，利用信贷、债券、资产证券化、同业拆借等工具进行资金匹配，我国融资租赁公司的融资渠道相对狭窄，除了资本金，过于依赖银行信贷资金，制约了行业的持续健康发展。

提升融资租赁公司的融资能力，实现融资方式多元化，需要从两方面着手。一方面，融资租赁公司自身要发力。租赁资产证券化是融资租赁公司当前融资的重要途径，不管是与券商还是信托合作，融资租赁公司要不断提高自身资产质量，在项目投放上选择那些现金流稳定、期限长、违约率低、行业分散性好的资产，有效降低租赁资产的信用风险。同时，积极主动地与其他金融子行业有效配合。信托、证券和基金可以作为融资租赁资产交易的通道和中介，保险可以增信也可以直接提供资金，评级和资产评估公司提供中介服务，与各方的通力协作，有利于拓宽融资渠道。

另一方面，不断完善外部融资市场环境。加大政策支持力度，出台优惠政策增加融资租赁公司的中长期资金来源，降低融资成本，支持融资租赁公司运用信托、保理、资产证券化、上市、发债等方式融资，形成高效的融资租赁投融资体系。成立各层级的融资租赁产权交易平台和融资租赁资产交易平台，实现融资租赁资产高效流转。支持融资租赁开展境外投资和兼并重组，扩大融资租赁通过债券、股权等方式引入境外资金。在自贸区试点成熟的融资经验，可以逐步推广到融资租赁全行业，比如本外币资产池、自由贸易账户设立及引用等，想方设法协助融资租赁公司扩大融资渠道。

（四）资产管理能力提升

融资租赁兼具融资和融物的特点，以融物达到融资的目的。这就要求融资租赁公司不单单盯着融资，那样容易类信贷化，还要充分关注实物资产的管理。实物资产是融资租赁交易的载体，也是融资租赁交易风险控制的基础。

通常来说，融资租赁公司的收入有三个来源。第一是利差，指的是租金收入和资金成本的价差，体现了融资的特性。目前我国融资租赁公司收入的主要来源就是利差，在以售后回租业务为主的情况下更是如此。过去融资租赁公司通过规模扩张可以获取丰厚的利差收入，随着金融体制的不断深化和完善，以及竞争的进一步加剧，利差收入有收窄的趋势。第二是余值收益。租赁资产所有权属于融资租赁公司，租赁期满后，融资租赁公司可以处置租赁资产，获取部分收入。余值收益目前在我国融资租赁公司收入结构中的占比非常小，原因是多方面的。首先，租赁资产多为承租人选择的专业设备或者承租人自身的设备，可处置性较差，在实务中往往象征性地以1元作为承租人的留购价款；其次，我国的二手设备市场不发达，设备转让受阻，融资租赁公司不愿承担处置风险；最后，融资租赁公司自身的资产管理能力较弱，对资产的后续管理基本交给承租人。而在西方发达国家，融资租赁业务收益高于银行信贷，其主要因素恰恰就是余值收益，在这一点上我国还有很长一段路要走。第三是服务收益，指的是融资租赁公司以融资租赁业务为切入点，为承租人提供多元化的服务以获取收入，比如担任财务咨询顾问等，在这方面我国融资租赁公司也未有效开展。

我国融资租赁公司将提升资产管理能力，围绕实物资产管理，全方位满足客户的需求，这也是基于未来经营环境变化的主动求变。单纯依靠利差收入的经营模式很难持续，融资租赁公司的角色，将从单一的资金提供者转变为资金提供者、资产提供者和经营参与者。融资租赁交易的基础是实物资产，融资租赁公司必须具备专业的资产管理能力，将其既作为风险缓释的手段，也作为扩大收入渠道的来源。今后，具备基本的资产管理能力，将是融资租赁公司生存发展的基础，而拥有极强资产管理能力的公司，将取得长足的发展优势。

（五）行业协会扮演更重要的角色

我国融资租赁公司过去是分类监管，行业组织也相对零散，主要有银行业协会金融租赁专业委员会、中国外商投资企业协会租赁委员会以及一些地方性的融资租赁协会。各个协会在职责范围内尽力发挥作用，但整体来说没有很好组织和代表融资租赁行业发出自己的声音，在行业自律方面也做得不够好，尤其是在外资融资租赁公司这块，机构众多，监管难以到位，行业协会也没有很好补位。

目前对融资租赁行业已经实施统一监管，按照金融监管部门过去的思路，往往会成立代表全行业的协会组织。因此，银保监会牵头成立全国性融资租赁协会正当其时，进行融资租赁行业数据收集、统计、分析，开展行业培训、业务交流、对外宣传，做好会员管理、自律、服务和监督，并参与法律法规的制定，推动行业持续健康发展。

参考文献

［1］蔡鄂生：《我国金融租赁业的现状与发展模式》，《中国金融》2011 年第 4 期。

［2］陈建中：《融资租赁理论与业务创新研究》，中南大学博士学位论文，2009。

［3］陈功：《我国融资租赁行业发展的问题与对策》，《现代管理科学》2018 年第 2 期。

［4］高圣平：《中国融资租赁法制：权利再造与制度重塑——以〈开普敦公约〉及相关议定书为参照》，《中国人民大学学报》2014 年第 1 期。

［5］ 李伏安：《新常态下金融租赁业的发展》，《中国金融》2015 年第 5 期。

［6］ 李思明：《从融资租赁本质看中国融资租赁业的未来》，《第一财经日报》第 4 版，2014 年 12 月 17 日。

［7］ 李磊：《动产金融业务中的登记问题研究——以融资租赁登记的效力为核心》，《征信》2016 年第 1 期。

［8］ 吕振艳、杜国臣：《中国融资租赁行业现状与问题分析》，《技术经济与管理研究》2013 年第 9 期。

［9］ 商务部流通发展司：《中国融资租赁业发展报告（2016～2017）》，商务部网站，2017 年 8 月。

［10］ 田辉：《中国融资租赁业发展现状以及未来发展方向》，国务院发展研究中心，2015 年 11 月 30 日，http：//www.drc.gov.cn/xscg/20151130/182 - 473 - 2889446.htm。

［11］ 王晓耕：《中国融资租赁业经济影响的实证分析及发展对策研究》，《经济问题》2010 年第 6 期。

［12］ 王卫东：《我国融资租赁公司的融资问题研究》，西南财经大学博士学位论文，2012。

［13］ 奚晓明：《最高人民法院关于融资租赁合同司法解释理解与适用》，人民法院出版社，2014。

［14］ 中国人民银行天津分行课题组：《融资租赁业融资方式调查及思考》，《华北金融》2018 年第 3 期。

专 题 篇

Thematic Reports

B.2
我国融资租赁法律规制研究

林少伟*

摘　要： 本报告系统回顾我国30多年融资租赁立法进程，整理了国内现有法律规范条文，通过对比指出融资租赁法律体系存在的缺陷，并对未来融资租赁法制化发展进行展望。现阶段国内融资租赁业保持较高生长速度，但法律规制的不完备严重影响融资租赁产业的健康发展，市场主体缺乏行为规范指导，各级法院缺乏裁判规范约束。未来法律规制的走向应注重结合自由交易的市场伦理，体现私法规范的价值，在完善规范细节、提升风险防控水平的同时，秉承大格局观念，不断努力推进专门的"融资租赁法"出台，以期实现法律规制的体系化、有序化，助力融资租赁业发展。

---

* 林少伟，法学博士，特华博士后科研工作站博士后，现供职于西南政法大学，研究方向为民商法、信托法等。

关键词： 融资租赁　法律规制　合同法　司法解释　完善

从融资租赁业在我国落地生根至今，30 多年间，各级机关部门为引导、规制和完善融资租赁市场，先后出台了大量的规范性文件。《中华人民共和国合同法》将其作为一类有名合同予以专章规定，可谓是这一努力的集中体现。而司法机关也对融资租赁给予高度关注，2015 年颁发的司法解释结合审判实践中的经验和问题，对融资租赁案件提供了较为细致的裁判规则。但现有的法律规制存在过分关注行政管理、缺乏覆盖全国市场的交易规范等不足。此外，包括租赁物权利公示登记、统一行业概念术语、整合既有规范在内等规范细节问题仍然悬而未决。融资租赁虽属金融行业，但在监管的同时也不能漠视商法的私法自治理念。

一　回眸：宏观视野中的国内融资租赁法律生态

（一）历史与现实中的融资租赁

融资租赁制度源起于 20 世纪 50 年代的美国，又称金融租赁（Financial Leasing），其基本法理逻辑是，出租人出租租赁物给承租人以获取租金，而该租赁物是根据承租人对租赁物的选择和要求向出卖人所购买的，租赁期满，租赁物所有权归出租人所有，当然不排除约定优先或其他例外情况。融资租赁在 20 世纪 80 年代越洋来华后，我国《合同法》第 237 条也对其做出了明确定义，这样的定义发轫于《国际融资租赁公约》[①]，也是本国法制参

[①] 《国际融资租赁公约》第一条对其定义为："本公约管辖第 2 款所指的融资租赁交易，在这种交易中，一方（出租人）：（1）根据另一方（承租人）提供的规格，与第三方（供应商）订立一项协议（供应协议）。根据此协议，出租人按照承租人在与其利益有关的范围内所同意的条款取得工厂、资本货物或其他设备，并且：（2）与承租人订立一项协议（租赁协议），以承租人支付租金为条件授予承租人使用设备的权利。"

酌国际立法的例子。那这样的法律移植是否成功？迄 1996 年《关于审理融资租赁合同纠纷案件若干问题的规定》出台至今，我们一直尝试着调和本土法制和域外法律文明的兼容性，不断习惯市场交易形式的迅速更新和多元化，并尽可能将这种变化反映在法律文本上，以满足经济生活之需。

但不可否认的是，兼具融资、租赁和信贷三大功能的融资租赁，对于国民经济增长发挥着愈加显著的作用，强大的资本整合能力已使其同银行、股票、债券、信托一起被称为当今国际五大金融形式。早在 2004 年，全球的融资租赁交易总额为 5791 亿美元，市场份额高达 30%，作为勃兴之地的美国，融资租赁对其 GDP 的贡献率已逾 30%；然而，彼时我国的融资租赁市场份额仅 1.5% 左右，对 GDP 的贡献率仅有 0.03%。截至 2012 年末，就商务部和银监会各自审批的金融类融资租赁企业和非金融类融资租赁企业而言，商务部除批准了 460 余家外资融资租赁公司之外，还与国税总局联合审批了 80 家内资融资租赁试点企业，而银监会则审批了 20 家金融租赁公司。在整个 2012 年度，国内融资租赁交易额已突破 8500 亿元大关，市场份额为 5.82%，对 GDP 的贡献率为 1.6367%。相较于 2000 年左右的境况自然是大有增长，当然，与同时期西方发达国家相比，国内融资租赁行业的进步空间依旧很大。整体而言，融资租赁的蓬勃生长，对国内经济增长起到了十分积极的作用。不仅通过融资缓解了民营企业的"资金荒"，且为一些无力获得大型贵重生产设备的企业找到了破局之路，随着融资租赁公司上市交易比的逐年增长，金融市场也进一步得到激活。

作为一项朝阳产业，融资租赁除《合同法》定义中的范本模式之外，还衍生出多种产品和服务，具体有以下类别。

（1）普通融资租赁，即合同法对融资租赁的一般定义，在承租人、出租人和出卖人之间形成三方交易关系，这是融资租赁最常见的形式。

（2）售后回租，又称回租融资租赁，即承租人将自己之物向出租人出售，再从出租人处租回，并向出租人支付租金的形式。此时承租人和出卖方合二为一，因为这种身份混同，加之囿于对合同相对性的传统理解，司法实践中一度否认售后回租的融资租赁本质。

（3）杠杆租赁，意指承租人利用大量贷款，取得自有资金无法支持的融资租赁项目，一般由出租人首先成立一个资金管理公司——该公司在形式上与租赁公司相脱离，在出租人提供20%的项目金额之后，其余部分资金则主要是通过各类间接融资和直接融资取得，进而借助"以二博八"的金融杠杆方式，为租赁项目取得巨额资金，即利用资金和贷款之间形成的"动力臂""阻力臂"，以小投入撬动大项目，且在承租人支付部分货款的前提下，出租人的购买压力也大为减轻。

（4）委托融资租赁，即由委托人（一般为承租人的债权人，多为银行）向出租人提供资金，由出租人向委托人指定的承租人提供租赁物。这种情形下的出租人类似居间，只收取手续费，而无实质上的租金收入，因而也不需要租赁物来担保什么，所以不承担风险。

（5）经营性租赁，是一种临时转移财产使用权的租赁形式，与普通融资租赁不同的是，它是先由出租人根据市场需求选定租赁物，然后再寻找合适的承租人进行租赁，此时的融资租赁公司担当"市场建造者"，主动在市场上寻找客户。

这些多样化的业务品种，极大地满足了市场上不同主体的需求。同时为了使融资租赁交易更便捷，近年来各地相继成立了融资租赁平台，充分利用互联网资源建设信息化融资租赁。为了交易安全，以中国人民银行开设的征信登记中心为代表，各地相继为租赁物登记和权利公示提供了场所，尽最大可能避免租赁物和租赁关系因公示公信的缺乏而与第三人产生纠纷。

（二）另一视角：诉讼中的融资租赁

现阶段，国内融资租赁业保持着一个较高的生长速度。我们可以从一个民事诉讼的视角观察它的生长态势。当前国内融资租赁纠纷频发，对各地法院的立案率贡献颇大。该类诉讼在不同地区和产业之间的分布数量，也存在着相应的规律。利用"北大法宝"的司法案例检索功能，以2018年1月1日至12月31日为检索区间，以各地审结的案件数量为检索对象，以"融资租赁"为案例标题，搜索获得 2018 年度全国和各地发生的融资租赁纠纷，并从中观察该类纠纷的分布态势和规律。2018 年度全国法院审结的融资租赁类案件共有 20680 件，各省份的情况如表 1 所示。

表 1 2018 年度全国各地法院审结的融资租赁案件分布

单位：件

省份	数量	省份	数量	省份	数量	省份	数量
北京	727	吉林	190	河南	755	云南	432
天津	589	黑龙江	157	湖北	639	西藏	2
上海	2368	江苏	1867	湖南	3233	陕西	595
重庆	834	浙江	909	广东	611	甘肃	126
河北	546	安徽	731	广西	332	宁夏	258
山西	204	福建	1066	海南	9	青海	38
内蒙古	198	江西	856	四川	707	新疆	300
辽宁	258	山东	807	贵州	336		

注：港澳台无数据。

资料来源：《中国法律年鉴（2018）》及相关统计。

根据各省结案量，在地域分布上大致呈现以下形态：中东部多，西部少；沿海多，内陆少。当然不排除个例，如陕西、湖南位居内陆却案件频发，而海南四面环海，案件数却是屈指可数，其中的原因不单是地区经济发展水平的差异。东三省和陕西、河北作为工业大省，一方面，旧有企业面临着改制和生产设备机械的更新换代；另一方面，其雄厚的工业基础不断吸引着新生的工业企业前来落户。其高发案率也揭示了当地市场较高的融资租赁需求，该类地区融资租赁的标的物多指向大型工矿设备、生产机械等。至于江、浙、沪等沿海经济发达地区，融资租赁纠纷的高发则是来自经济增长的带动，以及金融资本市场的刺激，该地区融资租赁业更多地集中于新兴的科技、信托行业，以借贷纠纷、公司上市交易纠纷为主。

相较于 2017 年度和之前，2018 年各省份的融资租赁案件基本出现了增长，体现出其市场份额也在逐渐增高。纠纷的专业化和复杂化，也对各级法院和审判人员提出了更高的要求，在这2万多件纠纷中，法院的审级分布如表2所示。

表2　2018年度全国各级法院审结的融资租赁案件分布

审理级别	数量（件）	审理级别	数量（件）
最高人民法院	25	基层人民法院	18232
高级人民法院	184	专门法院	72
中级人民法院	2167		

资料来源：《中国法律年鉴（2018）》及相关统计。

案件的基本分布规律，是与审级呈同方向变动，基层法院受理了绝大多数融资租赁纠纷。我国民商事案件的审级确定，原则上以涉诉金额的大小为据。随着各地经济水平的提升，基层法院的案件标的额限度不断拔高，即使大部分融资租赁案件涉诉金额巨大，也为基层法院所囊括。但融资租赁纠纷不同于以往的纠纷，其兼具各行业特征，法律关系错综复杂，当事人跨地区乃至跨国皆非罕见，而基层法院在审理的过程中既面对着专业压力，也为跨区域审理案件而头疼，在近年来融资租赁纠纷多发的情境下，基层法院能不能经受住考验？

这样的怀疑虽非多余，但这个问题不可能依靠强行变更审级来解决，况且审级高并不意味着水平高。与这些困难相比，当前影响融资租赁产业健康发展和纠纷有效解决的核心问题，在于法律规制的不完备。这种不完备不仅体现在缺乏一部专门规范融资租赁业的"融资租赁法"，还体现在对融资租赁重点领域的关注度不够，行政管理措施与法律要求不配套，各地的规定对立冲突而无法统一，缺乏对融资租赁市场交易的持续监控规制，从而导致市场主体缺乏行为规范指导，各级法院缺乏裁判规范约束。而在一般情形下，法律规制体系的完善，首先有赖于立法层面的完善，从制定法到行政法规、部门规章，再到本行业的自治规范，应当形成一种相互配套、效力层级清晰、具有内在逻辑统一性的有机系统，以实现法的安定性和灵活性的结合。但从我国融资租赁的立法史来看，这方面的努力尚显不足。

二 逡巡30年：融资租赁的立法历史

（一）早期法制建设状况

我国在20世纪80年代将融资租赁业引入了市场，到1999年《合同法》颁布之前的法制建设，基本处于"摸着石头过河"的状态，这一时期的规范性文件多是一些部门规章和试点性的规定，只针对部分事项，不具有全局指导意义，大部分临时性的规定因与现行法抵触而失效，至今依旧有效的规章、司法解释如下。

（1）《关于对银行及其他金融机构经营的融资租赁业务征税问题的通知》（财政部、税务总局1986年12月17日发布）。

（2）《关于解决拖欠中外合资融资租赁公司租金问题的通知》（国家经济贸易委员会、中国人民银行、财政部、对外贸易经济合作部1994年2月14日发布）。

（3）《关于抓紧解决由金融机构担保的中外合资融资租赁公司租赁项目租金拖欠问题的通知》（中国人民银行1994年11月7日发布）。

（4）《关于抓紧解决拖欠中外合资融资租赁公司租金问题的通知》（国家经贸委、中国人民银行、财政部、对外贸易经济合作部、中国银行1996年9月18日发布）。

（5）《关于印发解决中外合资融资租赁公司租金拖欠问题特定贷款会计核算手续的通知》（中国银行1997年10月22日发布）。

（6）《关于融资租赁业务如何征收营业税问题的批复》（国家税务总局1998年9月21日发布）。

（7）《关于抓紧清理由金融机构担保的中外合资融资租赁公司租赁项目租金拖欠问题的通知》（中国人民银行1999年6月17日发布）。

（8）《关于融资租赁业营业税计税营业额问题的通知》（财政部、国家税务总局1999年6月24日发布）。

（9）《中国农业银行融资租赁试行办法》（中国农业银行 1987 年 1 月 15 日颁布）。

其中 1996 年 5 月 27 日最高人民法院颁布的《关于审理融资租赁合同纠纷案件若干问题的规定》（以下简称《规定》）的失效颇具代表意义。我国具有长期的计划支配市场的历史，私法自治规范的成长较为缓慢，交易实践先行于立法并不罕见，在国内融资租赁业的早期发展中体现得尤为明显。在这部已经废止的指导规定里，存在着较多囿于计划经济的传统，对承租人、出租人事务的不当干预。加之规范制定技术不成熟，其指导意义因此变得十分有限。

《规定》主要包括以下各方面的内容。

1. 出卖人（供货方）诉讼当事人地位

《规定》第一条：融资租赁合同纠纷案件的当事人应包括出租人、承租人。供货人是否需要列为当事人，由法院根据案件的具体情况决定。从条文的基本态度而言，彼时最高人民法院基本不认可供货方的当事人地位，仅仅以传统租赁合同的视角审视这一多方法律关系，进而认为融资租赁合同仅与出租人和承租人有关。

如此一来，承租人和出卖人的关系就被切断，承租人因租赁物质量受到损害，或对第三人造成侵权时只能向出租人索赔，然而出租人除了名义上的所有权，甚至没见过租赁物，基本不具有维护、修理租赁物的条件和可能，承租人的索赔请求更多的是给出租人加上了不公正的负担。即使再由出租人追究出卖人的瑕疵担保责任，也会由于求偿的间接性，耗费大量的经济成本和司法成本，这样的规定是混淆租赁合同和融资租赁合同的产物。

2. 融资租赁的管辖和法律适用

对于案件管辖和法律适用，《规定》的态度是以当事人约定优先，在无约定时由被告住所地和合同履行地管辖，适用承租人所在地法律。管辖条款基本与民事诉讼法等程序法保持一致，后面的法律适用条款，则是考虑到存在一方当事人居于国外时，为便于法院寻找准据法而做出的规定。

3. 合同效力及法律后果

如前文所述，《规定》带着浓郁的计划经济气息，秉承一种"法律父爱主义"而有着诸多对融资租赁业的不当干预。《规定》第 5 条规定："融资租赁合同所涉及的项目应当报经有关部门批准而未经批准的，应认定融资租赁合同不生效。"对不生效的理解是已成立的合同无法发生法律效力，原因是经营项目需经批准而未批准。看似逻辑严密，实则忽视了管理性规范和效力性规范的区别。王轶教授认为，违反管理性规范的法律行为虽然破坏了管理秩序，但行为效力不因此受到影响；法律行为若与效力性规范相抵触则无效。未经批准的融资租赁合同，仅仅是当事人的交易资格受限，大可在之后对交易人施以行政法上的不利后果，没必要认定合同无效或不生效；但若融资租赁合同存在以禁止流通物作为租赁物等根本违反法律的情形，则应认定整个合同无效，而非不生效。由此观之，《规定》对具体情形未做区分，造成了适用过程中的困惑。

对于融资租赁解除后的法律后果，即租赁物的归属，《规定》则比较好地考虑了实际，允许双方当事人自由约定，遵循了最有利于租赁物价值发挥的分配原则。

4. 双方权利、义务（索赔权的行使）

如前所述，《规定》在混淆概念的基础上对双方的权利、义务做了不妥的划分，在规定了出租人对租赁物享有所有权和取回权的同时，还赋予出租人对租赁物出现瑕疵时对出卖人的索赔权。但结合实际情况来看，承租人享有索赔权是不言自明的道理，继而导致当事人的权利、义务严重失衡。这样的判断，明显未曾立足于实际的经济生活，同时也错误地理解了合同相对性的基本原理。

5. 取回权和破产参与分配

根据《破产法》的基本原理，对于破产债务人因委托、租赁等基础法律关系占有的财产，所有人有权在债务人破产时将其取回，该财产不属于破产财产，不进行破产分配，基于融资租赁关系，出租人也相应地享有取回权。《规定》赋予出租人在债务人破产时取回租赁物，或者将租赁物折价清偿债务的权利。其次，在承租人有保证人时，出租人既可要求保证人承担保证责任，亦可通知保证人参与破产分配。从而在保证人为破产债务人承担了保证责任后，由保证人就保证债务的数额申请破产债权。

6. 出租人的资格限制

为金融安全计，融资租赁业的从业者一般需经批准或授权，需具有相应的融资经营能力，换而言之，个人和缺乏融资经营能力的企业不得参与融资租赁。《规定》第10条将不具有融资经营能力的出租人订立的合同认定为无效，正是从这一角度出发。同时，规定了国家机关不得从事融资租赁的保证人。这样的规定值得反思，彼时起草者多半基于这样的观点而认为国家机关不得成为保证人：①公权力机关从事私法交易与其公共服务职能不符；②担任保证人将有损于公共财产。但公法上的身份和私法上的身份从来不是与生俱来的，国家机关在执行行政管理职务时自然是公权力机关，但它参与商业交易时则自动转化为私法人，与其他民事主体并无二致，同时风险也是社会生活的常态。仅仅因保证的风险就废弃了国家机关在经济生活中的能动性，强行给予国家机关这种"特殊对待"，实在是因噎废食。

（二）中期法治建设状况

作为这一时间段融资租赁的标志性立法事件，1999年10月1日，《合同法》出台并施行，从此融资租赁成为《合同法》规定的16种有名合同之一。学界有观点认为，《合同法》将融资租赁产业限缩为一类合同，看似得到了立法层面的重视，却不合理地干预了民商法规范对其的体系化调整，毕竟融资租赁并不只涵摄到债法项下的合同法规范。金融融资租赁业在经济法和行政法层面的管制，租赁物在物权法层面的公示公信，都是不能通过融资租赁合同加以理解的，而又无法在《合同法》内对这些因素明文规定，直接导致权利人保护规则的缺失。① 这些立法层面的缺憾已经反映到交易现实之中。

---

① 高圣平：《论融资租赁的交易法律构造》，《法律科学》2013年第1期。

《合同法》对融资租赁的规定有如下几方面。

1. 明确了融资租赁的定义及三方法律关系

法律概念是法律规范的组成要素，规范的可适用性取决于概念的清晰度。《合同法》第 237 条的最大意义，是明确了立法者在学术争议前的态度，为实践提供了参考标准。我国对融资租赁的定义，以及对三方法律关系的建构，参酌了《美国商法典》第九编的规定，并与《国际融资租赁公约》相对应。但在我国大陆法系物债二分的民法传统下，《合同法》中的融资租赁，只能涵摄到融资租赁交易中的负担行为，对于租赁物公示登记和担保功能的确立就鞭长莫及了。国外立法在面对这种情况时，则实行物债分别规定，在加拿大魁北克省，《魁北克民法典》将融资租赁规定于第五编债编第五题"有名合同"下的第三章（第 226 条），但融资租赁的登记和担保物权登记一样规定于第九编权利公示编中（第 356～380 条）。对制度定位和交易安全保障分别做出规定，这样一方面起到了明晰租赁物权属状况、维护当事人交易安全的作用，另一方面回避了对融资租赁性质的争议。

《合同法》第 238 条还对融资租赁合同的内容要素做了详细的规定，并要求融资租赁合同应当采用书面形式。立法者大概是基于该类合同一般金额巨大的考虑，而通过细致的规定，对融资租赁合同给予了十足的警惕——从租赁物名称、数量、规格到租赁期限、租金构成，乃至币种都载以明文，且使用了"应当"这个在私法规范中极为罕见的词。在《合同法》第 12 条及其他条款对合同要素和缺乏这些要素时的填补规则已做出规定的情境下，这样如临大敌的防备就显得有点可笑和多余了。太过着眼于一些表面要素的后果，就是缺乏对法政策的考量，挂一漏万，忽视了规范间的逻辑性和可操作性。

2. 将出卖人确立为融资租赁合同的当事人

以往对于融资租赁合同的理解，不外乎将其作为租赁合同的一个特例，因此对出租人的出租物从何而来并不考虑。若因租赁物发生纠纷，承租人对出租人有租赁物瑕疵担保、违约责任、侵权责任等救济途径可以选择。这种认识正是一叶障目，根本无视融资租赁合同独特的体系构造。

《合同法》第 239 条和第 240 条分别确立的承租人对出卖人的租赁物请求权和索赔权，在承租人权利扩张的同时，出租人在传统租赁中的地位也发生了改变，出租人仅享有租赁物所有权和租金收取权等少数权利。但是，第246 条也使出租人摆脱了租赁物瑕疵担保义务的束缚，至多在发生纠纷时有索赔协助义务。在租赁物造成损害时，承租人只可向出卖人索赔，且承租人有保管、维修租赁物的义务。有学者认为这是对合同相对性的突破，承租人越过租赁合同进入出租人和出卖人的买卖合同里，尽管存在着特殊的风险负担规则，但每一环节的权利、义务依旧是对应的，并未脱离合同相对性的范畴。

3. 规定了融资租赁合同的解除效果

在双方当事人约定租期满后租赁物归承租人所有时，一旦融资租赁合同被解除，就产生了解除效果的问题。《合同法》第 249 条规定，承租人因租金拖欠而致合同解除，出租人收回租赁物，如果支付的租金超出了剩余的租赁物价值，承租人可以要求部分返还，体现了合同解除的效力仅向将来发生。这样的效果，同一个分期付款的买卖合同被解除之后的法律效果相类似，需要折去的是使用费和折旧补偿，在融资租赁合同中就主要是租金了。

4. 确立了租期届至时的租赁物所有权的归属

《合同法》第 243 条规定租赁物所有权归属于出租人，承租人破产时，租赁物不得加入承租人的破产财产。基于融资租赁内在的担保功能，令出租人握有租赁物的所有权，实质上是保障出租人的担保权人地位。在原则之外，第 250 条做了例外规定，出租人和承租人可以对租赁期间届满后租赁物的归属做出约定，无约定的，租赁物归出租人所有。这样的规定考虑了融资租赁物的特殊性，一般情况下，出租人是根据承租人的选择确定租赁物的，因此，租赁物很可能只对承租人"有用处"，或者在租赁期届至时，租赁物的价值已被使用得所剩无几，此时如果僵化地认为租赁物只能归出租人所有，则未顾及双方特殊的交易需求，不利于物尽其用。相比于原则性的规定，双方更愿意由承租人向出租人购买租赁物的残值，而使租赁物归承租人所有。

（三）现阶段的规制文件

在 2000 年之后，出台专门的"融资租赁法"的呼声日渐高涨。一方面，是因为经济活动日益复杂；另一方面，也是出于对租赁物物权公示缺陷、行业规范冲突等问题的反思。全国人大常委会在人大代表的建议下开始了起草工作，并于 2005 年 4 月 25 日、2006 年 6 月 5 日、2006 年 10 月发布了三次意见征求稿，但最终因多种原因，立法计划搁浅，时至今日，这个草案沉没在法律条文之海的深处。

2014 年 3 月 1 日，历经多次易稿，《最高人民法院关于审理融资租赁合同纠纷案件适用法律问题的解释》（以下简称《司法解释》）终于出台施行，这是审判机关对新的经济形势的把控，较为妥善地解答了《合同法》遗留下的各种问题，可以说在法律规制层面实现了相当大的进步。它的制定坚持了如下基本思想：促进交易，规范发展；尊重市场，鼓励约定；细化规则，易于操作；尊重现实，适度前瞻；立足国情，参照管理①。该《司法解释》对租赁物的物权公示、各类融资租赁合同的效力认定、融资租赁合同的解除及其后果、融资租赁案件审理过程中诉讼当事人的配置以及该类案件的诉讼时效等问题做出了规定。

1. 融资租赁合同的效力认定规则

《司法解释》第 1 条到第 4 条，就判断融资租赁合同的成立及合同效力情形做出了规定。具体包括对名为融资租赁实则相反情形的处理，肯定售后回租的效力，未取得经营许可不能成为融资租赁合同的无效事由，以及合同无效后双方当事人的权利、义务分担和租赁物的归属，并对此区别情形给予不同处理。

在以往审判实践中，不少判例和学说都倾向于将不构成融资租赁的合同认定为无效，《司法解释》从促进交易、减少合同无效的立场出发，允许按

---

① 最高人民法院民二庭负责人就《最高人民法院关于审理融资租赁合同纠纷案件适用法律问题的解释》答记者问。

照合同约定事项或实际构成的有名合同认定合同属性，进而认定其为有效合同，即仅因其实质上不构成融资租赁合同关系，而不适用融资租赁合同的法律规定，并不等于必定应当认定合同本身无效。在打开思路的基础上，《司法解释》对以往出租人和出卖人一体的情形，即售后回租合同的效力也做出了肯定，这是值得赞许的，毕竟民法也未禁止民事主体在两个法律关系中地位的重合，传统观点不承认售后回租是融资租赁本质一般基于如下思考：①售后回租很可能是变相借贷，乃至以回租之名行高利贷之实；②租期届至时租赁物所有权的归属不好判断；③售后回租与普通融资租赁的交易结构不符。正如前文所述，融资租赁兼具融资融物效能而不同于借款，包含买卖合同和借贷合同特征，故并非简单的买卖合同，只有正视售后回租的三方交易法律关系构造，而不被出卖人和承租人的身份重合而迷惑，才能了解售后回租的本质。

曾经的《规定》面对未通过审批的融资租赁合同，做出了合同不生效的判断。《司法解释》则观点鲜明地指出违反行政审批并非合同无效事由。最高人民法院这一态度的变化，是基于对效力性规范和管理性规范的准确识别，也是基于对合同行为和物权变动行为的正确区分。法律法规对租赁物提出的行政许可要求，并不能影响到合同本身的效力。换而言之，承租人最终很有可能因未取得合同审批而无法获得租赁物，但其与出租人之间依旧存在有效的合同关系，可据此要求对方承担履约不能的违约责任。这样规定的法理基础，是坚持了抽象行为同基础法律行为的分离，或者说是秉承了物债两分的观点，融资租赁合同兼具设立担保权的功效，当事人之间结成有效的契约关系，并不必然就能发生租赁物上权利的取得和对抗效力，而需借助独立的公示登记行为和法律规定的其他事项。

最后，关于合同无效后租赁物的归属，《司法解释》基本依据了有利于租赁物价值发挥的原则，是《合同法》精神的延续。基本的规律是约定优先、避免减损租赁物价值以及必要的折价补偿，体现出最高司法机关在综合各方因素之下的折中态度。

2. 合同履行和租赁物权利公示

《司法解释》对融资租赁合同的履行确立了较为细致的规则，并就以往实践中出现的租赁物权利公示缺陷做了相应的弥补。从第 5 条到第 10 条，分别就拒绝受领租赁物、索赔权的行使和租金给付义务、租赁物的风险负担、出租人转让租赁物的情形处理、租赁物的善意取得和期满补偿规则做出了规定。

合同的履行，指负有履行义务的主体依照合同进行给付，并因此使合同目的因达到而归于消灭，合同的履行是其他一切合同法律制度的归宿和延伸①。而只有在债权人受领债务人的履行之后，债务人方能从合同关系的束缚中脱身，如果债权人拒绝受领，则产生了合同履行障碍。

出卖人作为融资租赁三方法律关系的主体之一，负有向承租人交付租赁物的义务，实践中不乏承租人因租赁物的原因而拒绝受理，《司法解释》对此的规定细化为两种情形：①租赁物严重不符约定；②迟延交付租赁物。承租人既然基于生活生产的迫切需求而进行融资租赁，出卖人的瑕疵履行和迟延履行，将导致承租人无法在预期的时间里将租赁物投入生产，进而造成承租人经济利益的损失和合同目的的落空。此时如果还要求承租人接受履行，已经变得没有意义。同时给予承租人的履行抗辩之所以限定在特殊情形，也是考虑到租赁物的针对性和特定性，如果允许承租人任意拒绝受领，就迫使出卖人只能将一件只有少数人有需求的产品投入市场，结果很可能是无人问津，这也有违《合同法》的公正理念。不合理地拒绝受领还有可能损及出租人，因此考虑到出租人和另外二者的牵连关系，《司法解释》规定出租人在承租人无正当理由拒绝受领或是拒绝时未及时通知出租人而造成出租人损失时，有权向承租人主张损害赔偿。

发生受领履行障碍之后，就引出了承租人的索赔问题。

承租人向出卖人行使索赔权，并不能以租赁物原因拒绝支付租金，法理基础来自出卖人的瑕疵担保义务。从《合同法》的定义来看，承租人提供

---

① 韩世远：《合同法总论》（第三版），法律出版社，2011，第 233 页。

的租赁物是基于出租人的选择，即由承租人决定租赁物的性质、品种、数量。换而言之，出租人最多提出一种建议，这种建议或多或少影响着承租人的选择，在这种情况下选择了租赁物，事后又发生了纠纷。当时的建议算不算一种"干预"呢？此时法官的自由裁量就需要结合行业经验和专业知识。承租人虽有权拒绝受领，但有临时保管义务。根据买卖合同风险负担规则，在承租人占有租赁物期间，应承担租赁物的毁损灭失的风险。一般情形下，交付会发生风险转移，即使所有权未发生变动。

第二编所提及的最重大的问题，是租赁物的善意取得防备，或曰租赁物的权利公示。在融资租赁交易中，权利基础最薄弱的，大概就是所有权和占有权处于持续分离的状况。而在动产融资租赁中，承租人以占有取得租赁物的权利外观，若承租人处分租赁物而被第三人善意取得，出租人不仅丧失了担保物，还要继续对出卖方支付货款。基于此，《司法解释》设置了一定的规则避免善意取得的发生，名目众多而不成体系。依旧是头痛医头脚痛医脚，缺乏体系化的租赁物权利公示制度，问题仅仅是被提及而未获得解决。

3. 合同解除及其法律后果

《合同法》一度对融资租赁合同的解除，以及之后双方当事人的权利、义务分担做了规定。但寥寥数语使人难知其趣旨，不便于实践应用。在《司法解释》第三编中，较为详细地规定了双方当事人的合同解除权，包括均可解约和承租人、出租人一方可解约的情形；在当事人未对解约后租赁物的归属提出主张时，法院有权释明；租赁物在租赁期间发生灭失时承租人的补偿义务；在承租人对出卖人和租赁物做出选择，而融资租赁合同又因买卖合同丧失效力而被解除时，出租人对承租人享有的求偿权和豁免情形。

需要明确的是，《司法解释》的重心，放在了合同当事人在何种情形下享有解除权。但融资租赁合同解除后，对损失承担的问题仍应结合《合同法》总则，以及《司法解释》关于损害赔偿的规定予以认定，没规定不等于必然免责。

较为体现特色的，是对解约后果的释明。《司法解释》借鉴了《民事诉讼法司法解释》中法官释明义务的规定，但区别在于此处的释明，是一种权利而非义务，故而使用了"可以"，这也是基于对中立的考量。同时，人民法院的释明应当注意尺度和方式，不能使当事人据此认为法院已经先入为主，充分尊重当事人的诉讼选择权，秉承不告不理原则。

第四编集中规定了违约责任，较有特色的内容有出租人妨害承租人行使索赔权的后果、出租人的瑕疵担保责任、承租人逾期支付租金时出租人的选择权，以及提前解约的损失赔偿。但从本质上而言，则是结合融资租赁合同的特殊性，为便于实际操作而对《合同法》第92条的细化。从融资租赁法律关系的认定，到合同的履行及其障碍，并由之引出的合同解约权及其法律后果，《司法解释》形成了一个较为体系化的融资租赁权利、义务清算规则。

4. 诉讼当事人和时效

在《司法解释》的最后一编中，对融资租赁纠纷的当事人做出了规定，允许当承租人与出卖方和出租人一方因合同履行发生纠纷，并仅对其中一方提起诉讼，法院可根据另一方或租赁物的实际使用人与案件的利害关系，而通知其作为无独立请求权的第三人参加诉讼。参加诉讼的实践，应是本诉已经开始且尚未终结诉讼之前，即从被告应诉起到诉讼审理结束止，至于未参加诉讼的第三人，针对损害其民事权益的生效法律文书，有权依照《民事诉讼法》规定提起撤销之诉。

《司法解释》最后还规定了融资租赁案件的两年诉讼时效，但随着《民法总则》的颁布和正式施行，一般诉讼时效从两年转化为三年，《司法解释》所确定的规则，面临被《民法总则》改变的命运。

三 2017~2018年度规范性文件简评

2017年度是"供给侧改革"的开局之年，经济发展的宏观生态要求不断调动国内消费需求，并加强与消费需求相适应的产品供给，反映到融资租赁行业，则是为了市场竞争，各地大规模出现了上市交易的融资租赁公司。产品市场的安全和商业交易的有序化、可预期化，离不开高效而适当的监督管理。

截至目前，为便于操作，大多数规范性文件体现为部门规章和行业规定。相继出台的规范有：《中国保监会关于中国大地财产保险股份有限公司融资租赁履约保证保险（B）条款和费率的批复》《商务部办公厅关于开展融资租赁业风险排查工作的通知》《中国证监会关于核准广州越秀融资租赁有限公司向合格投资者公开发行公司债券的批复》《国家外汇管理局关于融资租赁业务外汇管理有关问题的通知》《中国证监会关于核准平安国际融资租赁有限公司向合格投资者公开发行可续期公司债券的批复》《海关总署关税征管司关于融资租赁方式进口飞机所涉租赁手续费是否计入完税价格问题的复函》《中国保监会关于太平洋—立根融资租赁资产支持计划设立的批复》《商务部办公厅关于融资租赁公司、商业保理公司和典当行管理职责调整有关事宜的通知》《深圳证券交易所融资租赁债权资产支持证券挂牌条件确认指南》《深圳证券交易所融资租赁债权资产支持证券信息披露指南》《上海证券交易所关于中信富通融资租赁有限公司 2018 年公开发行公司债券（第一期）上市的公告》。

这一时期的规范，以加强对融资租赁业的监控作为法律规制的中心内容，助力融资租赁公司的设立、审核程序的构建，提升融资产品和服务的质量，并兼顾外贸活动中融资租赁业交易秩序细节的完善。

（一）对交易主体的监控

融资租赁企业是整个融资租赁业的参与者和主导者，各地自贸试验区、经济技术开发区等试点的融资租赁公司，不仅规模、数量、资本充实度占优，且交易范围更加广阔，外贸参与度相当高，产品类型更新换代迅速。但在这些试点企业中，不可避免地存在着税务、登记审核、特殊产品交易许可等方面的漏洞，而成为本行业的非规范融资租赁企业，进而破坏融资租赁业的监管秩序和行业信誉，损及国家外贸利益和消费者权益。因此，对上述各地区融资租赁企业进行有序监督管理，是 2017～2018 年度法律规制的核心。

1. 严格融资租赁市场的准入和退出要求

融资租赁业属于金融行业，在金融业分业管理的要求下，融资租赁公司的设立、变更需要经银行业监督管理部门的批准，在成立后也要接受各地商务局、银行业监督管理局等部门监督。因此，不同于普通企业设立时遵从的准则主义，融资租赁公司的设立采取核准主义。近年来国内大量融资租赁公司开始上市交易，财力雄厚的大公司积极谋求在主板市场即证券交易所挂牌交易；不符合条件的，则谋求在创业板市场即柜台市场上市；还有一些小微企业既想趁发展大潮一跃而起，又缺乏在主板市场和二板市场交易的资格，只好尝试谋求在新三板市场交易的机会。在市场形成分层的同时，不乏铤而走险者通过"老鼠会"等传销手段进行集资。若放开金融信贷行业的管制，任由其增长，必然带来经济的过度虚拟化、泡沫化。

2. 强化对融资租赁公司存续期间的组织管理

公司并非一经成立，就无拘无束直到清算注销，在"存活"期间，其应时时刻刻受到行政和行业规范的监督，融资租赁公司也不例外。为金融安全计，对该类企业的规制较一般企业更为严格。以北京、天津等自贸试点区的融资租赁公司为例，国家对这些企业在税务、信贷、会计核查等方面单独做了细致要求，力求公司在从成立到注销，或者迁出本试点区/自贸口岸的期间，受到本地行政监管，严格避免融资租赁公司的"放养式"增长。当然，这样做的出发点并非否定自由交易市场，而恰恰是为了自由交易不被盲目的金融繁荣（Financial Prosperity）所冲垮。

（二）对高风险产品的规制

融资租赁兼具融物（租赁）和融资（借贷）功能，根据承租人的要求而选定出租物，一手交物，一手交租，租金抵贷款是常态。但现实生活中不乏既存在租赁需求，亦存在资金短缺的承租人，由此促生了售后回租、杠杆租赁等形式的融资租赁方式，或者以住房、生活用品等作为租赁标的物的情形。这类金融产品往往因其交易的间接性和出资的虚拟性而蕴含着高风险。现实中又不乏蓄意投机者利用产品的风险漏洞虚构租赁物，或者虚假宣传，对租赁物的评估严重失实，介入售后回租，以租赁之名行借贷之实。这些对高风险产品的不规范经营，将会损及融资租赁市场中任一参与者的利益。虽然国家一再呼吁融资租赁公司回归本业，但目前的势头极难掉转。应当对特殊产品的融资租赁设置相应的经营许可，以将风险规制在金融市场可接受的范围之内。

（三）对经营程序的规制

相比于前文所提到的融资租赁公司在存续期间要接受的行政管理，经营秩序更多的是着眼于融资租赁交易的公开性和公正性。例如，对作为出租人的融资租赁公司资本充实状况的披露、租赁物流转、租金支付、租赁期届至时租赁物的归属等，这些领域虽然在更大程度上是由《合同法》等民事法律进行调整，但不妨碍行业规范等对之提出要求。还有在涉及公司证券发行时，公开更是重要。此时除了出租人的利益考虑，还有在融资租赁公司充当发行人时，对广大出资人的保护。未来的立法趋向，应该给予证券市场中的融资租赁以适当关注，包括对融资租赁公司管理层内部交易、关联交易的监督规制。

（四）对外贸的规制

近年来，我国已跃居世界第二大出口国，外贸在整个经济市场格局中占据半壁江山。跨国融资租赁已非鲜见，承租人、出租人乃至供货人都有可能来自异域，其间最重要的是对外贸安全的维护，现实中常常存在融资租赁公司以贵重金属、稀缺资源乃至禁止（限制）流通物作为租赁物，以及为了逃避普通执行和破产执行程序，而出现的通过跨国融资租赁转移财产的行为。一方面，加大了金融风险；另一方面，容易滋生走私犯罪等行为，以合法手段掩盖非法交易目的。关税部门在这方面的能力是有限的，现有的法律规范创设了多种规制调整方式，如信息化监察、企业自查、外聘第三方协助等，行业自治自律也发挥着不可忽视的作用，以实现外贸型融资租赁的合法、高效经营。

总体而言，2017～2018 年度法律规制领域并无多少建树，更多的是对融资租赁市场的微观调控和风险监督，全局性的政策法规寥寥无几。但在出台全局性的法律之前，对市场的整合和规范化管理是十分必要的。随着改革和规制的不断深化，制定"融资租赁法"的重要性愈加凸显。

四　法律规制中的痼疾所在

综合历年出台的法律法规和融资租赁业的发展实践可以看出，国内的法律规制存在着实践先于法律、规制分散化与规章化的整体特征，在一些关乎融资租赁业发展前景的重点领域中，法律规制的不健全影响尤著。

（一）权利公示制度的缺位和异质化

权利公示制度，是指权利的各种变动必须采取法律许可的方式向社会予以展示，以获得社会的承认和法律保护的制度①。与权利公示联系最密切的是物权，基于对物的支配性和排他性，物权变动时，必然排斥第三人的利益，为保护第三人代表的社会秩序，法律要求物权变动必须具有使公众可兹信赖的公示性。在融资租赁中，租赁物上附着的不仅仅是债权，它对出租人还兼具担保意义，在这个前提下，融资租赁物也需要进行相应的权利公示，避免承租人对租赁物的无权处分——这样的道德风险无疑会危及出租人对租赁物的所有权。融资租赁作为一种新生金融业，恰如证券业一样，公开也是融资租赁业的基本精神②，金融行业的公平，建立在对参与主体的信息公开基础上。没有权利公示制度，租赁物的权利信息永远不为人所知，法律关系原本就错综复杂的融资租赁市场将进一步面临信用危机，同时增加了第三人的调查成本和出租人的监督成本。总体而论，权利公示制度是融资租赁业发展要解决的第一大问题。

---

① 孙宪忠：《物权法》，社会科学文献出版社，2011，第 88 页。
② 朱锦清：《证券法学》（第三版），北京大学，2011，第 83 页。

在我国，还未如美国和加拿大魁北克省那般建立起租赁物的公示登记制度，制度缺位已逾30年之久。由于《合同法》本身调整范围的限制，对于融资租赁交易中的物法因素无法顾及，租赁物的权利公示制度缺位，占有和交付又不能起到合适的权利公示作用，从而直接导致权利人保护规则的缺失。及至《物权法》起草，立法者已然注意到融资租赁交易中的物权问题，于是在《物权法》中明确规定"用益物权人对他人所有的不动产或者动产，依法享有占有、使用和收益的权利"，试图以"出租人所有权＋承租人动产用益物权"的权利模式来解决融资租赁交易中的物上权利冲突问题。但由于其时"融资租赁法"立法工作已经启动，《物权法》在此方面为了避免喧宾夺主，所以仅仅做了援引，至于具体制度设计拟留待"融资租赁法"去解决，在这之前，立法者期望借助用益物权制度对融资租赁物加以保护，殊不知，"融资租赁法"一拖再拖，迟迟不能出台。从目前来看，现实和理论都在呼唤统一公示登记制度的出台，但不应急中生乱，以至于病急乱投医，自我发明一堆公示登记策略了事，而应谨慎考察，对融资租赁登记机制的谋篇布局要慎之又慎。

在《司法解释》中，未解决善意取得问题，第9条出现了异质化的公示登记制度，在未要求租赁物进行统一规范登记的前提下，设置了几条过于细致且适用范围有限的提倡性规则，并对违反该规则的行为课以不利后果。这样的规定，虽然是在考虑到全国缺乏统一的登记规则和机构的前提下不得已而为之，但实际效果还不如不规定。

（二）租赁物的范围厘定

在传统观念中，融资租赁的标的物多为动产，那不动产可否作为融资租赁物呢？无形财产可否作为融资租赁物呢？从《最高人民法院关于审理融资租赁合同纠纷案件若干问题的规定》第3条可以看出些许端倪：融资租赁合同纠纷案件的当事人可以约定案件管辖。当事人未选择管辖法院的，应由被告住所地或合同履行地法院管辖。融资租赁合同的履行地为租赁物的使用地。换而言之，如果不动产可以成为租赁物之一，管辖中应该再加上"不动产所在地"。有观点认为，不动产不能作为融资租赁物，毕竟《国际融资租赁公约》和《美国统一商法典》已将其排除在外，我们应该仿效先进立法例做出同样的规定。至于无形财产，否定的观点认为像著作权、商标权、专利权这类无形财产，基于其特殊保护需要，不宜采用融资租赁的方式，而应通过转让许可权或所有权的方式进行。

姑且不论上述这些财产的融资租赁可能，单就现有的立法规定而言，普遍存在的问题是租赁物的范围模糊不清和无法统一，司法实践中也不乏因此将实为融资租赁的案件当作借款、分期付款买卖等形式来处理，背离了当事人的预期。

（三）创新模式中的风险规避

在融资租赁实务中，基于需求的多元化，融资租赁模式也在不断创新，在这些新事物中，不仅蕴含着经济活力，更蓄积着风险。

例如上文提到的不动产融资租赁，在面对共有关系时，融资租赁法律关系将会受到怎样的影响？还有共同租赁中的法律风险，即由两个承租人与出租人签订合同，其中一个承租人并不占有租赁物，而只承担与另一承租人连带支付租金的义务。那么出租人该怎么证明自己向承租人进行了交付？再一个就是杠杆租赁中的风险，承租人、出租人以"二八开"的投资比例向出卖人购得租赁物，再由承租人向出租人付租金，看起来减轻了出租人的购买压力，但出租人后来发现租赁物根本没交付，没有租赁物就没了租金担保，出租人在此之前又该采取怎样的方式避免风险？另外，还有将来物的售后回租，身兼出卖人之职的承租人，往往在缺乏资金、无力购买尚在生产商手中的租赁物时，便同出租人签订融资租赁合同，从而取得出租人支付的货款，不论承租人将以何种方式支付租金，早付或者晚付，出租人都面临将来物无法取得的巨大风险，租金的担保随时有可能从一种单纯的期待化为乌有。这些风险该如何合理规避，都需要详细地思考。

五 守望与斟酌：有关对策研究

（一）构筑标准化的统一登记制度

就租赁物公示登记这一关键问题而言，如果说数年前基于融资租赁方兴未艾，而允许地方和行业因地制宜另做规定，那么在融资租赁业已成规模化、常态化发展的当前，还缺乏对之规范调整的成文法是难以想象的。从法律传统而言，我国继受了大陆法系物债二分的立法体例，正如前文论述，单纯借助《合同法》对融资租赁进行债法上的规范是不够的，租赁物的物权因素受到了忽视。如标题所言，统一登记制度的建立是现阶段法律规制的核心，而这一目标的实现，是无法借助一个文件中的只言片语来实现的，只有寄希望于将来"融资租赁法"对其专章规定，进而与《合同法》相得益彰，以实现国内融资租赁业公示登记的标准化和普遍化。

在构筑标准化的租赁物登记制度过程中，应考虑下列因素。

1. 专门立法，采取公示对抗主义

之所以要进行租赁物的公示登记，是为了使物上权利能够对抗善意第三人，而非只有登记承租人才能取得租赁物的使用权。我国《物权法》现采取公示对抗主义的有动产抵押、土地承包经营权设立以及地役权的设立三类，其余多采用法国意思主义的物权立法模式，即公示成立主义，如不动产抵押等。国际上就融资租赁权利登记规定较为完备的是加拿大魁北克省的民法典，加拿大虽属英美法系，但其国内部分省份则秉持大陆法系的立法传统，魁北克就是其中之一。《魁北克民法典》不仅在其债编中规定了融资租赁这种合同类型，还在第九编（权利公示编）中对融资租赁设置了登记规范[①]。在加拿大魁北克省的租赁实践中，动产担保交易法案规定租期一年以

[①] 《魁北克民法典》，孙建江等译，中国人民大学出版社，2005，第 244 页。

上的租赁即被认为是一类担保交易，出租人可在动产担保登记系统进行登记，旨在防止第三人依据善意取得制度主张物权，保护出租人设立融资租赁的目的。因此，《魁北克民法典》对租赁物的登记采取了公示对抗主义。同为大陆法系立法体例，参酌《魁北克民法典》确立对抗主义的公示登记于我国而言是可行的。

2. 设立统一的登记机关

《国际融资租赁公约》第7条第2款规定："如根据准据法的规定，只有符合有关公示规定时出租人对设备的所有权才能有效地对抗前款所指的人，则只有在满足上述规定时，这些权利才能有效地对抗他人。"目前我国不仅缺乏融资租赁公示登记系统的统一规定，也缺乏统一登记机关，各地出台的政策也彼此迥异。现较为成熟的融资租赁公示登记平台，有中国人民银行征信中心应收账款质押登记系统平台，以及天津、上海等试点的地方登记平台。

至于设立专门登记机关，还是设置统一登记机关，存在着不同的观点。一派观点认为，专门登记机关长于对特定交易和财产的登记，可确保登记规范化、专业化，尽可能确保信息真实；另一派观点则认为，统一登记机关能够实现各式租赁物的一体登记，其出具的制式登记文本及规范登记流程，使人们不必纠结区分形式各异的登记要求，更有助于了解财产的实际信息，节省登记成本，起到警示恶意承租人转让租赁物的效果。而且在当前电子商务快速发展的前提下，利用网络登记的便利，建设全国融资租赁信息登记平台，将各类租赁物一并纳入其中，能够定期定时完整地公开各类租赁物的登记信息，更大限度地方便交易信息查询。

在采取分类专门登记还是统一登记问题上，统一登记似乎更为可取，《物权法》对于动产、不动产、应收账款以及知识产权等财产进行交易时，设置了各类登记机关，一定程度上的确实现了专业化登记，但也造成了登记机关遍地开花、各机关规定彼此不同、登记申请人为繁杂手续所累的现实状况。"地方登记的分散，使得信息查询量不经济，而分类登记又给当事人带来奔波之苦"①，基于此，在融资租赁登记时，为便捷快速地交易，节省登记成本，可以考虑对融资租赁物进行统一登记的方法。

3. 登记机关应以形式审查为主，实质审查为辅

如今，美国对于融资租赁公示登记采取的融资声明书，改变了以前烦琐且细致的公示登记方法，《美国统一商法典》立法体制认为，太过细致的公示，则是毫无保留地披露商业秘密，这样的登记对于保护交易安全、对抗善意第三人而言无疑是缘木求鱼。国内各地关于财产公示登记的规定也是十分烦琐，经常要求对交易目的、主从合同、双方当事人信息做出登记，这样的做法一方面增加了当事人的登记成本，使公示登记制度的原有价值得不到体现，另一方面也常使交易秘密被广而告之，乃至造成商业损失。

不过融资租赁之所以被称为金融租赁，原因则在于其交易性质的特殊性，交易安全和商业安全需要兼顾，不可偏废。故而应与普通财产登记区别对待，结合各国立法例，融资租赁公示登记应包括下列内容。

（1）当事人，即出租人和承租人。在登记机关将权利主体记载于融资租赁簿后，未经出租人要求不得涂消，当然如果有明显错误时，可如《物权法》般予以变更登记，当然也可以考虑增设异议登记制度。

（2）租赁物名称、性质以及规格。融资租赁物多为大型机器、设备等动产，关系一个或数个企业性承租人的生产经营及市场营销，但做到保障租赁物的信息基本准确就可，不必事无巨细皆登记，能够准确定位到具体的财产上就算实现了登记目的。

（3）担保的债权数额及数量，一般可等同于租赁物的价值。对登记信息的整体要求是，信息与租赁物达到契合对应状态，使第三人见到登记信息即知晓租赁物的权利人，达到公示对抗的目标。至于租金、币种等事项则无须登记，由当事人自行约定，毕竟承租人、出租人完全有可能因各种原因变更租金和支付方式。

---

① 高圣平：《融资租赁登记制度研究》，《金陵法律评论》2006 年第 2 期。

4. 纸面化的登记体系亟待改变

虽然电子簿记已经广泛用于市场交易当中，但我国现在依旧存在着广泛的纸面化登记体系，纸面化登记体系迁就了曾经的社会现实①。在今天看来自然是过时而又低效，毕竟与数字化信息相比，纸面信息易于因蓄意破坏、盗窃、火灾、洪灾或其他灾难而遭受损失。特别是在融资租赁这一特殊行业，租赁物往往价值巨大，其信息一旦毁损，给当事人造成的经济损失难以估量。更为重要的是，电子化的录入和查询在速度上比纸介质要快得多，而且成本更加低廉，为提高登记效率、简化查询程序、节约交易成本，宜在全国范围内普及电子登记系统。

（二）统一租赁物的范围

前文提及的不动产和无形财产能否作为融资租赁物的疑问，来自当前融资租赁物范围无法统一的现实。人们的传统观念认为只有动产才可以进行融资租赁，单就不动产和无形财产而言，其与普通的动产融资租赁并无根本不同，都是为了实现当事人融资与融物的目的，在国家税收与监控层面无太大差别。简单诉诸财产标准的差异，未能提供充分的理论现实依据就人为地将其割裂为两部分，显然过于机械，不符合融资租赁制度的价值追求。

在未来的立法和融资租赁的交易实践中，应注重以统一而普遍的标准对待各类融资租赁物，将视角从过分着眼于租赁物之间的形式差别，转向关注交易程序的规范性，租赁物权利状态的公开，承租人、出租人和出卖人三方的权利、义务，以及合同争议及其解决。但同时不能无限制扩大租赁物的范围，就租赁物范围而言，从实体财产扩展到权利，审判机关持保留态度并非毫无理由，要避免大量融资租赁公司借经营"新产品"的契机沦为贷款通道。因此，统一租赁物的范围，是融资租赁规范得到普遍适用，进而不断提升立法科学性的基础。

---

① 高圣平：《中国融资租赁法制：权利再造与制度重塑——以〈开普敦公约〉及相关议定书为参照》，《中国人民大学学报》2014 年第 1 期。

（三）明确概念术语

国内现有的各类融资租赁规范，普遍存在概念术语类型划分不清、定义模糊不明的问题，亟待明确统一。

如《合同法》第 237 条规定："融资租赁合同是出租人根据承租人对出卖人、租赁物的选择，向出卖人购买租赁物，提供给承租人使用，承租人支付租金的合同。"该定义与《外商投资租赁业管理办法》保持一致，而《企业会计准则——租赁》则规定："融资租赁，是指实质上转移了与资产所有权有关的全部风险和报酬的租赁。其所有权可能转移也可能不转移。"如果这两个定义在本质上是一致的，则根本不需要重复规定；而如果这两个定义在本质上是不一致的，则说明立法之间存在着逻辑矛盾，并且是作为下位法的部门规章与作为上位法的民商事基本法相抵触①。但是在体系结构上，《合同法》将租赁合同和融资租赁合同并列，说明租赁合同与融资租赁合同互不隶属、地位平等。而《企业会计准则》则我行我素，将租赁分为融资租赁和经营租赁，从而使融资租赁变成租赁的下位概念。

这样的后果首先破坏了规范的体系和严密性，进而使适用者产生困惑，到底是将融资租赁看成相对于租赁合同的特别法，还是将其当作一个独立的交易制度？如果是前者，在特别法未规定的时候，直接适用一般法即租赁合同规范；如果是后者，则在融资租赁规范缺位的情况下只能另寻答案，不能直接适用普通租赁规范。由此可见，澄清融资租赁的基本概念，明确其定义层级，关乎规范的现实适用效果。

（四）整合现有规范体系

在缺乏全国性成文法的指导下，地方根据自己实际情况制定的法规、规章和其他规范性文件，普遍存在调整对象重复，下级规定与上位规定相抵触，不同层级、不同地区的规定就同一事项要求各异等弊病。这种规范体系的无序化，

---

① 曾大鹏：《融资租赁的法制创新的体系化思考》，《法学》2014 年第 9 期。

一方面是由于立法技术不到位，另一方面，则是由于长期以来将融资租赁法视作一种行政管理规则，而非为平等的商事主体提供的私法自治规则。在这种观点支配下，各地更愿意怎么方便管就怎么定规矩，于是在全国范围内各行其是。

当然，这些地方规范还在其适用范围之内发挥着效力，在"融资租赁法"缺位的现实下，最值得做的，就是将这些种类庞杂、体系紊乱的法规文件进行整合，消除规范之间的冲突、对立、重复，从而形成一个上下层级明确、清晰的规范系统。而法规编排体例和体系的科学化，是实现立法科学化的必由之径。

参考文献

［1］高圣平：《论融资租赁的交易法律构造》，《法律科学》2013 年第 1 期。

［2］韩世远：《合同法总论》（第三版），法律出版社，2011。

［3］朱锦清：《证券法学》（第三版），北京大学，2011。

［4］孙宪忠：《物权法》，社会科学文献出版社，2011。

［5］《魁北克民法典》，孙建江等译，中国人民大学出版社，2005。

［6］高圣平：《融资租赁登记制度研究》，《金陵法律评论》2006 年第 2 期。

［7］高圣平：《中国融资租赁法制：权利再造与制度重塑——以〈开普敦公约〉及相关议定书为参照》，《中国人民大学学报》2014 年第 1 期。

［8］曾大鹏：《融资租赁的法制创新的体系化思考》，《法学》2014 年第 9 期。

［9］最高人民法院民事审判第二庭编著《最高人民法院关于融资租赁合同司法解释理解与适用》，人民法院出版社，2016。

B.3
我国融资租赁监管制度研究

韦静强　郭哲宇*

摘　要： 近年来，我国融资租赁行业交易主体和市场规模呈爆发性增长，在国民经济中日益发挥重要作用。随着融资租赁行业统一归口，未来商业租赁行业监管一定会从国家大战略出发，从严控制风险，行业整顿已经拉开序幕。本报告首先总体描述了我国融资租赁行业的监管概况，介绍了监管机关对我国融资租赁行业的监管思路及要求，重点列示出目标、原则、标准和内容。在现状论述的基础上，本报告逐步阐述了原有监管体系下的租赁行业存在的潜在问题，简析了统一监管的重要意义，并对未来监管政策方向进行前瞻，提出了部分合理化建议。统一监管长远来看利大于弊，融资租赁监管有望接轨国际，也有利于更好地控制社会金融风险。

关键词： 融资租赁　监管目标　监管制度　制度规章

　　截至 2018 年 6 月末，我国的融资租赁公司共有 10611 家，其中外资融资租赁公司 10176 家，内资试点融资租赁公司 366 家，金融租赁公司 69 家。融资租赁行业的交易主体、市场规模都呈爆发性增长，行业布局、区域布局

---

* 韦静强，经济学博士，清华大学科技金融博士后，供职于中国光大银行，研究方向为金融控股集团、银行信贷、投资银行、资本市场、融资租赁。郭哲宇，金融学博士，特华博士后科研工作站博士后，现供职于长安国际信托股份有限公司办公室，研究方向为金融监管、信托、融资租赁、产业经济等。

日趋合理。融资租赁在推动产业升级、调整经济结构中发挥重要作用，面对复杂多变的全球环境、金融形势，有效的融资租赁监管对保持稳定的金融环境的重要性不断提升，我国也必将不断根据形势的发展，适时调整和完善我国的监管框架。

一　监管概况

多年以来，由于审核、监督管理部门的不同，我国从事融资租赁业务的企业被分为三类：属于非银行金融机构的金融租赁企业（由银监会审批、监管）、属于一般工商企业的外资融资租赁（由商务部审批、监管）和内资融资租赁企业（由商务部和国家税务总局联合发起试点）。大行业长期存在多头监管且结构失衡的状态。具体表现为外资融资租赁公司由于获批难度低，所受监管约束小，近年来数量急剧上升。虽然外资融资租赁公司的家数占比达到 95.9%，但大部分外资融资租赁公司实际规模较小，因此所占的市场份额并未占据优势，从期末合同余额来看，外资租赁占比为 31.35%。

2018 年 5 月 14 日，由商务部下发的《关于融资租赁公司、商业保理公司和典当行管理职责调整有关事宜的通知》（商办流通函〔2018〕165 号）正式出台。该通知指出，自 2018 年 4 月 20 日起，中国银保监会正式成为融资租赁公司、商业保理公司、典当行业务经营和监管规则的归口管理部门，统筹制定相关行业业务经营与监管规则，从而，分治多年的融资租赁行业正式统一监管机关。

融资租赁划归银保监会，监管收紧是大势所趋。在当前国内经济环境下，系统性金融风险已经被提升至国家战略高度，银保监会成为统一归口管理的最佳选择。从银保监会对金融租赁的严监管政策来看，典型如《金融租赁公司管理办法》，明确指出"金融租赁公司应当根据其组织架构、业务模式和复杂程度建立全面的风险管理体系，对信用风险、流动性风险、市场风险、操作风险等各类风险进行有效的识别、计量、监测和控制，同时还应当及时识别和管理与融资租赁业务相关的特定风险"。可以看到银监会对金融租赁的要求全面和细致，从多维度对金融租赁提出严格风控的要求。可以预见，随着融资租赁行业统一归口，未来商业租赁行业的监管口径一定会从国家大战略出发，从严管理，严控风险，过去多年的野蛮生长时代难以重演，行业整顿已经拉开序幕。

二 监管的目标、原则、标准和内容

（一）监管的目标

1. 引导行业健康发展，回归融资租赁本业

根据商务部和银行业协会的资料，我国租赁行业业务中高达 75% 的业务为售后回租业务。从业务具体内容来看，售后回租实质上是一种纯资金业务，即融资人将设备出售给租赁公司，再从出租人处获取出让金，同时按期支付租金。从交易内容来看，企业并未购买新的仪器设备，交易结构类似于银行抵质押贷款，租赁公司实际上难以控制资金流向，整个行业主营业务偏离融资租赁行业的初衷。

此外，在行业高速发展期内，多个地区给予融资租赁各种补贴，导致空壳公司套补贴案例频发，大量浪费国家资源。因此，本次统一监管，意在引导融资租赁行业回归本源，发挥行业特色优势，真正助力国家产业升级。因此，我们也认为未来融资租赁物登记制度，事前报备、事中和事后监督制度将有望加速推进。

2. 审慎有效监管，增强市场信心，充分发挥租赁业对实体经济的促进作用

发展初期，国家通过相对柔性的支持政策，有效促进融资租赁业为具有较强产业实力和技术能力同时产品质量佳的实体企业提供发展支持，防止实体企业在我国整体经济新常态转型过程中，出现大面积资金链风险，从而引发市场风险。融资租赁的长融资期限，有利于企业跨过市场波动周期。从监管主旨来说，还是希望通过政策引导，为企业提供长期、稳定的融资服务。

3. 努力减少金融犯罪，维护金融稳定

由于我国法律体制在融资租赁监管行业的缺位，此前融资租赁公司（由商务部审批）往往被充分监管，异化为"影子银行"，无疑会影响金融市场的宏观调控效果。同时，融资租赁公司的组织架构、人员能力也与银行、信托等具有类似资金业务运营能力的公司存在较大差距，故而在资金配置、流动性管理等方面都存在杠杆过高、信用转换风险等问题，成为金融体系内的潜在风险区域。

（二）监管的原则与标准

根据《银行业监督管理办法》的相关规定，未来银保监会对融资租赁的监督管理必将遵循依法、公开、公正和效率四项基本原则。

在总结和借鉴国内外融资租赁监管经验的基础上，银保监会提出了"管法人、管风险、管内控，提高透明度"的监管理念。因此，在融资租赁业的监管过程中也将以严格管理监管者和被监管者为基础，以促进金融创新、维持市场稳定为监管标准，明确问责制，加大监管力度与强度。

（三）监管的内容

监管机关主要是从四个方面对融资租赁行业进行规范，即市场准入、资本充足率、监督检查、市场约束（见表1）。

表1　监管重点内容

监管维度	重点内容
市场准入	依据《金融租赁管理办法》《商务部、国家税务总局关于从事融资租赁业务有关问题的通知》等法定标准，严格机构准入；根据审慎标准，严格业务准入；对融资租赁公司股东资格进行严格管理
资本充足率	资本监管是融资租赁审慎事前监管的核心，是衡量其综合经营实力和抵御风险能力的重要指标
监督检查	通过现场和非现场等监督检查手段，实现对融资租赁风险的及时预警、识别和评估，建立风险纠正和处置安排制度
市场约束	明确融资租赁业信息披露的要求，提高经营透明度，使得市场参与者能够用及时可靠的信息对融资租赁行业进行有效监督

资料来源：课题组根据公开政策信息整理。

三 统一监管意义深远

《关于融资租赁公司、商业保理公司和典当行管理职责调整有关事宜的通知》正式发布之前，我国融资租赁行业曾长期存在多头监管的现象（见表2）。融资租赁行业经历几年的发展，机构数量、业务规模均显著增加，市场渗透率亦随之大幅提高，日益成为重要的融资方式。但在发展中也存在一些不规范的现象，在防范金融风险的背景下，监管制度、体系不断完善，此番统一监管是中央一系列金融防风险工作的重要一环。

表2 原监管框架下三类融资租赁对比

	金融租赁	内资融资租赁	外资融资租赁
监管部门	银保监会	商务部、国税总局	商务部（下放至地方）
注册资本	1亿元	1.7亿元	1000万美元
获批难度	极大	较大	较小
量化监管指标	参照银行业金融机构	较少	较少

资料来源：课题组根据公开政策信息整理。

（一）原监管体系下的融资租赁重要表征

从监管差异方面来看，金融租赁公司一般资本雄厚，有丰富的金融服务经验，但受单一客户、单一行业等规则限制，受到更严格的监管管理；相较之下，内资融资租赁公司行业限制较少，只是相对外资融资租赁公司来说，在办理外汇业务时受到一定限制，而外资融资租赁公司在此方面显然具备更多优势。详见表3。

从业务范围来看，融资租赁公司可分为供应链系、平台系和独立第三方系。前两者在业务资源上对股东、关联方的依赖程度较高：供应链系依托关联方的设备供应、对产业链的了解或控制力，业务来源较稳定，但行业集中度高，关联方集中度可能也较高；平台系则关联城投平台，业务主要涉及基础设施、公用事业方面的融资租赁，区域和行业的集中度均较高。

表3　原监管框架下三类融资租赁的性质对比

	金融租赁	内资融资租赁	外资融资租赁
投资主体	一般为在中国境内外注册的具有独立法人资格的商业银行、大型企业，或在中国境内外注册的融资租赁公司以及银监会认可的其他发起人	没有特别的限制，直接参照《公司法》执行	外国公司、企业和其他经济组织
是否被认定为金融机构	被认为是金融机构，能够吸收股东存款、进行同业拆借、发行金融债券	内、外资融资租赁公司通常被认为是普通工商企业	
企业规模及经营范围	资本雄厚，规模较大，营业范围较广，融资能力较强，经营较规范	资本相对较少，规模相对较小，营业范围较窄，融资能力偏弱，经营结构较松散	

资料来源：课题组根据公开政策信息整理。

从资金来源看，近年来，我国融资租赁公司的融资结构也在不断优化，逐渐从单一的银行贷款渠道拓展到银行贷款、资产支持证券（ABS）、股东增资、债券及海外融资多渠道。其中，融资租赁公司利用 ABS 来融资的规模逐步扩大。

在融资租赁公司放款的投向方面，根据商务部统计，2017 年融资租赁资产（不包括金融租赁公司的租赁资产）行业分布排在前 5 位的分别是能源设备、交通运输设备、基础设施及不动产、通用机械设备和工业装备，均达到千亿元以上，占融资租赁公司资产总额的 40% 以上。值得关注的是，近年来，在规范地方政府债务的背景下，城投公司的融资渠道不断收紧，融资租赁逐渐成为城投公司重要的融资方式，尽管从租赁企业获得融资的成本要显著高于银行、发债等渠道。

（二）融资租赁违规操作、监管套利行为造成金融风险隐患

此前，在多头监管下，银监项下监管相对严格，但商务部体系下监管相对宽松，导致行业内出现较多的违规事项，主要表现为以下三个方面。

一是融资违规，主要包括：未经批准从事同业拆借、股权投资，吸收或变相吸收公众存款，虚假宣传、故意虚构融资租赁项目通过公开渠道进行融资，超杠杆经营等。

二是投资违规，主要包括：违规向地方政府、地方政府融资平台公司提供融资或要求地方政府为租赁项目提供担保、承诺还款等。

三是未按要求及时报送季度和年度经营情况信息报表，主要体现为：全国融资租赁公司管理信息系统上登记的项目信息不完全，真实性、准确性存在瑕疵，外资融资租赁公司没有及时进行外商投资公司设立及变更备案等。

同时，融资租赁行业也存在大量监管套利行为，主要表现为以下两个方面。

一是银行借融资租赁通道开展类信贷业务，相当于银行间接放款给融资租赁企业。通常原银监会对银行的授信有较为严格的监管，而通过融资租赁公司则可以规避贷款用途、贷款期限等监管要求。

二是借 P2P 平台，向公众募集资金。通常规模较小、实力较弱的融资租赁公司在银行获得资金支持的难度较大，因此融资租赁公司通过虚构应收债权，在 P2P 平台上出售应收账款收益权来筹集资金，而监管机构对该行为存在一定的监管空缺。

（三）统一监管是大势所趋

在当前的经济环境下，统一监管的内在因素是多方面的。

一是宏观经济走势及降杠杆的供给侧改革的需要。融资租赁行业同样是服务实体经济，所以也是经济周期性的一部分，受宏观经济影响，企业如果需要加资产，融资租赁行业也会相应增加业务。另外，融资租赁作为补足信贷类融资不足的通道也是融资租赁顺周期的另一个影响因素。类信贷的问题接下来是要解决，但是从融资租赁业的发展历史来看需要一个过程，比如回租，这需要慢慢地加以解决，也是发展过程中的一条必由之路。特别是在中美贸易摩擦过程中，降杠杆可能被动加速，会对整个金融行业和全国经济带来潜在风险。

二是全覆盖渗透式的金融监管的需要，以及强调功能监管的需要。既然融资租赁做的是资产业务也是金融业务，那么全覆盖渗透式监管是不可避免的，这是打好风险攻坚战的必要条件。

三是金融业多元化融合以及租赁创新时代的必然发展阶段。融资租赁经过高速发展，已经衍生出很多创新产品，但很多模式存在一定的潜在问题，需要加强风险控制。把行业做稳了，整个行业才能有新的发展，融资租赁行业需要系统性的规则体系，否则这个行业会比较无序化或过度发展，将成为整个宏观经济潜在的不安定因素。

（四）统一监管有助于防范跨监管套利，由专业金融监管机构做专业的监管工作

从市场需求方面看，我国实体企业长期面临融资难、融资贵、对市场波动的抵抗性弱等问题。从行业特性来说，融资租赁业是有效解决实体企业需求的重要路径，市场需求巨大，行业发展面临广阔的市场潜力。但是，随着整个融资租赁行业规模的急剧膨胀，积弊也开始显现，典型的如空壳融资租赁公司的占比过高，行业整体融资环境不佳，专业人才少，制度不健全。尤其是售后回租业务急剧扩张，这种本身就颇具争议的融资租赁业务模式正在为融资租赁行业埋下巨大的风险隐患。

针对融资租赁行业已存在的各类潜在风险，中央已出台多项政策进行规范整治。2017 年 5 月，商务部办公厅发布《关于开展融资租赁业风险排查工作的通知》（商办流通函〔2016〕43 号），该通知明确要求加大对融资租赁行业的风险整治力度。2018 年 3 月，国务院办公厅下发的《关于全面推进金融业综合统计工作的意见》（国办发〔2018〕18 号）再度强调，要填补统计空白，要求制定针对融资租赁公司等金融机构的统计制度，并建立信息共享机制。

从行业监管趋势来看，严格监管将是未来很长一段时间的主调，融资租赁行业对此有着非常清晰的认识。在金融监管越来越严格的趋势下，改革金融租赁业的监管模式势在必行。尤其是在租赁业从高速发展阶段向高质量、高效率发展阶段过渡的关键时期，将融资租赁与融资租赁监管相统一，将有

助于解决机构中存在的问题，使行业标准化和透明化，有利于行业健康发展和落实防控风险的总目标。发展金融租赁业监管和统一集中管理，有助于防范监管套利，规范金融租赁市场的秩序，促进金融租赁业的健康发展。将融资租赁行业置于银保监会的监督之下，有利于监管部门进一步规范融资租赁业务的各类套监管通道业务。同时，随着监管要求的进一步细化和规范，融资租赁公司今后在融资渠道方面可以享受与金融租赁公司类似的待遇，这将有利于优质企业的健康发展，或者还会为现有产业的整合带来机遇。

（五）统一监管挑战与机遇并存

1. 各家机构面临挑战，行业两极化可能加剧

从消极方面来看，融资租赁行业统一监管预计将会对"类信贷"和"通道"类融资租赁业务带来很大影响。根据第五次全国金融工作会议关于强化金融监管的专业性、统一性、穿透性的精神，未来跨监管套利行为必将受到严格控制，即在明确划分监管主体、监管职责、监管规则的前提下，不同类型的金融机构，在从事相同业务时，将面临相同的监管标准，监管机关将严厉打击监管套利行为。

统一监管对不同类型的融资租赁公司所产生的影响也不一样。大量壳公司将面临被清理的局面；以通道业务为主的融资租赁公司丧失牌照优势，若不及时转型，则将难以持续发展；对于专业经营、正规的第三方融资租赁公司，转监管影响不大。

总的来说，统一监管对规范经营的融资租赁公司影响不大，可能还更有利于其进一步融资。融资租赁公司进入征信系统，实施动产抵押，也有利于其控制风险。而对于名义为融资租赁公司，事实上却从事借贷业务或通道业务的租赁公司冲击会很大。转监管后，融资租赁公司作为金融机构，就要被纳入资管新政、23号文以及金融统计政策的范畴。过去部分融资租赁公司，对租赁物不做实质性审查，大量投放地方平台，转监管对这些名为租赁实为信贷的业务会有很大冲击。

因此，可以预见经过监管调整后，融资租赁行业的两极分化将可能凸

显。由银行发起设立的金融租赁公司，承担银行资金的投放渠道，主营为类信贷业务，市场也把这类企业更多看作银行，这类企业不经营租赁资产，其优势在于有资金，所以这类企业仍会集中为高评级企业提供大量资金服务，其作为银行放贷的补充路径，将进一步增强金融属性，做大规模。

相较之下，更多融资租赁公司需要及时转型，如向直租或经营性租赁转型，其商业模式将更接近融资租赁的国际惯例，其资金业务功能将大幅削弱，企业核心竞争力从金融专项深入产业，开展专业化经营，进入如飞机、汽车等流通性强的领域，在专业领域内开展以融物为主的业务。

而那些规模小、业务零散、专业能力弱的小型融资租赁公司则将因为通道业务受限、产生大量坏账等因素，缺乏发展空间，而逐渐会被市场淘汰。

2. 统一监管是行业发展新的挑战期，更是机遇期

融资租赁划归银保监会统一监管，势必带来更大的监管力度。虽然具体的监管措施需要在最终结果公布后进一步明确，但可以肯定的是，下一步将在风控、资金、流动性、融资渠道等方面对融资租赁公司提出更高的要求。对于行业而言，统一监管意味着金融租赁业将进入一个新的历史发展机遇期。过去，宽松的政策环境使大量的融资租赁企业得到成长，但要持续稳定地发展，就必须对内外部环境进行调节。回归统一的金融监管，短期内会影响到一些业务不规范或资质差的企业，从长远看，有助于打击以互联网的名义扰乱社会的行为，遏制资金空转，为行业健康发展奠定基础。在防范金融风险的背景下，重塑金融租赁监管规则的关键在于关注融资租赁公司是否真正在从事融资租赁业务，引导其业务转向租赁的本源。

四　融资租赁监管政策前瞻

长期以来，融资租赁公司的监管环境明显宽松，所以大量融资租赁公司异化为"影子银行"，以发放信贷为主要业务，与国外以直接租赁、经营性租赁为主的商业模式有很大不同。统一监管后，未来一段时间监管政策可能有以下两方面特征，长远来看利大于弊。

（一）分类监管与分步监管并存

商务部《关于融资租赁公司、商业保理公司和典当行管理职责调整有关事宜的通知》中提到的"监管划转"是"业务经营和监管规则"的"制定"职能，而不是将对融资租赁公司的监管全部划转给银保监会。通知文件中并没有明确提到银保监会直接行使监管职能，因此具体的执行政策应当还在制定当中。我们认为，未来对融资租赁行业的监管将呈现分类监管和分步监管两个趋势。

融资租赁是"以融物的形式达到融资的目的"的一种商业模式。因此，融资租赁天然就带有金融属性（融资）和资产属性（融物）两个属性。我们认为，为了更真实、更准确地监管融资租赁业务，对融资租赁的金融属性和资产属性进行分类监管将是融资租赁监管的一个重要趋势。据统计，融资租赁行业中售后回租业务占据整体租赁资产规模的70%以上，客户群体包含政府平台、国有企业、上市公司、民营企业。售后回租业务类信贷的金融属性过度强调金融杠杆的运用，在实质上与银行等信贷业务没有区别。因此，对该类业务的监管应适用与贷款等金融业务相同的金融监管原则。

同时，飞机、汽车等资产的经营性租赁也是融资租赁行业中重要的组成部分。融资租赁公司在开展这些经营性租赁业务时，更加看中租赁物本身的属性，即租赁物自身产生现金流的能力如何，以及保值性和流通性如何。从这个意义上来讲，经营性租赁业务更多地表现出"资产经营属性"。对资产经营活动的监管不属于金融管理范畴，原则上属于市场调控的范畴。

在国家推行"防风险、去杠杆"的大环境下，融资性售后回租的融资功能可能起到与银行等金融机构类似的提供流动性、"加杠杆"的作用；而经营性租赁则是以融物功能为主，服务实体经济，属于"去杠杆"范畴。因此，对融资租赁行业的监管有必要区分融资租赁的"金融属性"和"资产属性"，对强调金融属性的融资性售后回租和强调资产属性的经营性租赁应区别对待，实施分类监管。

截至 2018 年 6 月底，全国各类融资租赁公司达 10611 家，此次转监管涉及的内资试点融资租赁公司和外资融资租赁公司共计 10542 家，相较于之前只监管的 69 家金融租赁公司，银保监会需要监管的融资租赁公司增加近 152 倍，监管机构不一定有能力监管到。此外，由于长期多头监管，不同类型的融资租赁公司在某种程度上存在一定的差异。要调和这种差异、实施统一监管需尚待时日。此次对融资租赁公司的转监管将会是长期的分步监管，而不会是一蹴而就的一次性转监管。

（二）统一监管分阶段实施

目前的监管趋势，是由银保监会负责制定顶层监管方案，地方银保监机构负责具体落实。此前，已有一些地方的金融监管局发文明确相关监管职责。例如，河北省早在 2017 年 12 月即颁布了《河北省地方金融监督管理条例》，成为国内地方金融办升级以来第一个地方金融监管办法。深圳金融办也发布了区域性规范文件。

《金融租赁公司管理办法》中，银监会对金融租赁公司的单一客户融资集中度和单一集团客户融资集中度都进行了限定，明确要求金融租赁公司开展业务不可以集中度过高。金融行业提倡分散化，行业集中度不能高，而融资租赁则是提倡专业化，注重聚焦一个行业，比如众多由大型国企参与发起设立的融资租赁公司，聚焦于本行业内上下游的融资服务，有些融资租赁公司甚至只开展集团内的业务。监管机构对金融租赁公司实施类似于银行的管理办法，对于厂商系等促销租赁来讲，则很难实现。此外，各类租赁公司设立背景不同，适用于金融租赁公司的五级贷款分类制度、拨备覆盖率制度、行业集中度、关联交易以及负面清单等制度，不一定适用于融资租赁公司。因此，监管机构在制定新的监管规定时，有必要将融资租赁公司的这些特殊之处纳入考虑之中。

（三）融资租赁监管有望接轨国际

自 2013 年 9 月 29 日成立中国（上海）自由贸易试验区至今，我国已经形成三批共 11 个自贸试验区的"雁阵"格局，十九大后，上海更是打造了中国大陆首个自由贸易港。各个自贸区实行"境内关外"和"一线管住、二线放开、区内自由"的政策，使得货物进出口贸易更为便利，海关、外汇管理、金融服务政策等都与国际接轨，成为贸易业、制造业和金融服务业的集聚地。作为融资租赁两大行业集聚地的上海和天津，自贸区政策的资源集聚效应最为明显。截至 2017 年底，在全国 9090 家融资租赁公司当中，上海占比接近 25%，其中近 1800 家注册地在上海自贸区内；天津自贸区已发展成为全国最大及世界上仅次于爱尔兰的飞机融资租赁单机项目公司注册地。上海升级为自由贸易港后，国际化程度进一步提升，政策环境比肩中国香港、新加坡、爱尔兰等国际自由港，更多的国内外高端制造企业、融资租赁公司将加快聚集，推动行业监管的国际化。

1. 会计准则接轨国际

国际会计准则委员会理事会（IASB）发布的最新版国际会计准则《租赁》于 2019 年 1 月 1 日生效；美国会计准则委员会（FASB）发布的最新版《美国会计准则》将于 2018 年 12 月 15 日生效。新版准则最大的特征是明确了承租人必须将租赁资产全部计入资产负债表，经营性租赁与融资租赁在承租人的会计计量上将不再进行区分，经营性租赁承租人的偿债指标受到不利影响。据英国《金融时报》报道，新准则将会导致全球范围内近 3 万亿美元的租赁资产计入承租人资产负债表。

对承租人而言，确认"使用权资产"（新准则引入的租赁资产科目）使总资产变大，从而降低了资产周转率；负债导致应付利息增加，使得利息保障倍数下降；"使用权资产"计提折旧一般使用直线法，可能使得资产的减少高于负债的减少，也降低了利息保障倍数。

新租赁准则对承租人的影响将会导致承租人行为和决策的变化，"使用权资产折旧"和租赁服务费与租金结构又直接影响到承租人当期税负和延迟纳税的问题，因而也是国家税务部门的重点关注点。同时，我国会计准则同全球会计准则也在趋同，加之我国同越来越多的国家签署了避免双重征税协议（DTA），中国有较大可能于 2019 年实施新租赁会计准则。

2. 国际化业务使得监管有必要接轨国际

融资租赁业务将融资和融物相结合，具有贴近实体经济的天然属性。融物是融资租赁业务结构的基本要素，动产设备成为常见租赁物广泛出现在融资租赁业务结构当中。例如，中国高铁成为中国制造业的一张名片，吸引了为数众多的国家的兴趣，泰国、印度尼西亚、美国等都是潜在买家；中国散货船制造能力全球第一；超深钻机、海工平台等石油机械、先进综合采煤设备等都在国际市场发挥着重要作用。为设备外销提供多元化的融资配套方案，有利于我国制造设备拓展国际市场。

融资租赁业务也是我国过剩产能实现国际转移的一大利器。我国当前是全球制造业大国，在有的领域已经出现产能过剩，国家宏观调控当中所采取的"去产能""供给侧改革"对新增设备投资是抑制因素。同时，国内过剩的钢铁、水泥、玻璃等产能，在周边一些国家如柬埔寨、越南等地仍然是短缺产能，国内融资租赁企业可以向周边地区延伸业务。

（四）统一监管有利于更好地控制社会金融风险

十九大明确指出本届政府的三大目标之一——防系统性风险，主要就是防止金融风险。尽管融资租赁公司在企业性质上不属于金融机构，但实质上起到的是与金融机构一样的为企业提供流动性的作用——其实也就是为企业提供"杠杆"，部分融资租赁公司实际上成为"影子银行"。在银行等金融机构"去杠杆"初见成效的背景下，融资租赁公司等"影子银行"却在变相地"加杠杆"，统一监管后，融资租赁公司将可能受到与银行等金融机构类似的严格监管，有利于更好地控制社会金融风险。

长久以来监管口径不同，金融租赁公司是金融机构，融资租赁公司为非金融机构，虽然在监管方面受限较多，但金融租赁公司也获得了很多金融便利；融资租赁公司则通过多种手段，在套利与监管红线上游走，使得行业长期呈现亚健康高速发展状态。统一监管后，融资租赁公司若可以和金融租赁公司有相同的监管标准，可以提高杠杆倍数、开展同业拆借、吸收股东存款、接入征信系统、办理抵质押、发行金融债券等，则有利于融资租赁公司进一步拓展业务，从而有利于行业健康有序发展。

四 近年来其他重要指导性制度规章

近年来，伴随着融资租赁行业的快速发展，针对行业出现的各类潜在问题，各级监管机构纷纷出台多项政策（见表4）。

表4 近年来各项重要指导政策

时间	文件名	发布机关
1996年9月27日	《关于中外合资租赁公司外汇账户及外债登记若干问题的复函》（〔96〕汇资函字第247号）	国家外汇管理局
2005年6月1日	《关于融资租赁医疗器械监管问题的答复意见》（国食药监市〔2005〕250号）	国家食品药品监督管理总局
2007年8月3日	《非银行金融机构行政许可事项实施办法》（银监会令2007年第13号）	中国银监会
2008年1月24日	《汽车金融公司管理办法》（银监会令2008年第1号）	中国银监会
2008年4月10日	《关于规范国内船舶融资租赁管理的通知》（厅水字〔2008〕1号）	交通运输部办公厅
2010年1月13日	《关于金融租赁公司在境内保税地区设立项目公司开展融资租赁业务有关问题的通知》（银监发〔2010〕2号）	中国银监会
2010年9月8日	《关于融资性售后回租业务中承租方出售资产行为有关税收问题的公告》（国家税务总局〔2010〕13号）	国家税务总局
2011年11月16日	《关于在上海市开展交通运输业和部分现代服务业营业税改征增值税试点的通知》（财税〔2011〕111号）	财政部、国家税务总局
2012年9月27日	《关于国内金融租赁公司办理融资租赁收取外币租金问题的批复》（汇综复〔2012〕80号）	国家外汇管理局综合司
2014年1月24日	《关于进一步改进和调整资本项目外汇管理政策的通知》（汇发〔2014〕2号）	国家外汇管理局
2014年3月17日	《金融租赁公司管理办法》（银监会令2014年第3号）	中国银监会
2014年3月28日	《关于央行颁布关于使用融资租赁登记公示系统进行融资租赁交易查询的通知》（银发〔2014〕93号）	中国人民银行
2014年6月30日	《中国人民银行征信中心中征动产融资统一登记平台操作规则》	中国人民银行

时间	文件名	发布机关
2014 年 7 月 11 日	《金融租赁公司专业子公司管理暂行规定》（银监办发〔2014〕198 号）	中国银监会
2014 年 12 月 4 日	《商务部关于利用全国融资租赁企业管理信息系统进行租赁物登记查询等有关问题的公告》（商务部公告 2014 年第 84 号）	商务部
2015 年 6 月 5 日	《非银行金融机构行政许可事项实施办法》（银监会令 2007 年第 13 号）	中国银监会
2015 年 9 月 7 日	《关于加快融资租赁业发展的指导意见》（国办发〔2015〕68 号）	国务院办公厅
2015 年 9 月 8 日	《关于促进金融租赁行业健康发展的指导意见》（国办发〔2015〕69 号）	国务院办公厅
2017 年 5 月 2 日	《关于开展融资租赁业风险排查工作的通知》（商办流通函〔2017〕175 号）	商务部办公厅
2018 年 1 月 8 日	《企业会计准则第 21 号——租赁（修订）（征求意见稿）》（财办会〔2018〕1 号）	财政部办公厅

资料来源：课题组根据公开政策信息整理。

五　现阶段融资租赁的主要问题和发展对策

（一）存在的主要问题

虽然融资租赁行业监管机构统一为银保监会，行业的基本法"融资租赁法"却始终缺位，由于行业涉及领域广泛，缺少基本法的问题将始终影响行业发展。

融资租赁商业模式单一，经营范围较窄，以"净利差"为主要盈利来源。当前，我国融资租赁企业盈利模式单一，跟行业较为成熟的欧美市场相比，我国融资租赁发展还属于初级阶段，差距较大，以初级资金融通为主，"净利差"模式占比过大，盈利模式可持续性堪忧。而融资租赁大部分业务以售后回租为主，回归租赁本质的直租和经营性租赁业务占比过少。

融资租赁项目高度集中于政府相关行业，目前我国融资租赁项目高度集中于医院、学校、制造业、工程等与地方政府高度相关的产业，未能发挥其融资优势真正服务于中小企业。融资租赁行业必须转变发展思路，真正面向"三农"、中小企业，真正服务于实体经济。

多元化融资渠道未形成体系，银行借款仍是主流。目前，融资租赁公司融资余额80%以上为银行借款。由于融资租赁公司存在监管空白，承租人的资金流向和用途监管不严，导致不符合银行贷款要求的企业利用融资租赁的监管漏洞和融资通道，间接套用银行资金。

信息化处于初级阶段，数字化程度不高，线上融资规模较小，利用自动征信和数据采集分析进行快速审核的能力是未来融资租赁公司重要的竞争力。利用大数据分析和线下核查租赁物，线上快速审核批额度可以快速占领市场份额，不断提高盈利能力。

人才教育滞后，专业人才缺口大，缺乏激励手段。据了解，未有高校开立融资租赁本科专业。人员培育远未跟上行业发展步伐，人才缺口巨大，激励手段单一，大部分融资租赁公司主要采取高绩效匹配市场化薪酬策略。

（二）融资租赁公司如何面对新的监管趋势

本报告认为，随着新的监管体系逐步完善，融资租赁业应从以下几方面提升实力。

第一，充实资本，或通过行业并购增强实力，应对可能到来的监管标准。第二，按业务类型做好融资租赁和经营租赁，适应功能监管的需要。第三，做好行为监管。融资租赁公司仍需要准入和业务许可，这是行为监管的基础。公司需要制定行为规则，适应监管的变化。第四，加强内部风险管理，满足可能出现的重要监管指标要求，满足审慎监管的需要。关于过渡期的安排建议，应注意以下几点。

第一，租赁监管将强调资产的真实性，这是租赁的生命所在。所以接下来租赁公司要做实，把名义甚至是虚拟租赁资产调整出来。2017年以来，随着市场资金面的不断趋紧，大部分以利差为主要收入来源的融资租赁公司的发展举步维艰，整个融资租赁行业都面临盈利模式的转型调整。转监管之后，银保监会将可能首先将融资租赁行业中的空壳公司和通道业务清理出去。在这种背景下，融资租赁公司需要回归本源，立足细分行业，向直接租赁、经营性租赁转型，更好地服务细分产业发展。

第二，关注杠杆率。如果总资产和净资产做比较，银行业可能有13倍，金融租赁可能是8倍、9倍，一般的融资租赁公司是5倍。一般的融资租赁公司总的杠杆率不高，但还是要关注这个问题。

第三，降低客户集中度。专业化的公司行业集中度可能较高，但是客户集中度要降下来，可以对照融资租赁余额不得超过资本净额30%的指标。

第四，建立严格的风险管理体系，管控风险能力是所有金融业态长久发展的根本。

第五，拓宽融资渠道，加快公司发展。统一监管后，融资租赁公司将有可能获得此前只有金融租赁公司才有的融资优势，如同业拆借、吸收非银行股东定期存款等，融资租赁公司的融资渠道有望得到拓宽。融资租赁公司将可以获得更为广阔的资金来源，加快公司发展。

（三）我国融资租赁未来发展策略

立法者应该立足于融资租赁行业需求和发展需要，继续推进"融资租赁法"的落地，做到有法可依、有法可循、依法经营。制定经营租赁和融资租赁业务监管细则和跨区域及跨境监管的规则，切实将相关监管细则提上日程。

建立完善的中央和地方的监管体系，主要体现在监管权力和责任统筹协调，地方监管需要责权统一。

以"一带一路"倡议和"中国制造2025"发展战略为契机，抓住国际化转型机遇。学习欧美成熟的融资租赁科学发展模式，引进符合我国国情的业务品种和商业模式，不断拓展业务范畴，保护"中国制造"安全走出国门。

转变发展思路，积极服务中小企业。服务中小微实体经济是融资租赁的本质和最为重要的企业责任，融资租赁使中小企业以较少的资金就能获得所需要的技术设备，从而能够减少资金方面的压力。可以扩大融资租赁行业的企业规模，解决我国中小企业融资难问题，促进中小企业发展。

加大对人才的培养力度，健全激励机制，融资租赁公司应建立与战略发展高度匹配的关键人才规划。通过与高校合作，并结合业内专家加速对租赁人才培养，共建融资租赁实践基地，培养高层次融资租赁人才。

提高利用大数据和信息化的能力，建立融资租赁企业与承租方企业之间的互联网对接平台，打破信息不对称及地域发展不平衡现象。提升数据采集和征信利用能力，以信息化成为行业增长的新引擎。加大线上审批业务规模，提高融资租赁放款效率。

参考文献

［1］邹广明、丁满节：《对规范融资租赁业监管的思考》，《中国金融家》2017 年第10 期。

［2］周凯、史燕平、李虹含：《论我国融资租赁业监管：必要性、监管目标与建议》，《现代管理科学》2016 年第8 期。

［3］商务部：《中国融资租赁业发展报告（2016～2017）》。

［4］李光荣、王力：《中国融资租赁业发展报告（2015～2016）》，社会科学文献出版社，2016。

B.4

增值税改革对融资租赁业务影响研究

王　力　朱元甲*

摘　要： 2016 年我国流转税制发生了一个根本性变化，营业税彻底退出历史舞台，取而代之的是增值税。作为融资租赁业务四大支柱之一的税务问题受到很大影响。本报告梳理了融资租赁的主要税种、不同历史背景下融资租赁的流转税情况，分析了营改增的税收政策内容和纳税要求，深入剖析了营改增对融资租赁参与方的影响，并对其中的不利因素做了探讨，提出相应建议。对于银行和租赁贷款机构来说，税率提高，实际税负未必增加。融资租赁企业受影响最大，作为租赁业务中贷款环节增值税实际最终承担方，需要缴纳 6% 的增值税，造成税负增加。承租人是最终融资租赁业务中所有成本和费用的承担者。营改增对于提升租赁流转税的征收水平有好处，保障租赁业务逐个环节税收全覆盖，但是存在一些不可抵扣或不能完全抵扣的问题。

关键词： 租赁　流转税　营改增

　　融资租赁业已经成为我国重要的产业，国家税务总局《2017 年全国税

---

* 王力，经济学博士，中国博士后特华科研工作站执行站长，中国社科院金融所博士生导师，北京大学经济学院校外导师，主要研究领域为产业经济、区域金融和资本市场。朱元甲，经济学博士，北京特华财经研究所研究员，研究方向为资本市场、私募股权和公司财务。

务部门组织税收收入情况》数据显示，2017年，我国第三产业税收收入增长9.9%，占税收收入的比重为56.1%，比第二产业高12.3个百分点。2016年营改增全面推行，租赁会计准则修订实施，这些对租赁行业的税务影响很大。租赁涉及税种较多，其中以流转税和所得税所受影响最大。以财税〔2013〕106号文为界限，租赁业务流转税开始由缴纳营业税向缴纳增值税过渡。2016年3月，财政部和国家税务总局发布营改增的文件——《关于全面推开营业税改征增值税试点的通知》（文号为财税〔2016〕36号，以下简称"财税36号文"）。该文规定从2016年5月1日开始，营业税改收增值税在全国范围内全面实施，房地产业、金融业、建筑业、生活服务业由缴纳营业税改为缴纳增值税。

一　融资租赁税收

实践中，根据租赁物和承租人的起始产权关系，融资租赁可为直接租赁和售后回租两种经营模式。直接租赁是指出租人根据承租人的要求，与租赁物的原始所有权人，即第三方供货方签订购销合同，向第三方购买指定的租赁物；售后回租是指出租人与承租人签订购销合同，由承租人将自己拥有的租赁物出售给出租人，然后再通过租赁方式将已经出售的租赁物租回。

融资租赁税收政策主要基于融资租赁业务的经济和商业实质判断不同税种的纳税义务人。

（一）流转税

以2013年8月1日为界，此前的有形动产租赁服务缴纳营业税。此后，有形动产租赁服务纳入营改增试点范围，但是不动产融资租赁还是缴纳营业税。

1. 有形动产融资租赁流转税

财政部和国家税务总局发布的财税〔2013〕106号文件《关于将铁路运输和邮政业纳入营业税改征增值税试点的通知》（以下简称"财税106号文"）及相关文件，对有形动产租赁由营业税改为增值税的调整规定如下。

（1）税基计算方式。

有形动产直接租赁和有形动产融资性售后回租的增值税计税基础，都是以收取的全部价款和价外费用，扣除支付各类利息、费用和税金后的余额为销售额计缴增值税。

（2）税率规定。

上述两种情形的租赁业务增值税税率为17%。经监管机构批准的一般纳税人融资租赁机构，提供有形动产融资租赁服务，可以对其增值税实际税负超过3%的部分实行增值税即征即退政策，期限是2015年12月31日。

2. 不动产融资租赁流转税

在财税106号文中，有形动产租赁属于营业税改征增值税的业务内容，但是不动产的融资租赁还是缴纳营业税。

（二）企业所得税

1. 出租人

融资租赁业务的企业所得税，主要涉及承租人和出租人两方。出租人在计算企业所得税应纳税所得额的时候，以租金等收入确认为当期的应税收入。

2. 承租人

承租人租入固定资产发生的租赁费支出，不得税前一次性扣除，应按照固定资产确认准则确认为持有的资产，按照相关的税收规定计提固定资产折旧，分期税前扣除。

（三）房产税

财政部和国家税务总局2009年发布文件规范了融资租赁房产税事宜，在《关于房产税城镇土地使用税有关问题的通知》（财税〔2009〕128号）中，规定融资租赁标的物是房产的，需要由房产的承租人依照租赁房产的余值，按照规定缴纳房产税。

（四）印花税

《关于对借款合同贴花问题的具体规定》（〔1988〕国税地字第30号）

规定，银行和相关金融机构经营的融资租赁业务，对应的融资租赁合同，按合同上面所载的租金总额以"借款合同"税目计税贴花。

《关于融资租赁合同有关印花税政策的通知》（财税〔2015〕144号）规定，融资租赁合同按合同租金总额以"借款合同"税目计税贴花。

融资性售后回租业务租赁合同按照上述规定计税贴花，但是对出售和购回租赁资产涉及的合同不交印花税。

（五）契税

融资租赁期间，不动产权属仍属于出租人，不交契税。

融资租赁到期，不动产权属发生转移，由承租方交契税。

售后回租业务，承受承租人房屋和土地，按规定交契税。售后回租期满，承租人回购原房屋、土地，不交契税。

（六）土地增值税

没有发生国有土地使用权、地上的建筑物及其附着物的转让，出租人不交土地增值税。

融资租赁期满，不动产权属转移，出租人交土地增值税。

二　租赁营改增

（一）营改增的背景

我国过去几十年的税制中，流转税主要包括增值税和营业税，两者分离并行。随着经济发展和经济结构的调整，营业税和增值税分离并行的税收制度机构日益凸显出其缺陷，不利于经济发展和优化结构的需要。一直以来，对劳务、不动产以及无形资产转让都是全额征收营业税，造成严重的重复征税问题。同时，又造成了增值税的抵扣环节衔接不紧密、链条不完整。增值税对商品或劳务/服务的增值部分进行征税，改变了营业税制下对营业额全额增税的弊端，减少了重复纳税的环节，促进不同产业分工和协调发展。同时，新的税收制度达到国民经济全覆盖，增值税抵扣环环相扣，链条衔接全面。

（二）营业税时代的租赁税收

2013 年以前，租赁业务依据《关于融资租赁业务征收流转税问题的通知》征收营业税或增值税。该通知将有形动产融资租赁业务分为两类，对应不同的应税项目。经批准设立的融资租赁机构，交营业税；其他机构，融资租赁业务缴纳增值税，经营租赁则按照服务业增收营业税。可见，在营改增之前，租赁业务已经部分地包含在增值税缴纳范围之内。

（三）营改增试点时期的租赁税收

财税 106 号文宣告营改增试点正式拉开序幕。财税 106 号文对有形动产租赁业务的税收政策主要从时间上分成两部分。一是在试点之前已签订但还没有执行完的租赁合同，在合同到期日之前，缴纳营业税。二是在试点起始日后签订的有形动产融资租赁合同，原则上按照 3% 的税率缴纳增值税。其中，对于一般纳税人，缴纳增值税时实际超过 3% 的部分，纳税人享受即征即退政策；小规模纳税人按征收率 3% 缴纳增值税。

在营改增试点阶段，针对财税 106 号文的不足和实务操作中出现的问题，国家税务总局 2015 年第 90 号公告[①]对营改增试点阶段租赁业务的增值税问题进行了补充。

一是确定有形动产售后回租的计税基础。

（1）在确定当期计税基础时，在租赁合同中约定的当期应收本金是可以扣除的有形动产价款本金。

（2）在无书面合同或者合同没有约定的情况下，当期销售额就是当期实际收取的本金。

二是提供有形动产融资租赁服务的出租方（纳税人），以保理方式转让

---

① 即《国家税务总局关于营业税改征增值税试点期间有关增值税问题的公告》。

未到期应收租金的债权，例如转让给银行，出租方继续按照此前的规定缴纳增值税，并向承租方开具发票。

（四）全面营改增时期的租赁税收

财税 36 号文的发布，标志着营改增全面推行。其核心附件《营业税改征增值税试点实施办法》对租赁服务业务的增值税做了详细规定。不动产租赁税率 11%，有形动产租赁税率 17%，并且将租赁业服务的税收政策分为融资租赁和经营租赁两类①。

上述文件规定融资性售后回租不按照融资租赁服务税目缴纳增值税。这在财税 36 号文之《营业税改征增值税试点有关事项的规定》中得到明确，该文件明确了融资租赁和融资性售后回租业务的增值税政策具体事项。

一是经主管机构批准从事融资租赁业务的纳税人（以下称"第一类租赁纳税人"），增值税政策同财税 106 号文。

二是租赁期跨 2016 年 4 月 30 日租赁业务，此前签订的售后回租合同，在合同到期前的租赁服务继续按照有形动产融资租赁服务缴纳增值税。经批准从事融资租赁业务的，可以选择第一条的规定计算销售额。

三是经省商务部门、国家级开发区批准的融资租赁试点纳税人（以下称"第二类租赁纳税人"），按照实收资本达到 1.7 亿元的时间为界，对是否可以按照上述第一条和第二条的处理方法做了规定。

财税 36 号文之《营业税改征增值税试点过渡政策的规定》对租赁增值税即征即退优惠政策做出规定。第一类租赁纳税人中的一般纳税人的即征即退政策同财税 106 号文。第二类租赁纳税人中的一般纳税人，按照其实收资本达到 1.7 亿元的时间区分，确定是否享受即征即退的优惠。

与跨境运输相关的租赁业务增值税免税和零税率问题在财税 36 号文之《跨境应税行为适用增值税零税率和免税政策的规定》中有相关规定。第一

---

① 融资租赁服务是指具有融资性质和所有权转移特点的租赁活动，经营租赁服务是指在约定时间内将有形动产或者不动产转让他人使用且租赁物所有权不变更的业务活动。

种情况同财税 106 号文规定。第二种情况明确租赁交通工具用于国际运输服务的，谁实际使用，谁申请增值税优惠政策。

三　融资租赁营改增要点

2016 年 3 月，国家出台了《关于全面推开营业税改征增值税试点的通知》（财税〔2016〕36 号文，包括相关附件，以下合称"财税 36 号文"）。财税 36 号文的出台，一方面标志着在全国范围内推广营改增，建筑业、房地产业、金融业、生活服务业等全部营业税纳税人都实现全行业的营改增；另一方面也对近年来营改增试点过程中的相关法规进行了整合和统一，以迎接全面营改增时代的到来。财税 36 号文实施后，融资租赁业务面临新变化和对各主要交易方的影响。

融资租赁行业的营改增试点已于 2013 年实施，财税 36 号文除维持现行的差额纳税、即征即退、融资租赁资质等政策外，新带来的变化主要有：①租赁分类征税；②差额纳税扣除项调整；③经营租赁标的物增加无形资产；④商务部系融资租赁公司资本限制。

（一）租赁业务的税收分类

1. 租赁性质

在财税 106 号文中，将租赁区分为有形动产租赁和除此以外的租赁。

财税 36 号文将租赁区分为有形动产租赁和不动产租赁。有形动产租赁增值税率为 17%，不动产租赁增值税率为 11%。两者均包括融资租赁和经营租赁。另外，财税 36 号文对融资租赁中的直接租赁和售后回租业务进行定性区分。融资性售后回租参照贷款业务，增值税率为 6%；直接租赁和经营租赁增值税率为 17%。

2. 业务分类

有形动产的租赁按照业务性质划分为融资性售后回租服务（售后回租）和除融资性售后回租以外的融资租赁服务（直接租赁）。委托租赁、转租赁的增值税问题参照直接租赁处理。

按照批准层级划分为两类租赁纳税人。第一类租赁纳税人是经中央级部委如中国人民银行、银保监会或商务部等，批准从事融资租赁的纳税人；第二类租赁纳税人，是经省级商务部门和国家级开发区批准的融资租赁纳税人。

（二）差额纳税扣除项调整

1. 试点阶段的规定

在融资租赁营改增试点阶段，租赁增值税按照直接租赁和售后回租区分，计税规则见前文财税 106 号文的论述。

2. 全面营改增时期的规定

财税 36 号文中，可享受差额纳税的从事融资租赁业务的试点纳税人，直接租赁业务增值税销售额为全部价款和价外费用，扣除利息（借款和债券利息）及车辆购置税。扣除项中不再包括服务和保险费、安装费等内容。售后回租业务增值税差额纳税的扣除项不变。

（三）租赁物和租赁公司资本调整

1. 经营租赁物增加无形资产

财税 36 号文将有形动产和不动产经营租赁、水路运输的光租和航空运输的干租，以及不动产（建筑物、构筑物等）和有形动产（飞机、车辆等）的广告位出租服务、车辆停放服务、道路通行服务等，按照经营租赁交增值税。

2. 原商务主管机构批准的融资租赁公司的资本限制

财税 36 号文规定营改增全面实施后，经商务主管机构批准从事融资租赁业务，可享受差额纳税的试点纳税人：注册要求调整为实收资本要求，即当实收资本达到 1.7 亿元才能享受差额纳税的政策，且从达标的当月起执行；对于实收资本没有达标，尽管注册资本为 1.7 亿元，2016 年 7 月 31 日前仍可按差额纳税，但是在 2016 年 8 月 1 日后实收资本还没有达到 1.7 亿元的，就不能享受差额纳税政策。

四 营改增的影响及建议

租赁业务主要涉及出租人、金融机构和承租人，也会涉及设备制造商，有时候也是设备出租人。其中金融机构，多数包括银行和租赁公司。

（一）对银行及租赁贷款机构的影响

税率提高，实际税负未必增加。营业税时期，银行从事贷款等金融服务的适用税率为5%，全面推行营改增之后，银行贷款不再缴纳营业税，改缴增值税，税率也调整为6%。从名义税率看，增加了1个百分点。但是由于营业税属于全额价内税，实际税额全部由银行自身承担；增值税的计税基础是销售额，作为价外税，不含增值税额，且进项税可抵扣，银行金融服务业务的实际税负可能降低。对于金融同业往来利息收入免征增值税，银行是主要的受益方。例如，金融机构与中国人民银行之间的资金往来、金融机构间的资金往来业务和转贴现业务，均免征增值税。

金融企业发放贷款后，应收未收利息的增值税，以结息日起90天为界区别对待。结息日起90天内发生的应收未收利息按现行规定缴增值税；自结息日起90天后发生的应收未收利息按实际发生时缴纳增值税。

（二）对租赁企业的影响

融资租赁企业受影响最大的是其作为租赁业务中贷款环节增值税实际最终承担方，需要缴纳6%的增值税，造成税负增加。税负增加的另一个原因是，财税36号文规定贷款服务项目的进项税额不得从销项税额中抵扣。例如，在租赁业务中，租赁企业向银行贷款机构支付的与该笔贷款直接相关的投融资顾问费、手续费、咨询费等费用的进项税等不能被抵扣，这必然会给融资租赁企业带来不利影响。对于融资租赁业务的一般纳税人，即征即退优惠政策未改变，继续适用。

（三）对承租人的影响

总体而言，承租人因为是最终融资租赁业务中所有成本和费用的承担者，营改增所引起的租赁业务整个环节的税负变动，或升或降，最终结果都由承租人负担。例如，有形动产租赁业务中承租人的税负问题，在营改增试点过程中基本上就已经显现。全面营改增对承租人的影响主要是通过交易对手的作用而体现。在银行参与的直接融资中，贷款业务由缴纳营业税改为缴纳增值税，税率也由5%调整为6%，因为贷款服务项目的进项税不可抵扣，银行等金融机构会转嫁税负给承租人，导致承租人税负增加。在融资性售后回租业务中，融资租赁企业按照贷款服务缴纳增值税，税率从17%变为6%，但是因为如不可作为进项税抵扣，租赁企业也会转嫁这部分成本，导致承租人成本增加。

（四）营改增导致税负增加

总体而言，营改增对于提升租赁流转税的征收水平有好处，保障租赁业务逐个环节税收全覆盖。但是存在一些不可抵扣或不能完全抵扣的问题，例如，纳税主体在涉及贷款或者视同贷款业务的增值税缴纳时，进项不能抵扣，就会造成部分纳税人实际税负增加。

融资租赁业务征收营业税时期，融资租赁营业税实行的是差额征税，即计税基础以租赁物实际价格扣减相应的银行利息。从税收负担角度来看，差额缴纳营业税是融资租赁就增值的部分缴税，税率为5%。营改增以后，有形动产融资租赁的税率是17%，按照销项税额与进项税额的差额缴税。由于实际操作中存在不能抵扣或抵扣不完全的问题，营改增之后，租赁企业的实际税负增加了，大多数租赁企业自身难以消化，就会选择转嫁给承租人。无论最终税负承担者停留在哪个环节，都会影响融资租赁业务的发展。

营改增无论是在试点阶段，还是全面实施之后，都保留了一些鼓励行业发展的优惠政策，即给予实际税负超过3%的部分即征即退优惠。在实际操作中，实际税负超过3%的部分，很难做到即征即退。一般来说，出租人收租金前期，实际税负超过 3% 的情况比较少，在大部分或全部租金收回后才会出现实际税负超过 3%，才能实现退税，如果租金回收期很长，资金成本就是一种机会成本损失。有些失败的租赁项目，租赁合同终止了，但出租人在合同执行前期已经一次性支付了租赁物应缴纳的增值税，后期增值税无租金，无增值税销项，退税优惠可能被取消。

纳税人当期实交的增值税额占其当期全部收入的比例即增值税实际税负，如果当期提供应税服务取得的全部价款和价外费用认定标准过宽，分母数额偏大，那么增值税实际税负很难高于 3%，融资租赁机构难享受即征即退政策，所以有必要调整计算实际税负比例标准的分母基数。

（五）融资和融物区别征税

全面营改增之后，增值税征管的核心因素之一是纳税人的资金流和发票流的统一。融资租赁业务不仅具有融资的作用，还包含了融物的功能，正是这种融资和融物兼具的双重业务特点，导致计缴增值税时出现了资金流和发票流不能完全统一的问题。为了避免这一问题，对于融资租赁业务可以区分融资、融物，采取双重计税方式。从租赁物最终所有权归属来看，承租人是租赁物的实际购买人。所以从融物的角度，出租方向租赁物供货方购买租赁物，双方签订购买合同，并由出租方向供货方支付货款，但是供货方并不直接给出租方开具应税发票，而应该将发票开给承租方，并由其抵扣增值税。在商务安排上，承租方应将租赁物的所有权证抵押给出租方，保障出租方的权益。出租方据此，以增值部分计缴增值税。

参考文献

［1］《财政部、国家税务总局关于全面推开营业税改征增值税试点的通知》（财税〔2016〕36号）（2016.3.23）。
［2］《中华人民共和国增值税暂行条例》（2017.11.19）。
［3］《中华人民共和国增值税暂行条例实施细则》（2017.11.19）。

B.5
我国融资租赁业会计制度发展研究

赵元 朱元甲 祝玉坤*

摘 要： 本报告探讨了融资租赁行业的会计政策与制度，从国内外
租赁会计制度的视角对我国租赁会计制度发展进行了梳
理，重点分析了当前正在实施的以及新修订待生效的会计
准则的适应性，结合新准则的主要变化、对租赁行业的整
体影响、会计理论与实务的发展方向，从租赁定义、会计
处理细节、过渡期规定、国内外对比等角度，探讨了租赁
会计的发展。

关键词： 会计准则 融资租赁 IFRS16

对于某一项经济业务，最核心的活动即确认会计性质和该业务在经济上
的实质，计量和记录上的准确关系到能否及时准确地对该项业务进行报告，
如何进行报告则影响向潜在使用者展示该业务效果。因而某一项经济业务会
计准则、制度的发展均是围绕如何确认、如何计量记录，以及如何报告展开
的。

---

* 赵元，会计学硕士，现供职于长城证券股份有限公司，研究方向为资本市场、会计制度、金
融政策、企业信用。朱元甲，经济学博士，北京特华财经研究所研究员，研究方向为资本市
场、私募股权和公司财务。祝玉坤，经济学博士，特华博士后科研工作站博士后，现就职于
长城证券股份有限公司，研究方向为资本市场、财税政策、融资租赁等。

一　概述

（一）租赁的会计视角

"租赁"在会计准则中有专门的定义与表述。国际会计准则委员会（International Accounting Standards Committee，IASC）、美国财务会计准则委员会（Financial Accounting Standards Board，FASB）、我国财政部等主流会计准则制定组织均在制定租赁会计准则时对租赁有较为相似的定义，其核心在于"转移资产使用权""换取租金或收益支付"等表述。随着主要经济主体的会计准则制定机构对租赁会计准则的修订和调整，租赁的定义也有所变化，如国际会计准则理事会（International Accounting Standards Board，IASB）于2016年1月13日正式发布的《国际财务报告准则第16号——租赁》（以下简称"IFRS 16"），以及FASB于2016年2月发布的《会计准则汇编842——租赁》（以下简称"ASC 842"）均将租赁定义为：在一段时间内，使用人能够控制特定资产的使用权并且能够以此换取对价，此类合同或协议系一项租赁或者包含一项租赁。我国财政部也于2018年1月8日发布了《企业会计准则第21号——租赁（修订）（征求意见稿）》（以下简称"CAS 21征求意见稿"），将租赁定义为在一定时期内，出租人将资产的使用权让与承租人以获取对价的合同。

新准则保持了租赁的基本定义，但是修订了判断原则，这是由于新租赁准则核算模型将带来更多在资产负债表中确认的租赁事项，所以对于判断合同是不是或者是否包含租赁更加重要。新租赁准则主要强调定义中"控制"的概念，为能够控制资产的使用，客户不仅必须有权获得几乎所有在整个使用期内使用权资产所产生的经济利益，而且必须有能力主导该资产的使用。

（二）融资租赁的含义

尽管新租赁准则已经要求对承租人不再区分租赁方式，但出租人仍然沿用原租赁准则的计量模式。因此，探讨融资租赁的含义仍然具有必要性。根据《国际会计准则第 17 号——租赁》（以下简称"IAS 17"）和《企业会计准则第 21 号——租赁》（以下简称"CAS 21"）的规定，租赁确认为一项经营租赁还是融资租赁，主要取决于其实质而非形式，通常来说，符合下列一项或数项标准的，应当认定为融资租赁。

（1）租赁资产的所有权将在期末届满时转移至承租人。

（2）承租人拥有以显著低于公允价值的价格购买标的资产的选择权，且在租赁开始日该选择权很可能将会被行权。

（3）即使租赁资产法律所有人未变动，若租赁期占据了租赁资产的大部分经济生命周期（一般为大于等于75%）。

（4）租赁开始日，最小租赁付款额现值的金额至少与租赁资产的公允价值基本相等。

（5）租赁标的物存在专用性属性，例如未经过重大修改不能为他人所使用。

根据 IAS 17，在其他一些情形下，也可能将租赁行为划分为融资租赁。

（1）如果承租人有权撤销租赁，则承租人承担出租人与撤销租赁相关的损失。

（2）承租人有能力继续第二阶段租赁，且价格显著低于市场租金。

（3）租赁余值公允价值的波动造成的损益应当属于承租人。

《美国财务会计准则第 13 号——租赁》（以下简称"FAS 13"）中划分为融资租赁的标准与 IAS 17、CAS 21 基本一致，相对而言，FAS 13 的标准更为细化，实务性更强。从出租人的角度，除了满足上述条件外，还需要额外满足：最低租赁付款额的可回收性能够被合理预测，以及出租人在该项租赁下的无法覆盖成本不存在重大不确定性。

二　租赁会计沿革

（一）租赁会计概述

租赁会计最早发端于美国。早在 1976 年，FASB 就发布了 FAS 13，随后又发布了一系列指导文件。IASC 又于 1982 年发布了 IAS 17，经后续的修订后一直沿用至今。我国的租赁会计制度始于 1996 年，2001 年开始正式实施。2006 年，我国的 CAS 21 发布实施，显示了与国际会计准则趋同的大趋势。

2006 年，IASB 和 FASB 启动联合修订项目，旨在完善租赁会计制度。2009 年发布租赁会计准则讨论稿，经过 2010 年、2013 年陆续征求意见与修订，2016 年 IASB 正式发布 IFRS 16，该准则将取代现行的 IAS 17。同年，FASB 也正式发布 ASC 842，该准则将代替《会计准则汇编 840——租赁》（以下简称"ASC 840"）。2018 年我国财政部发布 CAS 21 征求意见稿，开始对新修订的租赁准则征求意见。

（二）租赁会计准则变革

1. 美国租赁会计准则——FAS 13

随着经济发展、第二次世界大战结束，美国发展起来一批专业的租赁公司。但当时租赁业务缺少会计准则的约束，相关负债均不在报表上列报，故租赁被当作粉饰报表的重要手段。为了应对这种情况，美国的租赁会计制度逐步发展起来。1949～1966 年，美国会计师协会通过研究报告形式，对租赁业务的会计处理方式进行了广泛探讨，最终于 1976 年，由代替原会计原则委员会而成立的 FASB 正式发布 FAS 13。FASB 对 FAS 13 不断地进行修订和补充，形成了现今适用的美国租赁会计准则。

2016 年 2 月 25 日，FASB 正式发布了 ASC 842，完成了与 IASB 开展的关于租赁会计的联合项目。ASC 842 是与 IFRS 16 趋同的结果，在租赁定义、"脱表租赁"回表、出租人会计处理等方面保持一致。当然，由于 FASB 制定的准则适用范围较 IASB 更具有区域性，FASB 对会计准则与美国税收及监管政策一致性的考虑更明确地反映在准则制定之中，因此 ASC 842 在承租人的会计处理时，仍然沿用原准则的分类方法，继续将租赁区分为融资租赁和经营租赁。尽管在初始计量时，ASC 842 按照与 IFRS 16 趋同的模式将融资租赁和经营租赁在资产负债表中确认为使用权资产和租赁负债，但规定承租人采用差异化的后续计量模式。

美国租赁会计的发展开了租赁会计的先河，构成了其他各国制定会计准则的基础。此后，英国、日本、澳大利亚和加拿大等国也在美国租赁会计准则的基础上陆续完成了租赁会计准则的制定，IASC 则借鉴 FASB 的经验完成 IAS 17 的制定。

2. 国际租赁会计准则——IAS 17

1982 年 9 月，IASC 发布了 IAS 17，并于 1984 年开始生效。IASC 于 1994 年对原 IAS 17 予以修订。1997 年，IASC 更新发布 IAS17，用以取代原 IAS 17，并于 1999 年生效。成立 IASB 之后，IAS 17 的修订及完善工作并没有停滞。此后，IASB 与 FASB 开展了促进全球会计准则趋同的项目，包括对租赁业务的会计处理模式予以修订。2006 年 7 月，IASB 和 FASB 着手研究制定和统一租赁会计准则，目的是改变应用原来租赁准则时，出租人和承租人在财务报告上未完全披露租赁资产和债务相关信息的状况，制定新的租赁会计处理模式，将与租赁相关的所有资产和负债都在财务报表中加以反映。2010 年 8 月，IASB 发布了《国际会计准则——租赁（征求意见稿）》，该征求意见稿的核心理念是建立"使用权资产""租赁负债"科目，并且建立了一种新的、不再区分经营和融资租赁的、单一的租赁会计处理方式，从而实现"两租合一"。2013 年 5 月《国际会计准则——租赁（征求意见稿）》增加了租赁业务的分类，会计主体必须将一项租赁分为 A 类或 B 类，租赁的分类将造成租赁对损益产生不同的影响。2014 年 1 月，IASB 开始重新审议收到的反馈意见，业界对于 2013 年 5 月发布的新征求意见稿中提出的双重模型异议较大，认为该模式过于复杂且平添实施成本。IASB 在综合考虑下决定放弃新征求意见稿提出的区分 A 类和 B 类租赁的双重模型，并不再对出租人会计处理模式进行修订，维持 IAS 17 中的相关规定。2016 年 1 月，IASB 正式发布了 IFRS 16，该准则全面规范了租赁的确认、计量、列报和披露，旨在确保承租人与出租人都能提供准确反映租赁交易实质的相关信息。IFRS 16 将取代现行的 IAS 17 及其相关运用指引，除允许已经采用《国际财务报告准则第 15 号——收入》（以下简称"IFRS 15"）收入准则的主体提前适用外，其余主体将于 2019 年 1 月 1 日或以后日期开始的年度期间适用。IFRS 16 的核心是改变承租人的会计处理方法，不再区分租赁方式，并针对所有租赁业务均确认使用权资产和租赁负债（除短期租赁和低价值资产租赁），提升了财务报表的透明度和可比性。

3. 中国租赁会计准则——CAS 21

我国租赁会计的发展程度受到租赁业务发展相对缓慢的制约，最初的会计处理均包含对经营租赁的规范。受到 IAS 17、FAS 13 这些发达经济主体租赁会计准则的影响，我国最初的租赁会计处理原则与之相似，均按照所有权入账对资产进行确认和计量。1981 年，财政部发布《国营工业企业会计制度、会计科目、会计报表》，规定承租人支付的租赁租金按照费用化的方式予以处理，出租人按自有固定资产的模式来核算租赁资产。随着租赁行业的发展，租赁业务出现一些融资特性，因而在 1982 年财政部出台了《关于租赁费用的财务处理的暂行规定》，现代租赁业务所具有的购置和融资特点已经在此规定中有所涉及。1992 年，财政部发布《企业会计准则》，该准则要求将融资租赁的资产比照固定资产核算，已经呈现与国际通行的会计准则保持一致的趋势。2001 年，财政部发布并实施了《企业会计准则——租赁》，该准则很好地实现了与 IAS 17 的趋同。2006 年，2001 版租赁准则经修订优化后重新颁布，即 CAS 21。新准则不仅紧密结合了国内蓬勃发展的租赁行业实务，也与国际惯例保持一致。自此，我国开始在租赁会计上对租赁业务的租赁方式进行区分，不但对参与租赁各方的资产负债表状况、经营情况、现金流情况造成直接影响，也对租赁行业的业务开展造成影响。2018 年 1 月，财政部就 CAS 21 征求意见稿征求意见，此次修订是为了解决现行租赁会计中对交易实质类似的融资租赁与经营租赁采用完全不同的会计处理模式造成的会计信息缺失和可比性降低等问题，也是为了进一步规范我国企业对租赁的确认、计量和相关信息的列报，持续推动我国企业会计准则与国际财务报告准则的不断趋同。总体而言，CAS 21 征求意见稿修订的核心内容与 IFRS 16 基本一致，除短期租赁和低价值租赁外，对承租人不再区分租赁方式，所有租赁业务均将确认为一项使用权资产和一项租赁负债。此外，征求意见稿还完善了租赁和服务的区分原则，改进了出租人租赁分类原则，增加了对生产商或经销商作为出租人的会计处理，还按照新修订的《企业会计准则第 14 号——收入》对售后回租交易予以相应调整。

三　IFRS 16

IASB 发布的 IFRS 16，代表了租赁会计最新和未来的发展方向。IFRS 16 围绕租赁的确认、计量、列报和披露均有最新的修订和调整。主要涉及修订意见包括：租赁的定义和分类、租赁期确定与选择权、会计处理（包括售后回租等特殊交易类型）等。

（一）发布 IFRS 16 的原因

2005 年，美国证券交易委员会（SEC）通过调查研究，认为全美公众公司保有约 1.25 万亿美元规模的表外租赁。表外租赁，或称脱表租赁，即根据 IAS 17 分类为经营租赁的租赁事项，因根据该准则经营租赁不在报表中反映资产和负债，仅对租金支付按直线法在租赁期内确认为利润表中的一项费用。IAS 17 要求承租人和出租人将租赁事项予以区分，在这种现行的会计处理方式下，承租人不被要求对经营租赁也确认资产和负债，造成未能正确反映租赁交易的实质，因此受到了业界的广泛批评。为了回应业界对租赁义务相关信息透明度缺失的担忧，IASB 和 FASB 共同发起了提高租赁会计质量的项目。为了达到这一目标，IASB 和 FASB 对承租人应当在表内确认租赁资产和租赁负债达成一致，此举将提升承租人资产和负债列报的可信度。同时，IFRS 16 通过加强对信息披露的要求，使得承租人的会计信息能够更加透明地反映其财务杠杆和资本占用情况。最终，IFRS 16 取消了承租人对租赁是属于融资租赁还是经营租赁的分类，按照与 IAS 17 中对融资租赁的相似处理方式，对所有租赁都确认资产和负债。租赁事项通过确认租赁应付款的现值，并将之列报为租赁资产（即使用权资产）或固定资产得到"资本化"。若租赁应付款以分期方式支付，会计主体应当将其确认为一项金融负债，以反映其未来付款的义务。

（二）准则适用范围

除下列情况外，会计主体应对包括转租赁中使用权资产租赁在内的所有租赁事项均适用 IFRS 16 准则：①涉及矿产、石油、天然气及其他类似不可再生资源的勘探、使用的租赁；②属于 IFRIC 12 号服务特许权协议范围的合同；③属于 IAS 41 号农业核算范围内的生物资产租赁；④属于 IFRS 15 号与客户之间的合同产生的收入范围的知识产权许可证；⑤属于承租人依照 IAS 38 号无形资产范围（如电影、录像、戏剧、手稿、专利和版权等）的许可证协议持有的权利。

（三）租赁的定义及适用指引

1. 租赁的定义

会计主体只有识别出一项协议是否包括租赁才可以评估是否需要适用 IFRS 16 的相关要求。IAS 17 对租赁的定义还是在于出租人对资产的使用权的让渡，并基于该让渡行为对承租人收取款项。相对而言，IFRS 16 的核心是突出会计主体是否能够控制所租赁的资产。显然，如果标的资产能够被会计主体所控制，则可以将该合同界定为一项租赁，反之则应为一项服务。如果一项合同赋予了会计主体在一段时间内控制所使用的特定资产的权利以换取对价，则该合同是一项租赁或包含一项租赁。IFRS 16 在给出租赁定义的同时，还针对如何评估合同是否为一项租赁或包含一项租赁设定了若干指引。如果会计主体在整个租赁资产使用期间同时具备以下权利，则视为控制：①拥有从特定资产的使用中获得几乎全部经济利益的权利；②拥有主导特定资产的使用权。

会计主体应当在合同开始时识别其是否为一项租赁或包含一项租赁，当且仅当合同条款变更时才需进行重新评估。合同开始日为租赁协议签署之日或合同双方就主要条款达成一致承诺之日。

2. 特定资产及实质性替换权利

特定资产一般指直接在合同中明确列出的资产，也可以是在客户使用过程中隐含指出的资产。尽管资产被列明或指明，但若供应商在整个资产使用期间拥有替换资产的实质性权利，会计主体仍然不能被视为拥有使用特定资产的权利。值得注意的是，只有当供应商有替换资产的实际能力，且供应商能从替换资产中获益时，才可称之为实质性权利。此外，若供应商替换资产的权利或义务是基于特定日期或特定事件，则因供应商不具备行使权利的实际能力而不能称之为实质性权利。通常，会计主体在评估供应商是否拥有实质性权利时，仅会考虑合同开始日的环境及条件，不会将当前来看不太可能发生的事项纳入考虑之中。若会计主体难以确定供应商是否具备实质性替换资产的权利，则其应当假设所有替换权利均不具备实质性。IFRS 16 明确资产的功能性部分如果能从物理上做区分则视为一项特定资产，比如建筑物中的地板，反之，如光纤电缆中的一部分无法从物理上进行区分，则不能将其视作一项特定资产。当然，如果该部分资产能够体现资产的几乎全部功能，并且会计主体通过使用该资产能够取得由此产生的几乎所有经济利益的，也能够将其视为特定资产。

3. 获得经济利益的权利

在租赁的定义中提及，为了控制某项特定资产的使用，会计主体必须拥有在使用期间从特定资产获得几乎全部经济利益的权利。经济利益涵盖主产品和副产品（包括潜在现金流），以及可以通过与第三方交易实现的其他经济利益。当评估该权利时，会计主体应当考虑在使用该资产的权利范围内，使用该资产所产生的经济效益。例如，如果合同限定租赁机动车只能在特定区域内使用，那么会计主体应当仅考虑在该限定区域范围内获取的经济利益；又如如果合同限定租赁机动车的行驶里程，则会计主体应当只考虑在限定里程之内能够获取的经济利益。

4. 主导使用的权利

仅当符合下列条件之一时，会计主体才有主导特定资产使用的权利：①会计主体具有主导使用方式和使用目的的权利；②与资产使用方式和使用目的有关的决策已经预先确定，并且会计主体有权独立运行该资产，或者会计主体设计该资产的形式使得资产的使用方式和使用目的已经被预先确定。

主导使用的权利通过会计主体能在合同范围内变更资产使用方式和使用目的来体现。在评估这种权利时，会计主体需要考虑相关决策权，此种决策权是那些影响使用资产所产生的经济利益的权利。符合该定义的决策权例子包括：改变产品类型的权利，改变产品产出时间的权利，改变产品生产地点的权利，改变产品数量的权利等。此外，仅限于对资产进行维护或运行的权利本身并未赋予主导资产使用方式和使用目的的权利。值得注意的是，除非满足前述的预先确定情形，会计主体在其他情形下均不应当将预先确定认定为具备主导使用的权利。这是因为仅有在使用期之前于合同中指定特定产品的能力，而不具备其他与使用资产相关的决策权，使得该交易事项与购买商品或服务类似，所以不能界定为租赁。

为协助会计主体确定合同是否包括租赁内容，IFRS 16 提供了流程图（见图 1）。

5. 区分合同组成部分

除非会计主体适用简易处理方式，均应对合同包含的每一项租赁与非租赁进行区分并单独核算。所谓单独租赁部分是指同时满足：①承租人能从单独或连同其他容易取得的资源使用标的资产获益，容易取得的资源包括单独出售或租赁的商品或服务，或者是承租人早已取得的资源；②标的资产不对同一合同中的其他标的资产产生重大依赖和相关性。

对于承租人来说，在处理同时包含一项租赁及一项或多项附加租赁，或是同时包含一项租赁及非租赁的合同时，应当将合同对价以租赁部分的相对独立价格和非租赁部分的独立价格之和为基础，在每一项租赁间进行分配。如果采用简易处理方式，承租人应当选择一组标的资产，不再区分合同中的非租赁与租赁部分，而是将租赁部分和与之相联系的非租赁部分作为一项租

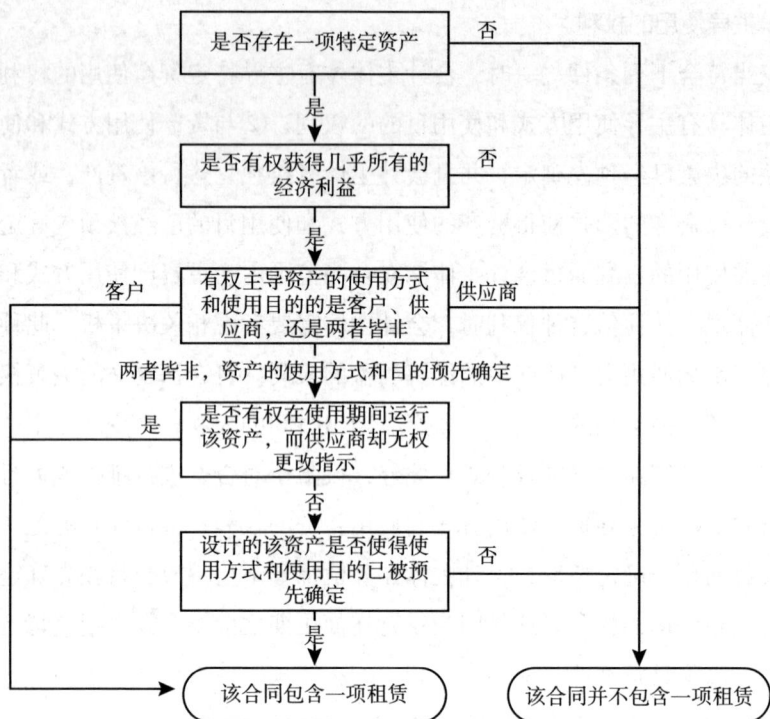

图1 确认租赁合同流程

资料来源：IFRS 16 Effects Analysis. IFRS Foundation，2016。

赁核算。但是承租人不应对符合《国际财务报告准则第9号——金融工具》（以下简称"IFRS 9"）金融工具准则的嵌入式衍生品使用简易计量方法。

对于出租人来说，应当按照IFRS 15的要求分配对价。

（四）租赁期

会计主体应当将不可撤销的租赁期间确认为租赁期间。

（1）终止选择权所涵盖的期间，如果承租人合理确定将不会行使该选择权。

（2）续租选择权所涵盖的期间，如果承租人合理确定将行使该选择权。

承租人应当基于重大事件或重大变化的发生，来重新评估是否能合理确定将行使续租选择权或者将不行使终止选择权，包括是否在承租人的控制范围内，以及影响承租人合理确定行使续租选择权或不行使终止选择权的事项是否未曾考虑到。如果出现上述未曾考虑的情形导致的变化，承租人应当对租赁期做出修正。

承租人在评估是否行使续租选择权或不行使终止选择权时，会计主体应当考虑从租赁开始日到行权日的所有具备经济动机的相关事项与情形，比如与市场利率相比较的可选择期间的合同条款、重大租赁改善、与终止租赁相关的成本、标的资产重要性、与行权相关的条件等。

（五）承租人会计处理

1. 确认

在租赁开始日，承租人应当确认一项使用权资产和一项租赁负债。租赁开始日即出租人使得租赁资产可供承租人使用之日。IFRS 16 采用了单一会计模型，对承租人不再区分经营租赁和融资租赁，要求将所有符合租赁定义的事项在报表中反映，因此 IFRS 16 对租赁的定义更为审慎，细化了实务中的识别指引。

2. 计量

（1）使用权资产的初始计量。

承租人应当在租赁开始日以成本法计量使用权资产。使用权资产的成本应当包括下列各项：①租赁负债的初始计量金额；②承租人发生的初始直接成本；③租赁付款额（在租赁开始日及之前即已支付的金额），扣减租赁激励金额；④承租人拆除或移除租赁资产、恢复租赁资产所在场地，或将相关资产恢复至租赁条款所规定的状态所发生的估计成本（生产存货所发生的成本除外）。承租人在租赁开始日或因特定期间内对租赁资产的使用而发生的承担此类成本的义务。

（2）租赁负债的初始计量。

在租赁开始日，承租人应当以租赁应付款额现值来计量租赁负债。租赁付款额应当使用租赁内含利率折现，也可使用承租人增量借款利率（若内含利率难以获得）。租赁开始日的租赁付款额，包含下列各项（但不含租赁开始日已支付部分）：①实质上的固定付款额，即形式上可变但实质上不可避免的付款额，减去收到的租赁激励金额；②使用租赁开始日的指数或利率，与 CPI 等指数挂钩、与 Libor 等基准利率挂钩、其他反映市场租金利率变动的可变租赁付款额；③根据余值保证预计应付的款项；④若承租人能合理确定将行使购买选择权，则该选择权的行权价格应包含其中；⑤若租赁期反映出承租人将行使终止租赁选择权，则终止租赁的罚金需包含在内。

（3）使用权资产的持续计量。

租赁开始日后，承租人应当使用成本法对使用权资产进行后续计量。具体而言，使用权资产的账面价值为其原值扣除累积折旧和减值准备，并随租赁负债的重估调整而一同调整。承租人应当按照自有固定资产的折旧方法，依照《国际会计准则第 16 号——不动产、厂房和设备》（以下简称"IAS 16"）对使用权资产折旧。承租人同时应当按照《国际会计准则第 36 号——资产减值》的要求对使用权资产实施减值测试，并计提相应的减值损失。

承租人应当对符合投资性房地产定义的使用权资产采用与其对投资性房地产采用的相同的计量方法。此外，如果使用权资产涉及承租人按照 IAS 16 采用重估模式计量的一类财产、厂房和设备，则承租人应当选用对此类使用权资产采用相同的计量方式。

（4）租赁负债的持续计量。

承租人应当以摊余成本法在租赁开始日后对租赁负债持续计量，包括调减各期已付租金、调增确认应付利息，随着重估调整重新计量账面价值。租赁期间内每一期租赁负债的利息，是指在租赁负债的剩余金额中产生固定的定期利率（即计算租赁负债初始金额的折现率）的数额。租赁开始日后，承租人应当将利息及不属于初始确认范围的可变租赁付款额在利润表中确认损益，除非损益已经包含在适用其他准则的资产账面价值中计量。

租赁开始日后，当下列事项发生时，承租人应当对租赁负债进行重新计量，以便反映租赁付款额的变动：①租赁期的变动；②对租赁资产购买权评估的变动；③根据余值保证预计应付的金额发生变动；④未来租赁付款额发生变动以反映用于确定此类付款额的指数或利率的变化。

上述①、②项应当使用修正后的利率（内含利率或增量借款利率）进行计算，③、④项应当使用租赁开始日确定的利率进行计算，除非租赁付款额的变动系因浮动利率的变动而引起的（此时使用修正后的利率计量）。承租人应当将租赁负债的重计量金额在租赁开始日后确认为调整项。如果使用权资产的账面金额已经减至零，在租赁负债尚有额外减少时，承租人应将剩余金额计入损益。

如果租约修改通过增加使用权的方式扩展了租赁的范围，同时若租赁对价的提升金额是与租赁范围扩展相当的对价和能够反映特定合同情况的修订，则承租人应当将租约修改作为一项独立的租赁核算。除此之外，对于无须作为一项独立租赁核算的租约修改，承租人应当在租约修改的生效日，分配支付对价、决定租赁期限、重新计量租赁负债。

3. 列报

承租人应当在资产负债表中或者附注中列报租赁相关内容。承租人应当将使用权资产和租赁负债单独列报，否则，承租人须将使用权资产作为自有资产列报，同时，披露使用权资产、租赁负债包含在资产负债表的哪一个项目中。当然，符合投资性房地产定义的使用权资产应当作为投资性房地产科目列报。

承租人应当将租赁负债利息和使用权资产折旧在损益和其他综合损益表中分别列示。由于租赁负债的利息是财务费用的组成之一，应当依据《国际会计准则第 1 号——财务报表的列报》单独在损益表中列报。

承租人应当在现金流量表中分类列报下列事项：①租赁负债本金部分的现金付款额计入筹资活动现金流列报；②租赁负债利息部分的现金付款额采用与其他利息费用相一致的方式列报；③短期租赁的付款额、低价值资产租赁的付款额、未纳入租赁负债计量的可变租赁付款额计入经营活动现金流列报。

4. 确认豁免

承租人对短期租赁和低价值资产租赁可以不选择运用上述承租人会计处理方式，而是将与此类租赁相联系的租赁付款额在租赁期内按照直线法或其他方法确认为费用，这与当前 IAS 17 框架下的经营租赁处理方式一致。如果承租人选用了确认豁免模式核算短期租赁，则针对出现租约修订、租赁期限修改的情形，承租人应当将租赁考虑为一项新的租赁。

短期租赁的筛选应当根据一类租赁资产做出。一类租赁资产是指一组在会计主体的运营中具备相同属性和用途的资产。而低价值资产租赁的筛选可按照每项租赁进行。

5. 披露

承租人会计披露的目标是承租人在会计报表附注中披露信息，连同资产负债表、损益表、现金流量表中提供的信息，为财务报表使用者提供评估租赁对会计主体的财务状况、财务表现、现金流情况影响的基础。

承租人应当在单独一节附注中或财务报表的一部分中披露其作为承租人的租赁相关信息。IFRS 16 加大了对租赁披露的要求，将定性与定量相结合，增强信息披露效果。如按类别披露资产折旧、负债的利息、短期及低价值租赁的费用、可变付款额费用、转租赁收益等事项。

承租人还应当披露使用 IFRS 9 做出的独立的到期日分析。

此外，为了满足承租人会计披露的目标，承租人还应当披露关于租赁事项额外的定性及定量信息，包括帮助财务报表使用者评估承租人会计活动实质的信息、很可能会发生但未在租赁负债中计量的未来现金流出、施加的限制和盟约、售后回租交易。

承租人按照确认豁免的要求核算短期租赁或低价值资产租赁的，也应披露相关情况。

（六）出租人会计处理

IFRS 16 基本上沿用了 IAS 17 中对出租人的会计处理要求。

1. 分类

出租人应当将每一项租赁划分为经营租赁或融资租赁。如果租赁实质上转移了相关资产所有权附带的所有风险和报酬，则该租赁被归类为融资租赁。反之，则应当归类为经营租赁。划分为融资租赁还是经营租赁取决于交易实质而不是合同形式。

会计主体应在租赁开始日即对租赁进行分类，直到发生租约修订时才对分类情况重新评估。发生对经济寿命、余值等估计的改变，或者承租人违约等相关情形的改变，不会引起出于会计目的对租约进行新的分类。

2. 融资租赁

（1）确认。

在租赁开始日，出租人应当在资产负债表中确认融资租赁下持有的资产，并按相当于租赁投资净额的金额将此类资产以应收款列示。

对于制造商和贸易商租赁出租人，在租赁开始日应当确认销售收入、销售成本及相应的损益。

（2）计量。

在初始计量时，出租人应当使用租赁内含利率来计量租赁投资净额。对于转租赁，若转租赁内含利率不易取得，转租赁的出租人应当使用经过初始直接成本调整后的起始租赁折现率来计量转租赁的投资净额。除了由制造商出租人或贸易商出租人引起的直接成本，均应包含在租赁投资净额的初始计量中，并随着租赁期的进行，从投资净额中减少已实现的收入。租赁应付款额的现值包含在投资净额中，应付款额包含的各项内容与承租人租赁负债初始计量包含的内容一致。

首先，制造商出租人或贸易商出租人以租赁资产的公允价值和出租人应收租赁付款额现值孰低确认为收入；其次，将租赁资产账面价值减去未担保余值的现值确认为成本；最后，根据 IFRS 15 中关于完全销售的原则，确认损益（无论出租人是否按照 IFRS 15 的要求将租赁资产移交均应在租赁开始日确认损益）。

在后续计量时，出租人应当以能够反映出租人租赁投资净额的固定期间回报率的模式，在租赁期间确认融资收益。出租人的目的是在系统和合理的基础上在租赁期内分配融资收益。出租人应当将与该期间有关的租赁付款用于租赁总投资，以减少本金和未实现融资收益。出租人应当按照 IFRS 9 的要求终止确认租赁投资净额，或对其计提减值准备。承租人同时应当经常性地评估预计的未担保余值的价值，如果预计的未担保余值的价值出现减值，则出租人应当修改融资收益的分配方式并立即确认累积减值。此外，若出租人将融资租赁项下的资产划分为持有以备出售资产，出租人应当按照《国际财务报告准则第 5 号——持有待售非流动资产和终止经营》的要求核算该类资产。出租人面临租约修改时，与承租人处理方式类似。

3. 经营租赁

（1）确认和计量。

承租人应当按直线法或其他系统性方法将经营租赁的租赁应付款确认为收入。如另有一种系统方法更能代表从使用相关资产获得的利益递减的模式，则应采用该系统方法。出租人应当将包括折旧等与获取租金收入相关的成本确认为一项费用。对租赁资产的折旧政策应当与出租人对于相同资产制定的折旧政策一致，折旧应当按照 IAS 16 和《国际会计准则第 38 号——无形资产》的要求执行。

对于制造商出租人或贸易商出租人，由于并不能等同于销售资产，故不应针对经营租赁确认任何收入。

（2）列报。

出租人应当根据资产的性质在资产负债表中列报经营租赁下的相关资产。

4. 披露

类似于对承租人信息披露的目标和要求，出租人披露的目的也是为财务报表使用者提供评估租赁对会计主体的财务状况、财务表现、现金流情况影响的基础。对于融资租赁的出租人，应当披露销售损益、租赁投资净额的融资收益、未在租赁投资净额中核算的可变租赁应付款相关收益。对于经营租赁出租人，分别披露租赁收入、与不依赖指数或利率的可变租赁付款额相关的收入。

（七）售后回租交易

如果卖方 – 承租人转移资产给另一个买方 – 出租人，然后卖方 – 承租人又将该资产租赁回来，那么交易双方都应当将该交易按照售后回租交易核算。

如果满足确认销售收入的标准，卖方 – 承租人应当以买方 – 出租人保留的租赁资产使用权相关的账面价值相应的部分来计量售后回租中的使用权资产。同时，卖方 – 承租人应当仅确认与转移给买方 – 出租人权利相关的损益。买方 – 出租人应当按照适用准则来核算租赁资产的购买，并按照 IFRS 16 出租人会计模型来核算租赁。如果购买资产所支付对价的公允价值不等于资产的公允价值，或者如果租赁付款额并不是以市场利率计算的，会计主体应当做出调整以反映买方 – 出租人提供的租赁付款额的预付款或额外融资。

如果不满足确认销售收入的标准，卖方 – 承租人应当继续确认已转让的资产，同时应当以等同于转让收益的金额确认一项金融负债。随后，双方均应按照 IFRS 9 的要求继续核算该项金融负债。

四　IFRS 16生效日期及转换日规定

在会计实务上，对于首次适用 IFRS 16 的会计主体，准则并不要求在初始适用日重新评估既有合同是否包括一项租赁，而是只针对已经按照 IAS 17 及《国际财务报告准则解释第 4 号——决定一次安排是否包含租赁》确认为一项租赁的合同直接适用 IFRS 16 转换日的相关规定。

（一）适用及生效日期

会计主体应当于 2019 年 1 月开始的年度报告期间适用 IFRS 16，IASB 允许采用 IFRS 15 收入确认准则的会计主体提前适用，但相关信息需要在财务报告中披露。

（二）承租人会计处理

承租人应当按照《国际会计准则第 8 号——会计政策、合计估计变更及差错更正》的要求追溯调整此前每个报告期报表，或者按照累积影响数追溯调整初始适用日的期初留存收益账面价值，但不需要重述比较报表。

1. 已被分类为经营租赁的租赁业务

若承租人按照累积影响数追溯调整的方式计量，则承租人应当将原经营租赁在初始适用日确认为一项租赁负债，以按增量借款利率计算的剩余租赁应付款现值来计量此项租赁负债。同时，承租人应当确认一项使用权资产，按照下列方式以每一项租赁合同为基础逐一计量。

假设在租赁开始日即适用 IFRS 16 准则计量的账面价值，并以初始适用日的承租人增量借款利率折现来计量使用权资产。

以租赁负债金额为基础，经预付或应计租金调整后的金额来计量使用权资产。

对于低价值租赁、以公允价值模式计量的投资性房地产，无须在转换日进行调整，应当继续以原有模式进行后续计量。

2. 已被分类为融资租赁的租赁业务

承租人应当在初始应用日，将使用权资产和租赁负债的账面价值按照以 IAS 17 计量的租赁资产和负债的账面价值相同的金额计量，并采用未来适用法进行后续计量。

（三）出租人会计处理

除了转租赁出租人外，均无须对账面价值进行调整，直接按照未来适用法计量。

转租赁出租人应当评估原已划分为经营租赁的转租合同，决定此转租合同应当划分为经营租赁还是融资租赁。对于根据旧准则划分为经营租赁，而根据新准则划分为融资租赁的合同，将转租合同视为新的融资租赁合同进行计量。

（四）售后回租会计处理

会计主体无须在初始适用日前再评估售后回租交易的标的资产转移行为是否满足 IFRS 15 收入确认的要求。如果售后回租交易被确认为销售及融资租赁，卖方承租人应当按照上述融资租赁业务转换日处理方式核算，并且继续在租赁期内摊销销售利润。如果售后回租交易被确认为销售及经营租赁，卖方承租人应当按照上述经营租赁业务转换日处理方式核算，并且以因非市场条款而确认的递延收益或损失在初始适用日开始前调整回租的使用权资产价值。

五　IFRS 16 的发布及影响

（一）会计处理方式的改变

1. 租赁定义

IFRS 16 基本沿用了 IAS 17 对租赁的定义，但增加了应用指南，旨在帮助会计主体（承租人、出租人双方）更好地评估一项交易是否为或者是否包含租赁。IFRS 16 并不会改变大多数情形下租赁的确认，换句话说在 IAS 17 下被确认为一项租赁的交易也将在 IFRS 16 下被确认为一项租赁。IFRS 16 对租赁定义的深化，更多的是为了将一些可能在 IAS 17 下被确认为租赁的服务合同明确在租赁定义之外。按照 IFRS 16 的处理，服务合同的会计处理方式并未改变，特别是对于同一合同中既包含租赁又包含服务，将两者区分后，服务涉及的金额亦无须在报表中反映。

2. 承租人会计处理

IAS 17 采用二分法，相比经营租赁更为关注在经济实质上与购买租赁物相似的融资租赁上，该类交易由于影响较为重大需要在资产负债表中反映。其余形式的租赁均划分为不需要在资产负债表中反映的经营租赁，通常也称之为"脱表租赁"。顾名思义，该类型的交易与服务合同的会计处理方式类似，除了按照直线法反映租金费用外，无须在财务报表上反映。

除了短期租赁、低价值租赁，IFRS 16 完全改变了脱表租赁的核算方式。会计主体需要在资产负债表中确认使用权资产和租赁负债，在利润表上确认使用权资产的折旧及租赁负债的利息，在现金流量表中将总现金流出分类为本金部分（计入筹资性现金流）和利息部分（计入经营性或筹资性现金流）。因此，对于保有大量脱表租赁的承租人主体，IFRS 16 将会对其资产负债表、利润表和现金流量表产生重大影响。

IFRS 16 在实质上延续了 IAS 17 对融资租赁的会计处理，两者最大的区别在于对承租人向出租人提供的担保余值的处理。IFRS 16 仅要求以很可能的付款金额来确认担保余值，不同于 IAS 17 要求以最大可能付款额计量的处理方式。

3. 出租人会计处理

IFRS 16 在实质上也未改变 IAS 17 对出租人的会计处理方式。IASB 决定延续出租人会计处理方式是考虑到在征求意见阶段收到的包括诸多投资者、分析师在内的意见反馈均提及改变出租人会计处理方式将会带来成本效益倒挂现象，并不经济。尽管如此，IFRS 16 在保留 IAS 17 对租赁会计二分法处理模式的基础上，仍然加强了披露要求，会计主体须披露如何管理租赁合同中剩余利息的回款风险。

（二）成本与效益

1. 提升财务报告质量

在 IAS 17 准则下，会计主体与经营租赁有关的未折现承诺付款额仅通过财务报表附注的形式予以披露。一方面，投资者和分析师在评估此类公司的惯例做法是将脱表租赁调整回资产负债表，但据附注获取的信息非常有限，在调整的过程中涉及大量使用技术手段进行估计和计算，因此不同投资者和分析师的调整结果可能大相径庭，无法准确反映脱表租赁对会计主体的影响；另一方面，部分投资者和分析师在评估此类公司时会人为忽略附注中的相关信息，仅以财务报表列报信息对会计主体进行分析，如此将影响财务杠杆和资产分析结果。

在 IAS 17 下因脱表租赁造成资产负债表信息缺失的严重程度与行业、地区和公司个体有关，特别是对其财务杠杆影响较大。据 IASB 的分析，拉丁美洲公司因脱表租赁造成的长期债务低估最多达到了 45%，亚太地区公司最多可达 32%，即使在财务信息可靠性和透明度一贯较高的欧美地区，长期债务低估幅度最多也分别达到 26% 和 22%。

IFRS 16 的实施将显著提升存在大量脱表租赁业务公司的财务报告质量。通过将经营租赁由使用权资产、租赁负债的形式反映在资产负债表上，将提升会计主体财务状况的可信度和透明度，财务杠杆和对权益资本的消耗将更容易被外部分析师和投资者获取。因无须再对 IAS 17 下脱表租赁相关事项进行调整，此举也将明显提升他们评估标的公司财务状况和经营状况的能力。

在 IAS 17 下，尽管投资者和外部分析师通常会调整脱表租赁至表内，但此种方式无法准确计量，且调整后的数值相较实际准确计量的数值更高，高估了会计主体的债务负担而低估了其经营表现。因此，通过适用 IFRS 16 将为投资者和外部分析师提供更为准确的财务信息的同时，也为所有类型的公司创设出更为公平的竞争环境。

保有大量脱表租赁业务的公司将会受益于为财务报表目的而统一管理所有租赁业务。IAS 17 下租赁业务计量方式区别较大，在该情况下会计主体很可能对租赁业务的效率缺少关注，特别是如果租赁业务的决策程序非常分散化。而在 IFRS 16 下，由于所有租赁均进入报表，会计主体必须确定折现率，因此将会更为关注融资和运行效率和效果。此外，在 IAS 17 下，诸多公司还将租赁业务视同在财务报表中反映进行内部管理，如将租赁负债视同长期债务，用评估购买资产和资本预算相同的决策流程来评估租赁资产的获取，此种情形下，运用 IFRS 16 后不再需要额外运用内部管理流程。

2. 提升财务报告可比性

IFRS 16 对所有租赁均确认资产和负债、对所有租赁均使用相同的方法计量资产和负债，因而能够显著提升财务信息的可比性。使用 IFRS 16 将致使财务报表能够反映各家公司不一而同的经营策略。例如，若一项租赁在经济实质上与赊购某项资产相当，那么两种相当的策略将会反映出相似的财务结果，反之亦然。尽管租赁与赊购在经济实质上相当，但是由于租赁应付款并不包含余值，除非租赁期限覆盖整个租赁资产的经济周期，否则二者并不是完全一致。毕竟通过租赁一项资产，会计主体能够控制的是使用权，而并不是租赁资产本身。因而通过适用 IFRS 16，不但能提升租赁与赊购资产的可比性，还能恰当反映两者之间的差异。

举例来看，对于如航空业这类固定资产密集型行业，选择租赁大部分资产及租赁小部分资产将由于脱表租赁的回表造成非常明显的不同影响。表 1 即列示了两家航空公司采用截然不同的资产租购策略时所反映的财务信息实质也大为不同。

表 1 航空公司 1 和航空公司 2 对比

单位：百万美元

项目	航空公司 1 （少于 10% 的飞机租赁而来）		航空公司 2 （约 70% 的飞机租赁而来）	
	IAS 17	IFRS 16	IAS 17	IFRS 16
PPE	16908	19926	15748	24020
长期债务	13232	16567	9615	18320
所有者权益	6719	6402	5604	5171
长期债务/所有者权益	2.0：1	2.6：1	1.7：1	3.5：1

资料来源：FRS 16 Effects Analysis. IFRS Foundation，2016。

航司 2 与航司 1 相比，在 IAS 17 下资产体量相当，长期债务负担较轻，但经 IFRS 16 将脱表租赁部分调整回表，运用较多租赁策略的航司 2 却表现出更高的资产体量和长期债务，债务负担显著增加。在运用 IAS 17 时，脱表租赁部分信息的缺失致使投资者、外部分析师在评判公司状况时完全可能得出相反的结论，公司可比性大为降低。

IAS 17 饱受争议的一项是针对融资租赁和经营租赁完全不同的处理方式，这种处理方式可能将两个在经济角度上来看非常相似的业务进行了完全不同的列报。也可能将长期脱表租赁和短期脱表租赁均按照经营租赁方式处理,但期限长短的差异完全可能导致不同的财务后果。有时候在评估租赁合同分类时,非常细小的差别可能造成完全不同的报表呈现方式。如此,不但降低了公司之间的可比性,也提供了通过调整交易结构来达到操纵报表的目的。当承租人改变租赁组合时,如调整脱表租赁(按照 IAS 17 准则定义)的租赁期限,若按照 IAS 17 核算,则除了财务报表附注中会相应提及相关事项外,并不会显著影响利润表和现金流量表。

对于售后回租交易,若按照 IAS 17 核算将显著改变承租人的资产和负债,但实际上公司的财务状况并未发生改变,仅仅资产计量基础略小、金融负债略少而已。按照 IFRS 16 的处理原则,售后回租交易不会大幅改变承租人资产负债情况,同时对于该交易的收入确认更为严格,因而因缺乏通过会计处理改变财务状况的动机,预计售后回租交易规模将会显著下降。

在某些租赁交易中,涉及如与通胀挂钩等方式的可变付款额,在 IFRS 16 下并不会确认所有可变付款额(如与未来使用和销售有关),简化了租赁付款额的处理方式。此种简化处理并非减少了经济实质上相似的交易之间的可比性。尽管因涉及固定付款额或与销售挂钩的可变付款额的情形,可能在现金流出上具有相似性,但是毕竟与销售挂钩的可变付款额(或可选租赁期间)将会因未来实际情况(比如销售价格剧烈上升或下降,未来不执行可选租赁期间选择权等)与计量时点预期不一致的情况,由此两种付款模式产生的财务效果并不一致出现。因此,IFRS 16 的计量方式其实保证了在实质上(很可能发生)相似的交易其会计处理也是一致的。

3. 实施成本

IFRS 16 主要实施成本将发生在保有大量脱表租赁业务的公司,他们在适用 IFRS 16 时需要花费系统和流程建设、计算折现率及沟通和培训方面的成本。对于自动化程度较低的公司,更为频繁地收集和追踪租赁相关信息可能将会花费更多的成本,而对于保有融资租赁业务的公司,信息的处理和收集所耗费的资源并不会比 IAS 17 中的要求更高,亦不会引致更高的建设成本。此外,会计处理方式,完全可以沿用公司既有的固定资产和负债管理系统，只是在处理量能力上需要考虑应对。

对于租赁的识别流程，特别是当租赁合同同时包含租赁与服务时，值得关注其相关花费。随着租赁合同复杂程度的提升，与识别流程相关的实施成本越明显，但是 IFRS 16 也允许对区分同一合同中的租赁和服务事项简化处理，公司可以选择区分两个事项并仅对租赁事项的付款额进行资本化处理，或者不区分直接视为一个租赁事项。

对于计算折现率，IFRS 16 要求对每一项租赁均识别其折现率可能导致实施成本，特别是对于以前仅有或者保有大量脱表租赁业务的公司。但为了尽量减少此类实施成本，IFRS 16 允许首次适用时，对每一租赁组合或者相似租赁采用增量借款利率。

4. 承租人会计处理变更的区域性、行业性影响

IASB 评估了承租人会计处理模式的变化对上市公司、中小企业的具体影响。IASB 抓取了大约 3 万家适用 IFRS 或 GAAP 准则的上市公司数据，发现其中超过 1.4 万家在其年报中披露了脱表租赁的相关信息，又以北美和欧洲公司占比最多，约 50% 以上。这 1.4 万家公司因脱表租赁产生的未来租赁付款额合计为 2.86 万亿美元，经折现后的金额为 2.18 万亿美元。由此，IFRS 16 的实施将显著影响这超过 50% 的公司。在这些披露脱表租赁信息的 1.4 万家公司中，1145 家的未来租赁付款额占到了合计数的 80% 以上，也就是说每家公司的未来租赁付款额超过 3 亿美元。在常规性地剔除银行、保险等公司后，将剩余共 1022 家上市公司作为进一步分析的样本，其未来租赁应付款占到了合计数的 76%，可以说脱表租赁业务的主要公司类型还是非金融企业。从地域上来看，尽管样本中的美国、欧洲公司数量仍然最多，但从金额上来看，样本中拉美公司脱表租赁的未来应付款金额占到了 14000 家拉美上市公司未来应付款金额的 92%。

如果将样本中的 1022 家公司按照行业划分，零售业公司数量最多，达 204 家，其未来租赁付款额占总资产的比例达到 28.3%，而航空业尽管样本中的公司数量只有 50 家，但该比例达到 28.8%。其他如旅游行业、运输行业的租赁付款额占总资产的比例也较大。从未来租赁应付款额占总资产比重

的视角来看，航空业 28% 的公司这个比例超过 50%，零售业达到了 36%，旅游业达到了 38%。而能源业、IT 业、医疗行业未来租赁应付款额占总资产的比重不足 5% 的公司占该行业样本公司的数量均超过 50%。可以说，在运用 IFRS 16 后，脱表租赁回表对航空业、零售业、旅游业的影响面远超过能源、IT、医疗等行业。

对大多数中小企业而言，IASB 通过对符合条件的中小企业沿用既有会计政策，以及对低价值的如信息通信电子设备、办公用品予以简化处理等方式，使其不会受到 IFRS 16 的直接影响。

（三）对财务报表的影响

1. 对资产负债表的影响

适用 IFRS 16，将提高资产、负债金额，并降低权益金额。IFRS 16 要求会计主体对包括脱表租赁在内的所有租赁交易确认一项使用权资产和一项租赁负债，对于保有大量脱表租赁的公司，此部分交易回表将会非常显著地增加资产和负债金额。确认的使用权资产在非金融资产、流动资产处列报，租赁负债应当根据其付款期限在流动负债或非流动负债中列报。

在 IAS 17 下，所有者权益通常按照每个会计期间支付的租赁付款额相应减少。而在 IFRS 16 下，因为使用权资产一般按照公司既有的固定资产折旧方式，依照直线法折旧，而租赁负债按已支付租赁付款额扣减，并增加已减少利息。因此，尽管使用权资产和租赁负债在交易开始和结束时金额相等，但使用权资产的减少速度快于租赁负债的减少速度，致使所有者权益减少。当然，对所有者权益金额的实际影响结果取决于公司的财务杠杆、租赁期限和租赁负债占所有者权益的比重。

2. 对利润表的影响

尽管 IFRS 16 对保有较大规模脱表租赁的公司的资产负债表影响较大，但对大部分公司的利润表影响相对较小。IFRS 16 将会导致保有大量脱表租赁的公司其 EBITDA、营业利润和财务费用升高。适用新准则后，会计主体应将原脱表租赁的租赁付款额内含利息作为财务费用确认，而 IAS 17 仅会将全部费用包含在营业费用中。营业利润、财务费用的提升幅度取决于租赁交易占比、租赁期限及租赁折现率。

对于一项脱表租赁交易，确认的相关费用通常在整个租赁期间是相同的，一般而言公司会以直线法确认该费用。相对的，适用 IFRS 16 时，租赁费用确认模式取决于租赁期限、租赁付款节奏以及租赁利率。在 IFRS 16 下，由于租赁资产的折旧通常以直线法计量，与此同时利息费用一般在租赁期内随着租赁负债的减少而减少，因而利息费用和折旧之和在租赁期前半段高于 IAS 17 的费用计量模式，而在后半段则低于。

对于一个租赁交易组合，情况可能会不太一样。租赁组合对利润表的影响取决于租赁的具体条款、在各自租赁期间的时间。如果一个组合是均匀分布的（所谓均匀分布，系指组合中在一段时间内起租和到期的具备相同条款的租赁交易数量相等），则该组合适用 IFRS 16 对利润表的总体影响非常中性。反之，若组合并非均匀分布的，那么 IFRS 16 的影响将会表现在利润表中。试想一下，如果公司正通过拓展其租赁组合来实现增长，则公司倾向于持有较多在租赁期初始阶段的租赁合同，因此公司的租赁相关费用高于 IAS 17 下的金额。这样的结果与利用融资购买资产的成长期企业一致，他们由于举借债务，在成长初期利息费用金额较大，同时购入的资产采用直线法进行折旧。因此，对于租赁组合时常更新的公司，依靠组合中租赁合同的不断到期和新生效，可能对于利润表影响较小。

适用 IFRS 16 将使 EBITDA 相比适用 IAS 17 时显著提高。这是因为 IFRS 16 下计算 EBITDA 时并不包含租赁相关费用，而 IAS 17 包括与脱表租赁相关的所有费用。计算 EBIT 或者营业利润时，由于不包括租赁负债的利息，适用 IFRS 16 相比 IAS 17 计算结果更大。从行业分布来看，诸如医疗业，边际盈利的提升并不明显，而诸如航空、零售、旅游等行业，预计边际盈利的影响较大。

3. 对现金流量表的影响

会计处理模式的改变并不会影响现金流总量，但对现金流的分类列报会产生一定影响。IFRS 16 要求会计主体将租赁负债的本金部分在筹资活动现金流中列报，而将利息部分依照既有利息的分类披露要求分别在经营活动和筹资活动现金流中列报。适用 IAS 17 时，公司将脱表租赁的现金流出作为经营活动列报，而在 IFRS 16 下，所有租赁交易的本金部分均被包含在筹资活动中，利息同样也可以包含在筹资活动中。因此，IFRS 16 将会减少经营活动现金流出，同时等额增加筹资活动现金流出，致使经营活动产生的现金增加，筹资活动产生的现金减少。

4. 对附注的影响

同 IAS 17 的要求类似，IFRS 16 要求公司在财务报表附注中列报租赁相关费用的明细。但与 IAS 17 不同的是，公司还需要按照租赁资产的类别披露相关信息，并且披露租赁交易的现金流出总金额。

与 IAS 17 不同，IFRS 16 按照 IFRS 7 金融工具披露准则的要求，对租赁负债进行期限结构分析。IAS 17 对于期限结构时间段的分类比较粗略，一般按照 1 年以下、1~5 年、5 年以上进行分类，而 IFRS 7 则要求公司判断哪一种时间段分类最能为投资者和分析师提供有效信息。

总体上，运用 IFRS 16 能比 IAS 17 披露更多租赁相关的细节信息。

（四）对公司投融资政策及租售策略的影响

IFRS 16 只是改变了财务报表的列报方式，但并未改变公司本身，实际上，大多数财务报表专业使用者（比如评级机构、借款人等）在分析保有大量脱表租赁公司的财务杠杆时，已经将脱表租赁的情况考虑在内。因此，IFRS 16 对公司融资成本的影响主要在于租赁负债准确信息的可获得性上，可获得性的提升将促使借款人更好地理解公司信用风险，优化风险定价。

某些公司的借款成本可能上升，某些也可能下降，这取决于适用 IFRS 16 之前，对脱表租赁负债的调整评估与 IFRS 16 脱表租赁回表后的准确数字相比较的结果。通常而言，现有的用于资本化脱表租赁负债的评估工具（最常用的评估手段是认为租赁负债金额等于年度租赁费用的 8 倍）会高估很多公司的租赁负债，对这些高估的公司而言，适用 IFRS 16 后借款成本会相应降低。

适用 IFRS 16 对于债务合约的影响程度有限。实务中，尽管有些债务合约条款与财务报表挂钩，但具体挂钩的"负债""EBITDA"等信息并不是由 IFRS 直接定义，而是已由签署债务合约时的公司财务状况决定。债务合约中不但通常含有保护公司免受会计政策调整的影响，而且在订立合约之初，借款人已经将脱表租赁对公司财务状况的影响予以考虑。换言之，由于租赁会计模式的改变并未影响会计主体的经济地位或付款承诺，借款人早已在双方签署债务合约时对此进行了考虑，因而政策的变更影响很小。

按 IFRS 16 对承租人会计处理的要求，在大幅提升租赁资产及赊购资产交易的透明度和可比性之后，是否承租人有更强的意愿赊购资产而不是租赁资产？类似的，IFRS 16 是否会为会计主体提供通过减少租赁期长度、可变化租赁付款额等方式调整交易结构，以期操纵会计结果，达到减少确认租赁负债的目的？实际上，只要宏观经济不衰退或者不出现剧烈变化，公司就持续性地需要资产维持盈利和企业运营。那么无论公司如何选择取得资产的方式，从结果上来看对资产的总体需求并不会发生改变。进一步的，如果公司选择赊购更多的资产来代替租赁资产，那么 IFRS 16 的实施就可能对租赁资产造成一定的影响。但是需要强调，这种影响将会很细微，一是公司并不会系统性地赊购所有资产而不选择租赁，因而这种影响对单一主体多少甚于租赁市场；二是适用 IAS 17 时，公司选择脱表租赁的理由并不只是为了隐藏租赁负债，实际上基于租赁带来的益处，预期会计主体仍将在适用 IFRS 16 之后展开大量租赁业务。一种最典型的情况是，租赁通常还能为传统银行信贷无法覆盖的客户提供融资，并且对借款人而言此种融资行为相当于存在资产抵质押因而安全性更高。

六 CAS 21 征求意见稿及其影响

财政部于 2018 年 1 月 8 日发布了 CAS 21 征求意见稿，征求意见稿与 IFRS 16 保持了趋同。征求意见稿对 CAS 21 的修订主要涉及租赁识别的完善、租赁分拆与合并的完善、承租人会计模式的合一、出租人租赁分类原则的改进、售后回租与新收入准则的衔接，以及完善信息披露等。

现行准则按照资产所有权风险和报酬的转移，将租赁交易划分为经营租赁和融资租赁。与 IAS 17 类似，承租人不在资产负债表中确认资产相关的权利及租金支付义务，这将导致公司财务情况不能得到真实的反映，从而使得在实务中，会计主体能够通过构建符合特定条款的租赁交易，达到操纵报表的目的，大大降低了可比性。

CAS 21 征求意见稿最核心的变化是要求承租人采用单一会计处理模型，不再对租赁按照经营性或融资性分类，统一对除短期租赁和低价值租赁以外的所有租赁交易同时确认使用权资产和租赁负债，并确认相关的折旧和利息费用。除此之外，在保持租赁定义不变的基础上，增加了识别租赁的指导性要求。CAS 21 征求意见稿的要求对包含租赁和非租赁部分的同一份合同予以拆分，非租赁部分按照适用的其他准则进行会计处理。在实务中，承租人可以选择不拆分租赁合同，将其合并为租赁依照 CAS 21 征求意见稿处理。

CAS 21 征求意见稿对出租人的会计处理要求总体上沿用现行准则的要求，亦与 IFRS 16 保持了充分的协同，保留了融资租赁和经营租赁的双重模式。征求意见稿还细化了租赁变更、生产商或经销商出租人融资租赁的处理，贴合实务需要。

售后回租的区分上，CAS 21 征求意见稿不再以现行的回租形成融资租赁或经营租赁来区分，而是按照转让是否满足收入确认条件区分。对于租赁资产符合投资性房地产定义的，承租人应当沿用针对投资性房地产的公允价值模式或成本模式来计量，并且不再单列使用权资产，转而在投资性房地产中列报。此外，征求意见稿还新增了转租赁的指引，明确中间出租人应当将主租赁和转租赁视为两份合同。

对于资产负债表，CAS 21 征求意见稿新增了"使用权资产"和"租赁负债"两个科目，相比现行准则，将经营租赁也纳入财务报表列报。在利润表中，CAS 21 征求意见稿要求承租人列报使用权资产的折旧和租赁负债的利息费用，分别按照既有固定资产折旧政策及实际利率法具体计量。在现金流量表中，偿还租赁负债本金和利息所支付的现金应当计入筹资活动现金流出，只有简化处理的短期租赁付款额和低价值资产租赁付款额以及未纳入租赁负债计量的可变租赁付款额应当计入经营活动现金流出。

参考文献

［1］ 财政部：《企业会计准则第 21 号——租赁（修订）（征求意见稿）及其起草说明》，2018。

［2］ 财政部会计司编写组：《企业会计准则讲解：2010》，人民出版社，2010。

［3］ 滕昊、黄晓波：《浅析美国新租赁准则要点及转换日处理》，《财会月刊》2017年第 4 期。

［4］ 滕昊、黄晓波：《IFRS16 要点及转换日处理方法探析》，《财会月刊》2016 年第 28 期。

［5］ 田忠国：《〈国际财务报告准则第 16 号——租赁〉的影响分析——基于承租方的视角》，《会计之友》2017 年第 10 期。

［6］ 竹丽婧：《国际租赁会计准则的最新动态及启示》，《商业会计》2014 年第 1 期，。

［7］ 企业会计准则编审委员会：《企业会计准则案例讲解》，立信会计出版社，2015。

［8］ 汪祥耀：《国际会计准则与财务报告准则研究与比较（第 2 版）》，立信会计出版社，2005。

［9］ 注册会计师考试研究中心编《2014 注册会计师全国统一考试辅导教材》，人民出版社，2014。

［10］ 中华人民共和国财政部：《企业会计准则：2006》，中国时代经济出版社，2006。

［11］ International Accounting Standards Board. Verfasser. IFRS 16 Leases. IFRS Foundation, 2016.

［12］ IASB/FASB, Exposure Draft "Leases", ED/2013/5.

［13］ IASB/FASB, Exposure Draft "Leases", ED/2010/9.

城 市 篇

City Reports

B.6

天津融资租赁行业发展现状及问题分析

王力 吴迪*

摘　要： 在国内融资租赁行业中，天津东疆占据着举足轻重的地位。天津东疆融资租赁行业涵盖了规模庞大的企业数量，涉及的种类十分多样化，且具有较强的创新性，已形成显著的产业聚集效应。天津东疆融资租赁业的发展也面临一些困难和问题，主要表现为立法缺失、监管模式有待改进、需求端行业认知度和渗透率较低、业务模式单一、风险防范和可持续发展面临挑战、外部发展环境不够完善等。国家与天津当地政府对融资租赁业提供了一定的政策支持，目前已形成较大发展优势。天津东疆融资租赁行业拥有十分广阔的发展前景，

---

* 王力，经济学博士，中国博士后特华科研工作站执行站长，中国社科院金融所博士生导师，北京大学经济学院校外导师，主要研究领域为产业经济、区域金融和资本市场。吴迪，法学博士，特华博士后科研工作站博士后，研究方向为金融法律政策、自贸区发展。

融资租赁业务的优势将进一步放大，融资租赁标的物范围将进一步扩大，融资租赁企业的融资成本将进一步降低，税收环境将进一步优化。

关键词： 融资租赁　自贸试验区　金融开放

很长时间以来，天津东疆融资租赁都在行业内占据着举足轻重的地位，尤其是随着国家相关政策的出台，其更得到了强有力的支持。在 2011 年颁布的《天津北方国际航运中心核心功能区建设方案》中，明确地将天津东疆设为全国的租赁示范区。在之后的 2015 年，先后颁布了《中国人民银行关于金融支持中国（天津）自由贸易试验区建设的指导意见》（以下简称《指导意见》）和《推进中国（天津）自由贸易试验区外汇管理改革试点实施细则》（以下简称《实施细则》）。两项政策一经推出，就使得天津东疆融资租赁获得了强有力的政策支持。其中，前者中明确指出凡是在东疆进行租赁的企业，可以利用国家的外汇储备来开展跨境业务、可以通过收取外币租金来开展租赁业务、可以在境外设立人民币账务来帮助公司开展租赁工作等一系列创新工作。此外，在天津自贸试验区内，所有满足一定经济、政策条件的企业，在开展跨境人民币业务时，其营业时间、营业额、经营收入等各项指标不受限制。多项政策的推出，为天津东疆融资租赁带来了极大的促进作用，在今后的几年中，天津东疆的发展步入了国内领先水平，占据着越来越重要的地位。

一　天津东疆发展状况

（一）整体情况

目前，国内已有大量融资租赁企业将其总部设立在天津，到 2018 年中，这一数量为 1827 家，其中，共有 94 家内资试点融资租赁企业，15 家金融租赁企业，其余为外商系融资租赁公司。2018 上半年共有 1722 家有外部融资的企业进入天津，与 2017 年底相比增加 238 家。详情见表 1 至表 4。

表 1 天津部分注册资本排名靠前的内资试点融资租赁企业

序号	企业	试点年份	注册资本（亿元）
1	天津津投租赁有限公司	2004	0.82
2	长江租赁有限公司	2004	67.9
3	天津渤海租赁有限公司	2008	150
4	尚邦租赁有限公司	2008	3.0466
5	天津天保租赁有限公司	2011	10
6	天津泰达租赁有限公司	2011	2
7	融鑫汇（天津）租赁有限公司	2011	2
8	中能融资租赁有限公司	2011	0.5
9	天津佳永租赁有限公司	2012	10
10	英利小溪租赁有限公司	2013	1.7
11	中程租赁有限公司	2013	6
12	天士力融资租赁有限公司	2014	5
13	天津融鑫融资租赁有限公司	2014	5
14	中水电融通租赁有限公司	2014	1.7
15	天津市良好投资发展有限公司	2014	1.7
16	天津大通融汇租赁有限公司	2015	10.4176
17	天津财信汇通融资租赁有限公司	2015	3
18	维租（天津）租赁有限公司	2015	3
19	天津城投创展租赁有限公司	2016	10
20	一汽租赁有限公司	2016	2
21	天津华铁融资租赁有限公司	2016	15
22	佳汇（天津）租赁有限公司	2016	2.1
23	天津恒泰融汇租赁有限公司	2016	3
24	天津传化融资租赁有限公司	2016	1.7
25	天津潍莱岛租赁有限公司	2016	2
26	中建投租赁（天津）有限责任公司	2016	10
27	台金租赁（天津）有限责任公司	2016	1.7
28	天津信汇融资租赁有限公司	2016	10
29	天津滨海新区建设租赁有限公司	2016	5
30	天津中融恒泰国际租赁有限公司	2016	2

资料来源：中国租赁联盟、天津滨海融资租赁研究院。

　　天津所拥有的融资租赁企业，在国内拥有绝对的数量优势，并且，从行业规模来讲，到2018年中为止，所有位于天津的融资租赁企业共计有7858亿元的注册资金，与上年底相比增加1099亿元，涨幅为16.26%。其中共有476亿元为金融租赁，与上年底相比增长70亿元，涨幅为17.24%；有829亿元为内资租赁，与上年底相比增长60亿元，涨幅为7.8%；有6553亿元为外资租赁，与上年底相比增长969亿元，涨幅为17.35%。目前，国内全部融资租赁行业总产值中，天津占据了三成左右，共计1万亿元。另外，从所涉及产品类别看，其完成了包括大飞机、直升机、运输机在内的飞机1144架，航空发动机90台，运输船舶103艘，以及海上石油钻井10座等多项产品的租赁业务。航空、航海、石油等相关产品共产生租赁费用600亿美元，获得了超过100亿元的税收收入。为了更好地保证租赁工作的进行，2017年天津东港累计增加214架各类飞机、77台航空发动机、2架海上石油钻井以及23艘运输船舶，使得租赁总资产提高了132.6亿美元。国内有超过九成的飞机租赁业务以及全部的海工装备租赁业务均在天津东疆完成。

表2　2018年上半年天津市融资租赁业务发展情况

企业类别	2018年中业务总量（亿元）	2017年底业务总量（亿元）	比上年底增加（亿元）	比上年底增长（%）	2018年中业务占比（%）
金融租赁	8690	8500	190	2.24	40.99
内资租赁	6240	5900	340	5.76	29.43
外资租赁	6270	6200	70	1.13	29.58
总计	21200	20600	600	2.91	100

资料来源：中国租赁联盟、天津滨海融资租赁研究院。

表3　2018年上半年天津市融资租赁企业情况

单位：家

企业类别	2018年中企业数	2017年底企业数	比上年底增加
金融租赁	11	11	0
内资租赁	94	79	15
外资租赁	1722	1484	238
总计	1827	1574	253

资料来源：中国租赁联盟、天津滨海融资租赁研究院。

表4　2018年上半年天津市融资租赁企业注册资本

企业类别	2018年中注册资金（亿元）	2017年底注册资金（亿元）	比上年底增加（亿元）	比上年底增长（%）
金融租赁	476	406	70	17.24
内资租赁	829	769	60	7.80
外资租赁	6553	5584	969	17.35
总计	7858	6759	1099	16.26

资料来源：中国租赁联盟、天津滨海融资租赁研究院。

（二）产业特点

具体看，天津东疆融资租赁行业有着以下特点。

1. 业务创新性强

长期以来，国内的融资租赁市场都受到外部资产的垄断，我们可以很清楚地通过企业数量与资本总量看出。而天津东疆通过一系列突破性的改革措施，使得业务模式有了极大的创新，目前已经开发出多种新型的租赁模式，包括SPV、进出口、联合、报税、转让租赁等。天津东疆的出现成功地打破了国外资产的垄断地位，为我国融资租赁行业的发展起到了极大的促进作用，做出了很大的创新性贡献，同时，也做出了很好的成绩。从政策监管上来看，天津东疆也在不断尝试新政策、新办法，全力推广试点区域、保税港的优先政策，积极探索，并顺利帮助租赁企业从国外进口众多大型机械设备。对飞机、船舶等商品进行异地委托监管，限时、高效地完成融资租赁设备的各项业务办理，尝试使用外币来收取租赁方的租金。在《指导意见》中，提出了多项有关融资租赁业务的发展办法以及创新改革的举措，其中有多达10项政策已经在天津东疆顺利落实，其他多项政策也在积极探索当中，可以说，这些改革措施有效地为天津东疆开辟了极大的融资租赁发展空间。

SPV租赁模式是由天津东疆首次提出并实施的，这一方式指的是针对特定项目而成立特定的公司，并由该公司全程跟踪整个项目的完成。该公司在整个过程中以出租人的身份进行工作，通过报税的方式来引进租赁物。SPV

模式的创新点在于，针对单一项目签订单一的合同，与其他项目相互独立，能够完成单独的管理与结算，能够很好地避免业务风险的发生。此外，SPV模式对承租人也有着极大的优势，它可以减少当期的现金流出，使现金流更加完善。出租人则需要切实地根据当前政策以及环境需求，最大化地利用优惠条件，减少税款的支出并降低租金，以有效提高价格竞争力。并且，能够有效地避免承租人非法使用融资资金，更有效地控制风险。工银租赁成立了国内首家单机融资租赁项目，同时成功完成了国内第一笔 SPV 模式下的租赁业务。可以说，在具体的实践操作中，这一模式的优势十分明显。如今，在 SPV 模式下，天津东疆已经实现了飞机、直升机、传播、钻井平台、医疗设备等全方位领域的租赁，有效地促进了机械化设备的更新换代，提升了承租人的行业竞争力。

除了 SPV 模式外，离岸租赁模式也是目前天津东疆使用的主要模式之一。在这一模式下，与设备相关的出售方以及承租人都身处境外，他们借助租赁公司来开展租赁业务，同时，标的物也不会通过境内进行交付，全程在国外进行。2015 年 7 月，工银租赁完成了国内第一笔飞机离岸租赁项目，它在国外购买了一家 A320 飞机，并通过在东疆的项目公司将其租赁给喜马拉雅航空公司。这种租赁模式是目前国际化发展的必然方向，能够体现出我国行业内的先进水平以及领先的业务能力。在离岸模式的推广下，天津东疆积极主动地加入国际化租赁市场，成功帮助我国租赁行业在国际市场中开疆拓土。

2. 企业规模体量大，业务总量增长迅速

到 2017 年中为止，所有在天津东疆成立的租赁企业的注册资金达到了199 亿元，从这一体量上来看，是国内的首位。再从业务总量上看，天津东疆在 2006 年只完成了 3 亿元的融资租赁业务，而到了 2016 年，这一数字达到了 11200 亿元，10 年内实现了几何数量的突飞猛进。从横向上看，天津东疆所完成的租赁业务总量在 2008 年便已占全国超两成，到了 2014 年，更是达到了三成以上。作为评价行业发展的重要参数，突出的业务总量以及极高的发展速度表现出天津东疆在国内融资租赁行业中占据主导地位。

目前，众多大型的融资租赁公司选择在天津落户，天津渤海租赁的注册资金达到了221亿元，居国内之首。2007年，渤海租赁成立，并成为国内第五批内资融资的试点单位。自从渤海租赁成功地在天津落户，凭借着当地政府的大量优惠政策以及国家"一带一路"倡议的推行，其集中力量进行发展与探索，推出多项新型的业务模式，帮助企业实现高速发展。到2016年中为止，共有总资产1778.76亿元，与上年相比涨幅为97.27%；实现了12.84亿元的净利润，与上年相比涨幅为50.86%。

渤海租赁有着极大的企业优势，它是内部融资租赁的试点企业，同时也是中外合资公司，拥有全部的金融租赁牌照。此外，还拥有完善的资金链以及强大的资产配置能力。在天津落户后，借助当地优惠政策开展了大量的资产交易以及并购活动，实现了公司规模的大幅扩张。2012年至今，渤海租赁先后收购了香港航空租赁、Seaco（世界排名第六的集装箱租赁公司）、Cronos（世界排名第八的集装箱租赁公司）、Avolon（世界排名第十一的飞机租赁公司）。通过收购，渤海租赁一跃成为世界领先的租赁公司，在世界租赁市场上占据了一席之地。

3. 产业集聚效应明显

目前，越来越多的融资租赁企业选择在天津东疆落户，呈现较强的产业集聚效应。其中，金融租赁企业的股东大多为国内外大型的商业银行以及其他大规模的资产管理企业，能够为金融租赁公司带来充足且稳定的资金来源，融资成本也能控制在较低的水平，成功避免了融资过程中最主要的问题。

4. 融资租赁产品多样化

目前，天津东疆融资租赁共包括飞机租赁、大型设备租赁以及船舶租赁三大板块。其中，第一大板块主要包括渤海、民生、工银三大租赁公司；第二大板块主要包括水电、南车、北车租赁公司；第三大板块主要包括远东、建信租赁公司。这三大板块共实现3500亿元的规模，包括了国内大部分业内领先的租赁公司，整体上形成了多样化的租赁环境，未来发展前景良好。

飞机租赁是整个天津东疆租赁的核心板块之一，目前共有920家飞机租赁公司落户于天津东疆，其中35家公司的总部便设立在此地，共计完成754架飞机的租赁项目，超过了全国全部飞机租赁项目的九成。另外，天津东疆还尝试进行飞机项目的离岸租赁、联合租赁等多项新型业务模式，国内现行的所有飞机租赁业务模式均由东疆进行开发。如今，天津东疆已经是国内最大的飞机租赁聚集地以及模式开发的创新地。从多方数据可以分析得到，预计到2032年，我国将有超过5000架民航飞机，而其中将有超过六成的飞机是由租赁获得，到那时，天津东疆将会发挥更大的优势。从飞机种类来看，天津东疆大多租赁民用大飞机，共有578架大飞机，占总数的77%，此外，还有70架通用的航空飞机，约占总数的9%。随着飞机租赁行业的不断发展，东疆逐渐国际化和专业化，不断细化的市场，使得航空发动机成为未来进一步发展的重要突破点之一，跨境交易越来越多，境外业务也在日渐完善。

过去，国内的无形资产租赁一直都无人涉及，而天津东疆在这方面迈出了第一步。2016年，芯鑫融资租赁公司与长电科技公司进行租赁交易，在东疆进行了国内第一笔无形资产租赁，资产总价超过3.8亿元。其标的物为长电科技的多项发明和实用新型专利。无形资产租赁项目的顺利进行意味着融资租赁业务获得了全新的突破，同时进一步促进银行完善结合产品的实际价值来评价的机制，并更好地为此类项目提供经济上的支持，避免出现融资难的局面。

5. 国家级租赁和新金融产业园建成投用推动融资租赁行业快速发展

在融资租赁行业，一重要性举措在2016年上半年被实施，各种各样大中小型与资金汇集和调用相关的企业在同一时间被召集到一起形成了一个大型的全国统一新式融资租赁经济中心。在这其中，不仅包括直接相关的产品出租企业，还包括金融管理企业、银行、证券中心以及负责其安全性的法律服务企业，而且在不远的将来政府机构、货币兑换企业也将入驻。这项举措具有十分重大的意义，对整个天津地区来讲，经济和金融将得到极大繁荣和发展。

2018 年中天津外资融资租赁公司注册资本前十强和全国内资试点融资租赁公司注册资本前十强见表 5 和表 6。

表 5　2018 年中天津外资融资租赁公司注册资本前十强

排名	企业	注册年份	注册资本（万美元）
1	中金国际融资租赁（天津）有限公司	2016	226480
2	远东宏信（天津）融资租赁有限公司	2013	72464
3	中民国际融资租赁股份有限公司	2015	65217
4	华美（中国）融资租赁股份有限公司	2015	50000
5	平安国际融资租赁（天津）有限公司	2015	46377
6	宏泰国际融资租赁（天津）有限公司	2013	43478
6	国电融资租赁有限公司	2014	43478
7	中飞融资租赁有限公司	2010	40000
7	央融（天津）融资租赁有限公司	2015	40000
8	中海油国际融资租赁有限公司	2012	39130
8	华能天成融资租赁有限公司	2014	39130
9	天津冠唯租赁有限公司	2015	30000
10	基石融资租赁（天津）有限公司	2012	29999

注：外资租赁企业注册资本按 1∶6.9 的平均汇率折算为美元。
资料来源：中国租赁联盟、天津滨海融资租赁研究院。

表 6　2018 年中全国内资试点融资租赁公司注册资本前十强

排名	企业	注册年份	注册资本（亿元）
1	天津渤海租赁有限公司	2008	221
2	浦航租赁有限公司	2009	126.83
3	中航国际租赁有限公司	1993	74.66
4	中交建融租赁有限公司	2014	50
5	长江租赁有限公司	2004	67.9
6	中电投融和融资租赁有限公司	2014	43.37
7	中远海运租赁有限公司	2013	35
8	中民国际融资租赁股份有限公司	2015	45
9	上海电气租赁有限公司	2006	30
10	华美（中国）融资租赁股份有限公司	2015	34.5

资料来源：中国租赁联盟、天津滨海融资租赁研究院。

二 天津融资租赁行业发展政策环境

（一）国家政策层面

对于整个地区来说，由于天津市东疆融资租赁产业园区的建立，中央会将本地作为一些金融规章的试验点，通过一段时间内政策在本地的执行情况以及带来的收益来观察其可行性，反过来这也给本地的行业发展带来了前所未有的优势。整体来说，中央政府针对天津市港口出入关税情况下达了重要文件，将此政策首先运用于东疆融资租赁产业园区之内，并取得了一定的成功。此外，对行业内的自主选择和研发也提出了一定的要求，要求园区人员应当具有创新精神，将眼界放宽，向世界学习，向国际取经，争取早日为全国本行业发展树立鲜明的典型和榜样形象。国家的这两项举措，正式代表着国家对本园区的重视程度，并在一定程度上为园区的整体发展制定了计划。从此，天津市东疆融资租赁产业园区成为国家政策的典型实验地，在此大形势之下，各种各样的金融规章在此地如雨后春笋般应运而生。

国家金融机构对于各新兴经济产业园区采取积极的支持态度，作为产业园区中的典型来说，天津东疆融资租赁产业园区得到了中央金融机构的大力支持，重点在国际财富融合和企业合作方面下发了一系列的文件批示，独创性地对有关港口运行、金融统筹以及国际合作方面制定了相应的规章，对本土相关领域的发展做出了巨大的贡献。

同时，下发重要政策文件，将某些大型项目的工作具体化。通过此举可将整个产业链的安全性大大提高，同时对于每一个产业节点来说，可以在一定程度上缓解财政压力、降低风险、提高服务质量。

关于税收政策，中央政府对于在天津本地港口进行资金调用和货品租赁的企业的商品税收进行一定数量的退税，这一政策举措减轻了企业的税收负担，使得在本地进行货品出口的成本更低，从而增加了相关产业的交易数量，使得相关业务在一段时间内蓬勃迅速发展，经济实现了繁荣。

中央政府将大量福利政策在本地试验实行，此外，为了更好地实现经济发展，上级机构授权天津市在一定程度上可以自行决定企业的建立，同时在资金和运营方面提供了一定的基础保障，通过降低税务负担、规范税务机制等举措促进企业发展。同时，国家允许本地区企业对贷款进行长中期管理，延长资金借贷时间，以避免企业因资金链断裂而遭遇风险。

中央在整体战略思想上切实为每个本地企业着想，精确统筹资金管理，在政策上最大限度地支持企业的发展；针对高税收的情况，政府扩大保税区接纳范围，将每一个业务具体化、细节化，提高企业运营安全性；对于具体项目，降低税率，以缓解相应的财政压力；提出合理性建议发展大型航空器出租业务，整体上规划相应业务数量，规范产品性能，将每一个子项目与国家整体计划相结合，同时将资金与国家间债务账目结合起来，对于实行融资租赁的商品，完成安全出口之后在一定程度上进行关税退还，使其业务循环进行，在鼓励相关项目进行的同时，保质保量地完成每一次产品出口。

（二）地方政策层面

具体政策如表7所示，在这些政策文件的扶持之下，天津市东疆融资租赁产业园区蓬勃发展，作为全国范围内资金融合和租赁业务的试验园区，为整个行业树立了榜样，为其他地区所效仿，让全国乃至全世界都看到了举措的重要意义和贡献，势必对整个经济和金融局面产生巨大积极影响。

表7　国家有关部门、天津市政府等支持融资租赁发展相关政策

序号	政策文件
1	《国务院关于推进天津滨海新区开发开放有关问题的意见》
2	《天津滨海新区综合配套改革试验总体方案》
3	《中国银监会关于金融租赁公司在境内保税地区设立项目公司开展融资租赁业务有关问题的通知》
4	《天津市人民政府办公厅关于加快我市融资租赁业发展的实施意见》
5	《关于在天津市开展融资租赁船舶出口退税试点的通知》
6	《关于做好融资租赁公司和商业保理公司接入人民银行企业征信系统有关工作的通知》

序号	政策文件
7	《中国(天津)自由贸易试验区天津港(600717)东疆片区关于加快海事金融产业发展(暂行)鼓励办法》
8	《国家税务总局关于印发〈融资租赁船舶出口退税管理办法〉的通知》
9	《工商总局七项政策进一步支持天津滨海新区开发开放》
10	《关于在天津东疆保税港区开展经营性租赁业务收取外币租金试点的批复》
11	《关于促进我市租赁业发展的意见》
12	《国家发展改革委关于印发天津北方国际航运中心核心功能区建设方案的通知》
13	《关于做好融资租赁登记和查询工作的通知》
14	《关于金融支持中国(天津)自由贸易试验区建设的指导意见》
15	《天津市高级人民法院关于审理融资租赁物权属争议案件的指导意见(试行)》
16	《天津东疆保税港区融资租赁货物出口退税管理办法》
17	《天津经济技术开发区促进现代服务业发展的规定》
18	《天津市高级人民法院关于审理动产权属争议案件涉及登记公示问题的指导意见(试行)》
19	《关于租赁企业进口飞机有关税收政策的通知》
20	《关于加快落实国家自由贸易区战略的实施意见》
21	《关于加快融资租赁业发展的实施意见》
22	《最高人民法院关于审理融资租赁合同纠纷案件适用法律问题的解释》
23	《关于加快飞机租赁业务发展的意见》
24	《关于印发〈天津市促进现代服务业发展财税优惠政策〉的通知》
25	《天津市动产权属登记公示查询办法(试行)》
26	《中国人民银行关于使用融资租赁登记公示系统进行融资租赁交易查询的通知》

资料来源：笔者整理。

三 天津融资租赁行业的优势特点

不得不说，天津在资金融合和借贷方面，得天独厚的优势非常重要，这不仅包括本土企业的大力支持和信赖，还包含政府机关在政策上的帮扶，这一切都是不可分割的。再细化一点来讲，下述几点都促进了天津融资租赁行业的蓬勃发展。

（一）先试先行的政策优势

党中央在 1980 年就已经下达了相关文件支持天津市滨海区的企业创新和发展，给予其一定程度上的优先权，这无疑给其带来了巨大的便利。几年后，在航空器和航海器的项目运营方面，中央继续将天津东疆地区作为本项业务创新的试验地区，将一些福利政策优先在本地实施，而东疆地区也不负众望，在履行基本义务、遵守基本准则的前提下，慢慢摸索出一条自己的改革创新之路，配合国家的福利政策，在融资租赁方面树立了优秀的典范，为其他地区提供学习榜样。就拿出口货物的税收返还一例来说，作为国内首个享有该福利政策的地区，东疆地区只要满足国外其他企业向国内租用飞机等超过 5 年的，同时与国内保持着较多领域的业务往来，包括铁路、航海等关键设施，就可以在一定程度上退还其出口时所缴纳的关税。此项政策在天津市东疆地区第一次被试用，无疑大大节约了一些设备的购买和租赁成本，同时也在国际上产生了一定的积极影响，几乎为零的关税增大了开展国际业务的可能性，这不得不说是一项巨大的政策优势。一年时间内，大量的航海设备被天津市本土的一家大型公司所购买，用于其集团内部的石油开采，这项业务在数值上已经达到了非常可观的程度，约 6 亿元，而带来的"奖金"是 1 亿元的关税被退还，这是本项政策的第一次有效试用，获得了一致的认同。接下来的一年内，该公司向香港某轮船租运公司租用了数艘轮船，仍然是一个十分可观的数字。同时这项交易的意义在于这是第一次国内实现不同地区交易双方在不同港口进行航海器买卖租用业务，引发了行业内的一股热潮，导致在接下来的一年之内，这项政策已经为每一个相关企业所熟知，成交金额和所退还的关税总额也已经达到了一个天文数字。这项福利政策无疑带给本行业无穷的潜力和发展机会，极大地缓解了财政压力，发展了地方经济。

2015 年初，天津市有关部门对于如何大力发展本土资金融合和物资租用业务下发了重要文件，其中写道，在政策扶持方面，天津市将继续沿着中央将东疆地区作为优秀试点的做法，大力支持本土关口的业务往来，鼓励本土企业实现制度创新，将业务中的困难障碍以及意见建议及时向政府反映，以便尽早实现更好的市场局面。在本次规章下达中存在着许多实用性极高的福利政策，以下简单举例说明：对港口航海器租赁实施一定程度上的关税退还；对相关落户企业直接进行财力扶持，数额大概在1500万元，会按照其办公面积的大小，发放一定的资金作为安置费；对于大大小小的税务，都在一定程度上进行了优惠和抵扣。同时，政府对相关企业的人才培养和物资引进也十分关注和扶持，为企业发展带来巨大的便利。在这样的大好局面之下，本行业蒸蒸日上，规模也迅速扩大，到2010年企业注册资本已超250亿元，订单总额也十分巨大。同年，天津市政府再一次在政策上进行了尝试和试用，以便适应蓬勃发展的行业局面，大约四年时间内，本行业的各项金融指标持续增长，增长幅度已经达到了极为可观的程度。在这一发展形势的带动之下，我国各大港口城市纷纷效仿天津市政府的有关举措，大力支持本土产业开展资金融合以及租赁业务，在东疆地区的基础上，结合自身的发展特点，走出一条属于自己的业务发展道路。而天津本地在以往政策的基础上，将再一次实现政策的更新换代，以配合不同往日的行业繁荣局面，推动其再一次蓬勃发展。

自从2015年春季东疆地区被划为国内融资租赁典型地区开始，天津市政府在原有基础上，结合目前本行业的繁荣局面，进一步对相关政策文件做出调整，以更好地实现行业发展，包括：在风险保障上加强子公司与母公司的联系，保证资金链有条不紊地运行；在国际上支持本国货币的大范围使用，以带动国际贸易往来并提升我国在国际上的市场知名度，扩大人民币的适用范围，拓宽租赁行业的业务渠道，将我国多个港口城市的业务圈紧密联系起来。国家各个层面大力支持本土行业的发展，在政策上进行扶持，同时在实现行业繁荣的前提之下，致力于提高我国货币和金融政策在国际上的竞争力和知名度，以实现更大范围的国际业务往来。

图1以航空器租用为例，介绍了此项业务享有的国家和天津市政府的福利性文件，这也是其能够在本行业内处于首屈一指地位的缘由。

（二）产业集聚优势

目前，天津正在集中力量发展高端制造产业，如飞机、船舶等，不少先

境内关外：
入区退税，井区
保税，区内自由

出口退税：
融资租赁物视同出口，
享受增值税，消费税
退税

模式完备：
不断完善的单机
公司运营模式

国务院批准的
唯一飞机租赁
试点区

意愿结汇：外汇
资本金，提高收益，
规避风险

税收优惠：
"营改增"减
免税，递延纳税

离岸账户和
外债使用：
简化离岸账户
审批手续，优
先安排外债指标

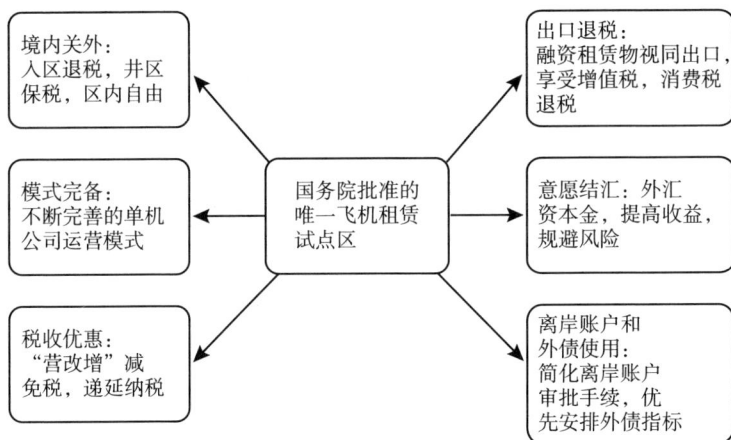

图1　东疆飞机租赁优惠政策示意图

进企业选择在天津落户，使天津逐渐形成了实力雄厚的制造业聚集地。并且，这些产业也是发展融资租赁的最佳产业，凭借着制造业为天津融资租赁带来的得天独厚的优势，当地企业迅速发展转型，顺应政策与发展潮流，积极主动地与制造业相结合，进一步扩大集聚优势。

（三）金融优势

如今，我国从事融资租赁的企业所面临最重要的阻碍来源于融资形式的过度单一化，常见的可使用资金主要包括自由资金、贷款、委托与信托等，这些方式需要较高的融资成本，一旦企业规模进一步扩大，就很可能限制企业的发展。但天津当地企业拥有较强的金融实力，主动开发了一系列新型融资形式，如境外出口信贷、资产证券化等，强有力地扶持着天津的融资租赁行业。

（四）京津冀一体化带来的利好

天津的进一步发展，离不开京津冀一体化政策的不断推进，在政策的支持下，天津正逐渐接收来自北京的医疗、教育、科技、金融等各类资源，而这些资源都十分有助于融资租赁行业的发展。例如，正在起步的医疗设备租赁，将会使天津的融资租赁步入新的台阶。我国将北京定义为政治、文化、国际交往以及科技创新的中心，而非经济中心，这就意味着国内的经济中心将会在其他区域发展。而北方的经济中心则正是天津，特别是在最近几年，其经济高速发展。此外，天津还是国内金融改革的试点地区，更加促进了金融业的进一步发展。伴随着京津冀一体化的进一步推进，未来，天津将会不断承接来自北京的金融资源，这将十分有利于其融资租赁行业的发展。

四 天津融资租赁行业面临的问题

天津东疆融资租赁业的发展也面临一些困难和问题，主要表现在以下几个方面。

（一）立法缺失

目前，国内还没有出台一部专门针对融资租赁的法律法规。融资租赁同时涵盖了金融与制造两个行业的特点，同时在发展中形成了很多属于自己的特色，现行法律体系中的买卖与租赁法律关系都无法全方位地解释融资租赁的特点。同时，国内的相关立法没有对融资租赁给予足够的重视，即使当前已经给出了一定的司法解释，并有部分部门对一些问题给出了解释，也无法从整体上限定融资租赁。可以说，由于立法的缺失，国内融资租赁行业的发展受到了极大的限制。

（二）监管模式有待改进

从目前颁布的有关规定来看，金融融资租赁公司、内资试点融资租赁公司和外资融资租赁三种租赁公司在注册时需要的资本分别为1亿元人民币、1.7亿元人民币以及1000万美元。三者的审批流程也有所不同，内资试点融资租赁公司最长，外资融资租赁公司最短。正是由于后者的审批时间短、限制少、注册要求低，天津东疆有超过九成的公司都是外资融资租赁公司，但其所完成的业务量还不到三成。在监管上，目前执行的是多头监管，银监会负责金融租赁公司，商务部负责其他两类，二者的监管力度不同，具体的执行规则也有所区别，因此限制了融资行业的进一步发展。

（三）在需求端的行业认知度和渗透率较低

目前，有部分企业需要租赁大型设备，但它们还没有深入地了解融资租赁的方式，甚至缺乏最基础的认识，因此，常见的设备购置方式仍以银行贷款为主，忽视了融资租赁的优势。事实上，在很多行业内尤其是设备投资中融资租赁占比仍较小。

（四）业务模式单一

虽然天津东疆在业务模式上尝试了多种创新，但从具体落实的角度来看，最主要的业务模式仍为售后回租，这种方式和银行抵押贷款相类似，并不能真正发挥融资租赁的优势。最能体现租赁行业特点的业务如直接租赁、转租、委托等使用频率不高，随着业务的逐渐发展，业务模式单一的问题越来越突出。对于业务所涉及的领域，则大多为飞机、大型设备、船舶等，而对除此之外的领域鲜有涉及。融资租赁和具体的用户需求需要进一步匹配。另外，在跨境投资以及推动国内制造业的国际化进程上还无法充分体现其作用，也无法有效地促进实体经济的进一步发展。

（五）融资租赁企业仍有待整合

目前，融资租赁行业的发展还处在十分不均衡的状态，大型与超大型企业较少，还有一些企业的规章制度仍不健全，无法有效支持其未来的可持续发展。经营理念存在着不足，更重视产品的投放而忽视管理的重要性，更喜欢"长期、大量、集中"的租赁形式，无法有效地适应不同用户的需求。此外，过分集中在租赁业务的发展，咨询、管理、资产购置等方面都有明显的不足。

（六）风险防范和可持续发展面临挑战

如今，国家与天津市当地政府推出了大量优惠政策，创建了良好的融资租赁环境，使公司数量增速明显。但市场空间、融资方式以及相关人才数量还没有达到与之相匹配的标准，因此更加考验公司是否能够合法地进行租赁工作，是否能够实现可持续的发展战略。此外，相关的风险评估手段、事中事后的处理方式也需要不断完善。

（七）外部发展环境不够完善

虽然目前融资租赁行业的发展前景十分可观，但与其他发达国家仍有一定的差距，如在立法、管理、监督、税收、跨境投资、现金流以及人才管理等方面，还需要进一步学习与完善，尤其是在立法、监管上需要建立完善统一的制度，进一步促进行业合法化，提高行业的国际竞争力。

五 天津融资租赁行业发展的前景展望

政策的支持，为天津东疆的融资租赁行业带来十分广阔的发展前景。

（一）融资租赁业务优势将进一步放大

作为整个金融行业内与实体经济关系最密切的行业，融资租赁会成为实体经济强有力的推进者。随着国家一系列政策的相继提出，天津东疆要逐渐促进我国装备制造业的发展壮大，逐渐走出国门、走向世界，为我国制造业的进一步发展发挥自己的力量。2016年天津颁布了关于融资租赁行业的"十三五"规划，计划指出，到2020年以前，天津市要实现租赁行业总资产超过1.4万亿元，总资产超过1.2万亿元。通过对比近几年的数据可以发现，天津市要在2020年实现1.4万亿元的总资产目标并非难事，但还有一个重要课题是完善行业相关制度，这是推动行业进一步发展的基本要素之一。

（二）融资租赁标的物范围将进一步扩大

飞机租赁是现在天津东疆最核心的租赁品牌，大型设备、船舶、石油钻井平台是其主要特色。而随着融资租赁的不断发展，各行各业都在尝试着进行融资租赁，无形资产、医疗企业等行业也出现了融资租赁的身影。在随后的发展中，天津东疆需要进一步开发新的租赁标的物，拓宽业务范围，如农机、环保机械、高铁动车等方面都可以有所涉猎。随着不断扩大经营范围，能够更加深入地与实体经济结合，促进实体经济进一步发展。

（三）金融改革深化，融资租赁企业的融资成本将进一步降低

作为一个典型的资本密集型行业，融资租赁为了顺利地开展各项业务，就需要庞大的资金支持，因此，需要有效地控制融资成本、拓宽融资渠道。在今后的发展中，天津东疆需要开拓国际化的融资渠道，积极推进利率市场化进程；开辟离岸金融市场，全方位提高国际市场的融资占比；主动尝试利用信托、基金等方式。

（四）税收环境将进一步优化

在今后的发展中，天津东疆需要提出更加优惠的税收政策。根据爱尔兰等国所提出的相关政策，天津东疆尝试出台了一系列优惠税收政策，如减免印花税、降低所得税。在进行税收改革时，需要遵循国际惯例，在保证不会发生利润转移以及税基侵蚀的情况下，研究针对离岸业务的税收政策。不难看出，在未来，天津东疆将会提出更加优惠的税收政策以扶持融资租赁行业的发展。

参考文献

［1］商务部流通发展司：《中国融资租赁业发展报告（2016～2017）》，2017年8月，商务部网站。

［2］田辉：《中国融资租赁业发展现状以及未来发展方向》，国务院发展研究中心，2015年11月。

B.7
上海融资租赁行业发展现状及问题分析

夏陆然　王　师*

摘　要： 依托国际金融中心、商贸中心和航运中心的特殊区位优势，上海融资租赁行业的发展一直领先全国。特别是上海自贸试验区设立运行以来，各项深化改革和扩大开放措施极大地激发了融资租赁市场的主体活力。本报告从行业发展、宏观经济产业环境、政策规划、行业成功案例等多个角度全方位解读上海融资租赁行业的发展现状和动力因素，并基于现状分析，对上海融资租赁行业的发展趋势进行了多方位的判断和预测。

关键词： 融资租赁　自贸试验区　金融开放

上海作为全球金融中心城市和世界排名靠前的国际航运中心城市，融资租赁产业发展一向领先全国。特别是 2014 年上海自贸试验区设立运行以来，以金融和服务业开放为主的一系列改革措施极大地激起投资者对融资租赁行业的热情，上海自贸试验区浦东地区特别是外高桥保税区内的融资租赁企业数量迅猛增长，融资租赁企业规模不断扩大。在机构数量增长的同时，上海融资租赁产业诞生出众多细分领域的龙头企业，展现出更多的行业创新亮点。

---

* 夏陆然，中国社会科学院研究生院博士，特华博士后科研工作站博士后，现就职于交通运输部路网监测与应急处置中心，主要研究方向为"一带一路"与文化关系、政府政策等。王师，北京特华财经研究所研究员，主要研究领域为资本市场、区域产业规划。

一 上海融资租赁行业总体发展状况

（一）上海融资租赁行业主要统计数据排名

2016 年以来，受沿海自由贸易试验区的政策刺激和"一带一路"倡议的带动，国内融资租赁企业开始呈现全国向东部沿海集中、东部沿海向自贸试验区集中的态势。而上海特别是浦东地区作为最早的自贸试验区所在地，融资租赁企业数量持续领先全国其他地区。

据中国租赁联盟和天津滨海融资租赁研究院统计，截至 2018 年中，全国 31 个省份都设立了融资租赁公司。但绝大部分企业仍分布在东南沿海一带，其中广东、上海、天津、福建、浙江、山东、江苏、北京 8 个省市的企业总数约占全国的 89%。广东省由于包括深圳前海众多外商系融资租赁公司，所以在机构总数方面超过上海和天津，位居全国第一（见表 1）。

表 1　2018 年中全国融资租赁企业数量分布前十省市

单位：家，%

位次	省市	金融租赁企业数量	内资租赁企业数量	外资租赁企业数量	总数量	总数占比
1	广东	6	29	3733	3768	35.51
2	上海	10	25	2160	2195	20.69
3	天津	11	94	1722	1827	17.22
4	福建	2	10	381	393	3.70
5	浙江	4	22	363	389	3.67
6	山东	3	19	311	333	3.14
7	江苏	5	23	260	288	2.71
8	北京	3	27	225	255	2.40
9	陕西	0	25	176	201	1.89
10	重庆	3	5	75	83	0.78
	全国	69	366	10176	10611	100

资料来源：中国租赁联盟、天津滨海融资租赁研究院。

　　上海融资租赁增量企业主要集中于浦东新区自贸试验区内的外高桥保税区，受自贸试验区对外资融资租赁投资审核趋严的影响，2018 年上半年上海融资租赁机构数量增长有所放缓，但总数依然高居全国省级行政区第二位，占据全国机构总数的 1/5 左右。从注册资本规模分布来看，2016 年末上海融资租赁企业注册资本总体规模接近 6000 亿元，远远超过包括深圳在内的广东全省，2017 年和 2018 年没有相关统计数据，但考虑到深圳前海融资租赁企业普遍成立时间较晚，注册资本很难在短期内落实到位，实际注册资本规模依然是上海领先。

　　上海在金融租赁公司数量上依旧维持领先地位，共有 10 家金融租赁公司，仅次于天津。随着全国各地更多省份争相申请金融租赁牌照，上海和天津在金融租赁公司数量上的垄断优势不断被稀释。但上海总部的金融租赁公司大部分开业时间较早，股东基本上是全国性的金融控股集团（以股份制商业银行为主），业务规模和综合实力都比中西部省份后来成立的金融租赁公司强大。具体地区分布比例见图 1 至图 4。

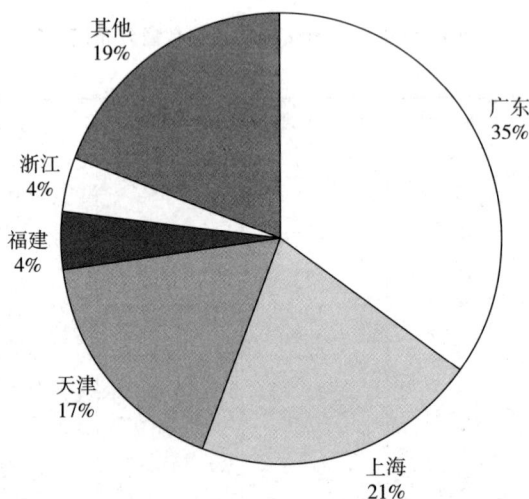

图 1　2018 年中全国融资租赁行业机构家数地区分布

资料来源：中国租赁联盟、天津滨海融资租赁研究院。

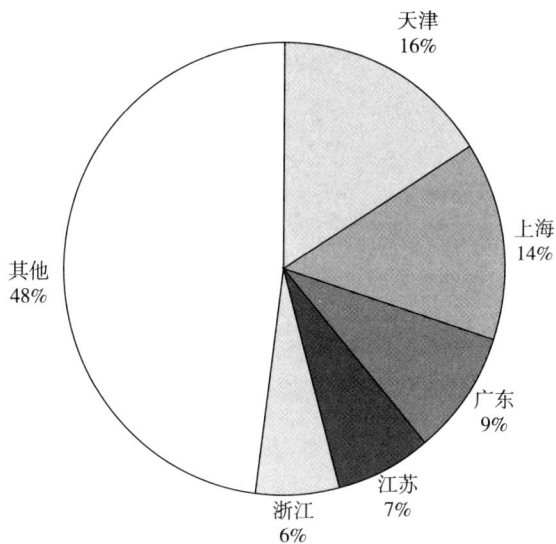

图 2　2018 年中金融租赁公司数量地区分布

资料来源：中国租赁联盟、天津滨海融资租赁研究院。

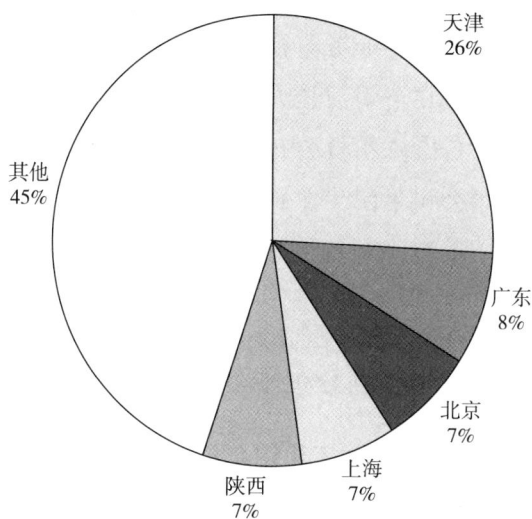

图 3　2018 年中内资试点融资租赁公司数量地区分布

资料来源：中国租赁联盟、天津滨海融资租赁研究院。

145

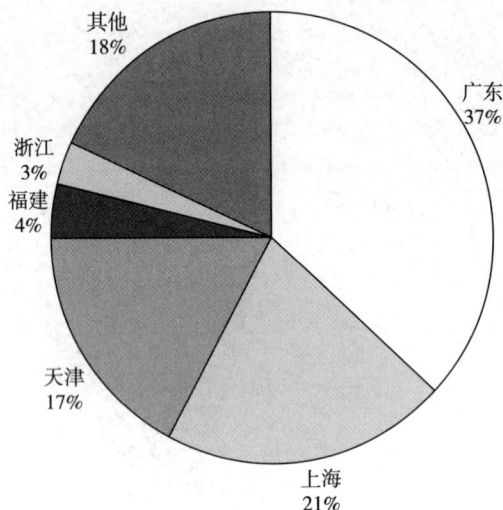

图4　2018 年中外资融资租赁公司数量地区分布

资料来源：中国租赁联盟、天津滨海融资租赁研究院。

内资试点融资租赁公司一直以来都是天津的强项，上海此类融资租赁机构无论是在数量还是在业务规模上都不突出。如前文所述，关于外资融资租赁公司，上海在公司数量方面被深圳前海和珠海横琴反超，但是后两地新注册的外资融资租赁公司很大部分是没有实质业务的空壳公司。而真正隶属跨国公司集团，在我国大规模开展相关业务的厂商融资租赁企业主要集中于上海（如后文介绍的新迁入自贸试验区的沃尔沃中国公司）。

（二）行业龙头企业排名分布

在以注册资金为序的全国融资租赁企业 50 强排行榜中，有 110 家企业入围。其中总部注册在上海的有 25 家，入围公司总数和天津不相上下，属于第一阵营。特别值得注意的是，上海入围全国融资租赁注册资本 50 强企业中，类型分布十分多样，25 家公司中外资融资租赁公司最多，有 13 家，内资试点融资租赁公司 6 家，金融租赁公司 6 家，数量分布十分均衡（见表

2）。相比之下，深圳融资租赁公司中，注册资本规模较大的基本上是外资融资租赁公司，而中西部省会城市则更多是金融租赁公司。

表2　2018年6月底全国融资租赁企业注册资本50强（注册地上海）

排名	公司名称	分类	注册年份	最新变更注册资本金（亿元）
3	浦航租赁有限公司	内资试点融资租赁	2009	126.83
5	远东国际租赁有限公司	外资	1991	125.35
6	平安国际融资租赁有限公司	外资	2012	122.11
8	芯鑫融资租赁有限公司	外资融资租赁	2015	106.5
9	上海易鑫融资租赁有限公司	外资融资租赁	2014	103.5
12	交银融资租赁有限公司	金融租赁	2014	85
16	中航国际租赁有限公司	内资试点	1993	74.66
17	中良融资租赁有限公司	外资融资租赁	2014	70.6
18	海通恒信国际租赁股份有限公司	外资融资租赁	2004	70
19	上海金昊阳融资租赁有限公司	外资融资租赁	2015	69
21	招银金融租赁有限公司	金融租赁	2007	60
27	招银行航空航运金融租赁有限公司	金融租赁	2015	50
27	浦银金融租赁有限公司	金融租赁	2011	50
27	中交建融资租赁有限公司	内资试点融资租赁	2014	50
27	太平石化金融租赁有限公司	金融租赁	2014	50
27	石投（上海）融资租赁有限公司	外资融资租赁	2016	50
31	中电投融和融资租赁有限公司	内资融资租赁	2014	43.37
39	中远海运租赁有限公司	内资融资租赁	2013	35
40	檀实融资租赁（上海）有限公司	外资融资租赁	2014	34.5
40	晟华（上海）融资租赁有限公司	外资融资租赁	2015	34.5
43	上海一嗨汽车租赁有限公司	外资融资租赁	2008	32.29
46	上海电气租赁有限公司	内资试点融资租赁	2006	30
46	农银金融租赁有限公司	金融租赁	2010	30
46	上海祥达融资租赁有限公司	外资融资租赁	2014	30
48	中永顺融资租赁（上海）有限公司	外资融资租赁	2015	27.6

资料来源：中国租赁联盟、天津滨海融资租赁研究院。

二　上海融资租赁行业发展的经济、产业和社会环境分析

本部分首先对与上海融资租赁行业发展相关的主要区域经济指标数据进行分析，统计数据主要包括宏观经济增长、工业部门、固定资产投资、运输物流业以及金融业。

（一）宏观经济和财政税收

2017 年上海市实现 GDP 30134 亿元，同比增长 7.3%。在三次产业构成比重中，第三产业增加值突破 20500 亿元，占比超过 70%，成为名副其实的支柱产业，第三产业增加值增速高达 7.5%。反观第二产业，增速较低，比重进一步降低。上海市常住人口人均地区生产总值为 12.5 万元，在一线城市中排名较为靠后，但上海产业结构优化的趋势进一步明显。

从发展阶段来看，上海已经进入后工业化发展阶段，第三产业成为经济增长的主要来源。区域经济发展形态的重大变化，意味着上海融资租赁企业无法继续通过原有的业务形态开发上海当地市场，行业发展面临重大的转型需求。

（二）工业经济

工业部门和工业企业是融资租赁行业最主要的承租人客户来源，也是主要的租赁标的物供应者，一个地方的工业总体发展水平直接决定了融资租赁企业的业务开展水平。根据 2016 年各个主要城市工业生产的经济数据，苏州市在工业总产值方面超越上海成为全国工业产值第一大城市。上海虽然工业产值规模相对减少，但依然是维系了 100 多年的近现代中国最大的综合性工业城市。与全国其他地区相比，上海工业在发展水平、技术含量和产业竞争力方面一直领先。从产业结构和所有制结构来看，与深圳等新兴产业城市相比，上海工业市场的主体构成和行业部门构成都较为均衡和合理。

从表 3 中可以看出，上海和深圳的工业企业中，内资比重都比较低，而

上海工业内资比重最低，同时上海非港澳外商投资企业比重明显高于深圳和全国其他地区，工业企业生产经营国际化趋势明显。

表3　2016年上海与全国和深圳工业主要统计指标对比

单位：%

对比内容		全国	深圳	上海
工业产值所有制结构				
1.1	内资比重	78.40	58.79	38.53
	——股份有限公司比重	8.96	26.12	6.59
	——私营公司比重	35.39	19.37	11.57
1.2	港澳台侨资比重	8.56	26.51	13.61
1.3	外商投资比重	13.04	14.7	47.86
工业产值按照轻重工业				
2.1	轻工业		22.29	21.93
2.2	重工业		77.71	78.07
工业产值按照工业企业规模①				
3.1	大型企业	37.66	63.15	51.99
3.2	中型企业	24.72	18.95	21.09
3.3	小型企业	37.62	17.9	26.92
工业产值按照大类行业规模				
4.1	第一大类行业	计算机通信和其他电子设备制造业	计算机通信和其他电子设备制造业	汽车制造业
	行业比重	8.60	59.02	17
4.2	第二大类行业	化学原料和化学制品制造业	电气机械及器材制造业	计算机通信和其他电子设备制造业
	行业比重	7.53	8.53	16.35
4.3	第三大类行业	汽车制造业	文教工美体育和娱乐用品制造业	化学原料和化学制品制造业
	行业比重	7.02	3.48	7.91
4.4	第四大类行业	电气机械及器材制造业	电力热力的生产和供应业	通用设备制造业
	行业比重	6.35	2.96	7.90

资料来源：课题组根据统计年鉴等公开资料整理。

① 根据统计部门统计口径，规模以上工业企业的工业产值门槛为2000万元。其中小型企业标准为营业收入小于4000万元，中型企业营业收入标准为4000万~40000万元，大型企业为大于40000万元。

从工业企业规模分布特征来看，上海和深圳总体上都是大企业主导的倒金字塔形态，但是上海工业企业产值集中程度并没有深圳显著，依然存在大量中小制造企业。

从行业构成来看，上海是一个重工业主导的城市。相较于深圳的电子信息一业独大，各个主要工业部门的产值构成比例较为均衡。总体呈现以电子信息、汽车装备制造和化工冶金轻工为主的产业格局。

总体来讲，上海的工业产业构成格局基本反映出上海工业的极高开放程度和发展水平。从融资租赁产业发展的角度来看，上海很难成为融资租赁产业快速成长的市场，但是作为产业结构多样优化的典范，可以作为融资租赁与实体产业深度融合、互相渗透，进行业务模式创新的理想地。

（三）固定资产投资

固定资产投资是拉动经济增长的主要方式，也是融资租赁这一金融工具发挥作用的主要领域。2017 年，上海固定资产投资额为 7246.6 亿元，固定资产投资占同期国内生产总值的比重，属于全国最低水平，具体构成情况如表 4 所示。

表4   2016 年上海与深圳及全国固定资产投资主要统计指标对比

单位：%

		全国	上海	深圳
固定资产投资所有制结构				
1.1	内资比重	95.70	82.27	83.02
	——国有比重	21.28	27.30	22.85
	——非国有比重	74.42	54.97	60.17
1.2	港澳台侨资比重	2.35	9.82	11.66
1.3	外商投资比重	1.95	7.91	5.31
固定资产投资按照行业划分				
2.1	制造业	30.99	13.65	15.14
2.2	交通运输	8.86	10.31	10.96
2.3	房地产	23.47	59.07	51.39
2.4	公共基础设施	11.32	7.78	8.26

		全国	上海	深圳
固定资产投资按照资金来源				
3.1	国家预算内	5.87	6.14	8.01
3.2	国内贷款	10.89	22.87	20.53
3.3	自筹资金	67.08	32.54	42.46
3.4	其他资金	16.16	38.24	28.98

资料来源：课题组根据统计年鉴等公开资料整理。

从固定资产投资所有制结构来看，上海除了外商投资比重较高外，与其他地区区别不大。但从投资行业构成看，上海由于已经完成工业化进程，制造业投资比重不高。基础设施投资比重与全国总体水平相当。上海本地固定资产投资主要来源是房地产开发，这部分固定资产投资的融资需求显然是无法通过融资租赁实现的。

（四）交通运输物流业

交通运输和物流行业是国民经济运行的重要命脉，该行业需要大规模的固定资产投资，因此也是融资租赁行业的主要服务领域。上海作为全国最大的商贸流通枢纽和外贸口岸城市，物流产业发展水平一直全国领先（见表5）。

表5　2016年上海与全国交通物流行业主要统计指标对比

指标	2016年全国	2016年上海	占全国比重（%）
公路货运量（万吨）	3341259	39055	1.17
公路周转量（亿吨公里）	61080.1	282	0.46
民航货运量（万吨）	668	387	57.93
机场旅客吞吐量（万人次）	101635.7	5381	5.29
港口吞吐量（万吨）	810933	70177	8.65
物流交运行业从业人员（万人）	849.5	89.73	10.56
物流交运行业增加值（亿元）	33649.1	1237.32	3.68
国内生产总值（亿元）	744127.2	28178.65	3.79

资料来源：课题组根据统计年鉴等公开资料整理。

从上海物流行业上述统计数据与全国同期数据对比来看，虽然上海物流行业发展水平全国领先，但物流从业人员数量占比明显高于物流总量以及产值占比。其可能的原因是，上海作为全国进出口商品集散中心，特别其是外贸跨境电商行业，需要大量的仓储配送和中转环节，由此产生大量的人力密集型的物流服务，导致作业人员的劳动生产效率低于以大宗资源运输为主的内陆地区物流行业。

事实上，虽然上海物流行业涌现出"四通一达"等民营快递龙头企业以及德邦、远成、佳吉等公路货运龙头企业，但本地3万多家物流及相关行业企业大部分是小微企业，对设备的融资需求强烈。随着人力成本不断上升，传统依靠人力投入的发展方式需要转型升级，由此产生大量对物流设备的融资需求，这将是上海融资租赁行业一个具有成长潜力的发展方向。

（五）金融行业

上海作为全国金融中心城市，主要金融产业发展指标领先于全国。特别是成熟的消费信贷产业，2016年汽车消费信贷余额高达2000亿元以上，相当于每个常住人口都承担1万元以上的汽车消费信贷。这反映出即使在限号限行的政策导向下，上海本地汽车消费热情依然很高，而上海本地消费者对汽车金融模式较为接受，同时消费主体普遍信誉状况良好。因此汽车消费金融将是上海融资租赁企业未来重点关注的行业领域。

另一项值得注意的统计数据就是上海当地证券交易市场高度发达，这为融资租赁企业获得资本市场及场外市场的融资提供极大便利。2016年上海金融业主要指标见表6。

表6　2016年上海金融业各项主要统计指标

单位：亿元

指标项目	金额
保险业	
——保费收入	1529.26
——理赔支出	528.77

指标项目	金额
内资银行业	
——年末存款余额	103141.88
——年末贷款余额	55423.56
外资银行业	
——年末存款余额	7425.59
——年末贷款余额	5479.69
个人信贷	
——住房按揭贷款余额	11141.86
——汽车消费贷款余额	2596.32
金融市场交易	
——上交所交易额	2838724.47
——期货交易所交易额	849774.9
——银行间市场交易额	9601511.38
——黄金交易所交易额	174413.43

资料来源：课题组根据统计年鉴等公开资料整理。

三　上海融资租赁行业政策环境分析

（一）政府规划相关内容

上海的地方经济和产业规划，一直以来都是围绕建设国际金融中心和国际航运中心的"两个中心"目标展开。融资租赁作为两大中心建设过程中的交汇部分，一直被放在核心位置。上海自贸试验区的发展规划和方案中，融资租赁业被作为重点领域进行专项研究。

1.《上海市服务业发展"十三五"规划》

2016年末，上海市人民政府办公室印发上海服务业发展规划，其中有专门部分内容提到融资租赁发展。

在关于大力发展生产性服务业、推动生产性服务业向专业化和高端化拓展部分，规划中提出："开展科技保险、科技担保、知识产权质押、专利许可收益权证券化、设备租赁业务等服务，探索投贷结合的融资模式，探索融资担保基金补偿机制创新……加快发展总集成总承包、供应链管理、融资租赁、电子商务、服务外包等生产性服务业……加快发展重大装备领域的融资租赁服务和中小企业的融资担保服务，引导租赁企业加强与银行、保险和信托等金融机构的合作，打造长三角融资租赁产业基地。"

2.《上海金融领域"十三五"人才发展规划》

2015 年末，上海市政府金融工作委员会制定出台有关上海金融行业人才相关规划，其中与融资租赁行业有关的包括以下内容。

"加大海外高层次金融人才引进力度……开辟常态化的海外金融人才引进渠道……打造一批与国际接轨、具有较高培训能级的金融人才国际化培训和实践基地……在出入境、通关、居留、子女就读等方面为引进海外金融人才提供便利……加大紧缺金融人才开发力度……"上述规划内容的落实，将对上海融资租赁企业吸引和留住高端国际化人才起到巨大的促进作用。

3.《上海国际航运中心建设三年行动计划（2018～2020）》

上海市人民政府办公厅于 2018 年 6 月印发此项规划，规划中提出要大力发展航运金融，"发挥航运保险协会作用，深化航运保险注册制改革，拓展航运保险指数功能，发布航运保险纯风险损失表。探索研究上海港巨灾风险管理机制。完善融资租赁登记、查询和配套司法配套服务，研究出台有关融资租赁的财政扶持政策，促进航运融资租赁业务发展。依托自贸试验区，协调解决融资租赁飞机实际入区问题。推动在沪金融机构和航运专业机构合作，发展航运金融衍生品业务。"

4.《中国（上海）自由贸易试验区保税区片区发展"十三五"规划》

2017 年 9 月，上海浦东新区政府印发了外高桥保税区和浦东机场保税区的经济社会发展规划，其中关于融资租赁行业的内容如下："发展航运金融服务。鼓励金融机构发展船舶融资、航运基金、航运保险等航运金融业务……浦东机场综合保税区打造以融资租赁为主的金融集聚区……深化融资租赁资产交易服务平台建设，完善境内外融资租赁资产的物权、债券和股权的交易规则，打造融资租赁全产业链。优化监管模式，大力发展飞机和船舶融资租赁，拓展大型装备、医疗器械设备等融资租赁。支持金融租赁公司和融资租赁公司在区内设立专业子公司，促进融资租赁公司专业化发展。"

5.《关于创新驱动发展巩固提升实体经济能级的若干意见》

2017年5月上海市人民政府办公室印发此项文件，其中与融资租赁有关的内容如下："强化事中事后监管。全面建成事中事后综合监管平台，加强信息互联共享，健全跨部门监管协调机制。完善市公共信用信息服务平台功能……大力促进产融结合……推动金融机构和制造业企业发起设立金融租赁公司……建立产融信息对接合作平台……"

（二）优惠政策措施解读

1.融资租赁行业发展政策条文

2016年以前，上海全市层面没有专门出台针对融资租赁行业和机构的支持奖励政策，只有各个区县出台对本地融资租赁机构的奖励扶持措施，其中以浦东新区的政策内容最为详细，补贴力度最大[①]。

随着上海融资租赁产业规模不断扩大，机构数量不断增多，相关问题不断凸显。2016年8月15日，上海市人民政府办公厅出台《关于加快本市融资租赁业发展的实施意见》（沪府办发〔2016〕32号），贯彻落实国务院办公厅《关于加快融资租赁业发展的指导意见》（国办发〔2015〕68号）。实施意见确立了到2020年以前上海市融资租赁行业的发展目标，并从培育主体拓宽领域、自贸引领行业集聚、制度创新优化环境、政策扶持完善体系、公共服务风险防范5个方面，细化工作任务，明确责任分工，完善保障措施，促进融资租赁行业持续健康发展。

其中与融资租赁企业机构开展经营活动直接相关的奖励措施包括以下几条。

---

① 本系列皮书第一本区域篇中对此有专门的比较介绍，此处不再展开论述。

资金支持——设立专项资金，鼓励和支持融资租赁公司开展业务运作，扩大资产规模，丰富资产类型，服务实体经济，促进和带动经济发展。

注册设立子公司和SPV——允许融资租赁公司以绝对控股方式设立单机单船等特殊项目公司，允许隶属同一母公司的单机单船等特殊项目公司实行住所集中登记。

外债借入——放宽内资融资租赁试点企业举借外债资格条件中的外贸进出口权、净总资产比例以及盈利状况等的限制。

跨境人民币融资——自贸试验区内融资租赁公司可按照《中国人民银行关于在全国范围内实施全口径跨境融资宏观审慎管理的通知》（银发〔2016〕132号）等规定，办理本外币跨境融资业务。

便利通关——对注册在自贸试验区海关特殊监管区域内的融资租赁公司进出口飞机、船舶和海洋工程结构物等大型设备涉及跨关区的，在确保有效监管和执行现行相关税收政策前提下，按照物流实际需要，努力协调异地监管，便利通关手续。

税收支持——落实国家融资租赁相关税收政策，对开展融资租赁业务（含融资性售后回租）签订的融资租赁合同，按照其所载明的租金总额，比照"借款合同"税目计税贴花。

行业企业融资——积极鼓励融资租赁公司通过债券市场募集资金，支持符合条件的融资租赁公司通过发行股票和资产证券化等方式筹措资金。支持融资租赁公司通过境内外资本市场上市融资，支持融资租赁公司通过全国中小企业股份转让系统、上海股权托管交易中心挂牌融资。鼓励股权投资基金、创业投资基金等各类资金进入融资租赁业。鼓励保险资金通过投资股权投资基金等方式支持融资租赁业发展。

除了上述主要几个政策支持领域，该实施意见在机构引入、新设机构注册监管、行业准入资质管理、行业兼并重组整合、海外扩张、中介配套服务机构、租赁物登记公示制度、人民银行征信系统接入等方面做出了详细的规定。

2. 上海自贸试验区金融改革扩大开放的相关政策

2015年10月30日，央行、证监会等多部门联合发布《进一步推进中国（上海）自由贸易试验区金融开放创新试点 加快上海国际金融中心建设方案》（下称《方案》）。《方案》共 40 条，对推进上海自贸试验区的金融开放做出相关部署，其重点放在人民币资本项目可兑换、人民币跨境使用、金融服务业开放和建设面向国际的金融市场、加强金融监管等方面。上述开放政策对上海特别是自贸试验区内的广大融资租赁企业，具有重要的现实意义。

方案的主要政策条款中与融资租赁企业的业务密切相关的包括以下几条。

第五条——"建立健全自贸试验区内宏观审慎管理框架下的境外融资和资本流动管理体系"。这一条措施将融资租赁企业对外融资管理和监管体系更加细化具体，有助于融资租赁企业境外融资风险管控。

第六条——"创新外汇管理体制，探索在自贸试验区内开展限额内可兑换试点"。这一条措施有助于外资融资租赁公司的境外投资者更加自由灵活地选择外汇资本金结汇时点，避免外汇市场波动的风险。

第九条——"拓宽境外人民币投资回流渠道。创新面向国际的人民币金融产品，扩大境外人民币境内投资金融产品的范围，促进人民币资金跨境双向流动"。这一政策设计的初衷是扩大境外人民币资金回流，而境内融资租赁公司在海外市场进行离岸人民币融资，以及境外融资租赁机构向境内企业发放离岸人民币为单位的融资租赁融资款，都是文中所述"回流渠道"的重要组成部分。

第十条——"支持民营资本进入金融业，支持符合条件的民营资本依法设立民营银行、金融租赁公司、财务公司、汽车金融公司和消费金融公司等金融机构"。这一政策将促使更多的境内投资主体在自贸试验区内设立融资租赁机构，加快自贸试验区内融资租赁机构的聚集，通过增加金融租赁公司数量改善融资租赁企业结构。

第十三条——"支持在自贸试验区内按照国家规定设立面向机构投资者的非标资产交易平台"。目前国内融资租赁企业缺少一个全国性的资产交易转让市场，以融资租赁业务收益为标的的非标资产，在自贸试验区内如果建成专业化的交易转让平台，将极大地满足国内融资租赁企业的资产转换和融资需求。

第三十六条——"支持人民银行和外汇局加强自贸试验区金融监管服务能力建设，探索本外币一体化监管体系"。监管体系创新和改革，将切实优化国内融资租赁企业经营外汇资产业务或者海外业务的外部环境，有利于行业健康有序发展。

第三十九条——"积极完善金融发展环境。上海市人民政府会同有关部门研究制定进一步完善金融信用制度建设等方案"。融资租赁行业发展一个重大的现实制约因素就是统一的信用信息平台缺失，因此自贸试验区在今后相当长一段时间内，行业发展基础环境建设的重点就是打造覆盖融资租赁全行业和所有市场主体的信用体系信息平台。

四 上海融资租赁行业成功案例介绍

（一）行业龙头企业

1. 仲利国际租赁有限公司

隶属台湾最大金控集团中信金旗下的台湾租赁业龙头企业中租控股公司，于2005年在上海设立全资子公司仲利国际租赁有限公司。公司成立运营13年来，利用母公司集团丰富的业务管理技术经验，借助庞大的外商客户资源优势，不断拓展业务网络和客户业务类型，实现融资租赁业务累计标的额逾700亿元人民币，服务客户企业超过2万家。该公司还设立了贸易服务子公司，是外资融资租赁公司多元化经营的成功典范。

仲利国际租赁公司从2005年进入中国大陆市场之后，最开始服务于内地台商企业，后来逐步扩展业务范围，将主要客户群体聚焦于中小民营制造业企业，主营业务为企业生产设备租赁。公司不仅迅速成长成为中国大陆市场上最大的台资融资租赁企业，也是业内少有的专门服务于中小民营制造企业的专业化大型融资租赁企业集团。该公司除了开展传统的融资租赁直租和售后回租业务外，还通过与众多制造设备厂商建立合作关系，设立了仲利国际贸易公司，用于融资租赁业务形成的二手设备处置，并依托设备融资租赁业务开拓商业保理业务以及设备维护、零配件进口等增值服务。公司同时开设了商务车辆租赁部门，用来满足在沪台企机构以及其他外商机构的临时用车需求。

仲利国际租赁有限公司的母公司中租控股公司的前身为1979年始创于台北的"中国租赁股份有限公司"，提供以资产为基础的多元化融资服务。公司的业务机构分布于中国台湾、中国大陆、东南亚及美国、日本等国家和地区。中租控股股份有限公司在2011年末登录台湾证券交易所主板市场，股票代码TW.5871，证券简称为"F-中租"，成为全台湾租赁业者中首家在资本市场上市融资的企业。

根据中租控股股份有限公司2017财年的公司年报（台湾股市上市公司没有半年报），截至2017年末公司十大股东如表7所示。

表7　截至2017年12月31日中租控股股份有限公司（TW.5871）前十大股东构成

序号	股东名称	直接持股数量（股）	占已发行普通股比例（%）	股份性质
1	台北富邦商业银行受托保管三菱日联租赁株式会社投资专户	45302400	3.58	外国机构法人
2	TFO环球市场基金	44044000	3.48	外国机构法人
3	群益金鼎证券受托保管太平洋成长基金投资专户	39596446	3.13	外国机构法人
4	长期资本策略投资管理基金	37752000	2.99	外国机构法人
5	中实投资股份有限公司	35307265	2.79	其他法人
6	远东巨龙投资基金	31692488	2.51	外国机构法人
7	LTG资本创业基金	31460000	2.49	外国机构法人
8	迈凯立环球投资基金	31460000	2.49	外国机构法人
9	仲安投资股份有限公司	30000000	2.37	其他法人
10	仲安科技股份有限公司	28606561	2.26	其他法人
	其他各类股东	910220266	71.91	

资料来源：雅虎台湾财经资讯。

公司实际控制人为辜仲立，从属于台湾五大金控家族的中国信托金控集团，集团所属的台湾中国信托商业银行是台湾最大的民营银行。按照业务规模和实收资本规模，该公司是台湾三大融资租赁龙头之一。

根据公司财务报告，2017 财年公司盈利和资产状况如表 8 所示。

表 8　中租控股股份有限公司 2017 年财务报表主要信息

2017 会计年度上市公司营收利润表		2017 会计年度上市公司资产负债表	
项目	金额（新台币千元）	项目	金额（新台币千元）
营业收入	41454699	总资产	327576685
营业毛利	25709410	其中：流动资产	251522147
营业损益	12857303	总负债	271412684
营业外收入	696109	其中：流动负债	212945090
税前净利	13553412	所有者权益	56163821
净利润	9526474		

资料来源：雅虎台湾财经资讯。

公司业务经营情况如表 9 所示。

表 9　2017 年中租控股股份有限公司业务收入构成

收入构成	金额（新台币千元）	占比（%）
设备销售	8289471	20
分期付款销售利息	7610318	18
融资租赁利息	9781840	24
租赁业务租金	3080320	7
对外借款利息	3176652	8
其他利息	3191904	8
其他营收	6324194	15
总　计	41454699	100

资料来源：雅虎台湾财经资讯。

从收入构成情况来看，中租控股的收入既包括融资租赁业务、经营性租赁业务，也涉及设备贸易销售、消费金融及其他信贷业务。

2017 年公司收入的地域构成如表 10 所示。

表10　2017年中租控股股份有限公司区域收入构成

地区	营业收入(新台币千元)	占比(%)
台湾本部	19411071	47
中国大陆	18134092	44
泰国	2644869	6
其他国家和地区	1264667	3
总　计	41454699	100

资料来源：雅虎台湾财经资讯。

中租控股股份有限公司的最大收入地区还是台湾本部，但是面向中小制造企业的设备融资业务，主要集中于大陆市场（即仲利国际租赁有限公司）。根据公司年报信息，截至2017年底，中国融资租赁合同余额约人民币60600亿元，其中外资融资租赁公司约19000亿元人民币。该公司的大陆子公司仲利国际租赁有限公司的租赁合同余额约为人民币189亿元，大致在所有融资租赁公司中占0.3%，在外资融资租赁公司中占1%。

2.交银金融租赁有限责任公司

交银金融租赁有限责任公司成立于2007年12月，是经中国银行业监督管理委员会批准设立的首批5家拥有银行背景的金融租赁企业之一，是交通银行全资控股的子公司，注册资本70亿元人民币，注册地在上海。截至2015年12月，总资产超过1400亿元。

交银金融租赁有限责任公司作为成立较晚的银行系融资租赁企业，企业的战略定位和目标紧密围绕交通银行的总体战略。公司成立之初，就以交通银行集团"全球视野、稳健专业、协同共赢"的经营理念，充分利用交通银行作为国内历史最悠久的商业银行的特殊资源优势，确立了"差异化""个性化"的融资租赁业务推广方案。公司在融资租赁业务产品服务设计上充分考虑到客户不同层次的需要，为企业客户提供灵活高效的金融租赁整体服务方案。其业务模块主要划分为煤炭电力等公用事业、各种类型的能源工程设备、城市水务燃气等基础设施、工程机械等装备制造厂商租赁、飞机车辆船舶等陆地航空航运交通装备，特别是交通装备融资租赁方面做得有声有色，充分体现了交通银行的企业品牌定位和特色。

交银金融租赁有限责任公司在业务发展规模实现超常规高速增长的同时，资产盈利能力、资产风险控制、流动性管理和不良信贷控制等关键性经营管理指标在行业中均排名靠前，成为国内融资租赁产业领域和银行系金融租赁公司中的第一方阵领头羊。

作为上海本地金融机构，交银金融租赁有限责任公司积极开拓自贸试验区的业务机会。早在自贸试验区运作第一年，2014 年 10 月经监管部门审批同意后，交银金融租赁有限责任公司于上海自贸区内设立注册资本为人民币 15 亿元的全资控股的专业子公司，子公司主要开展航空器有关租赁业务。该公司利用最近几年上海自贸试验区的政策优势，在开展对外融资租赁业务方面取得重大突破，资产规模增长迅速。截至 2017 年 6 月末，交银航空航运租赁资产规模已达人民币 635 亿元。随着交银金融租赁自贸试验区航空融资租赁业务的不断扩张，子公司面临注册资本规模不足的瓶颈，于是 2018 年初母公司交银金融租赁公司向上海自贸试验区内的专业子公司进行增资，使其注册资本从 15 亿元提升至 82 亿元，成为全国注册资本规模最大的融资租赁专业子公司。

根据公司金融债券信用评级公告，2017 年公司业务经营情况及主要财务指标如表 11 所示。

表 11　2017 年交银金融租赁公司主要财务数据

2017 年交银租赁财务报表摘录		2017 年交银租赁主要财务监管指标	
财报内容	金额（人民币千元）	财务指标	（%）
货币资金	5718431	平均资产回报率	1.25
应收融资款净额	115318190	平均资本回报率	14.22
经营性租赁资产净值	69948370	应收融租租赁款不良率	0.97
总资产	207243372	不良贷款拨备覆盖率	293.12
总负债	188413071	资本充足率	10.44
所有者权益	18830301	资产负债率	90.91
融资租赁收入	5056960		
利润总额	3074171		
净利润	2410290		

2017 年交银租赁财务报表摘录		2017 年交银租赁主要财务监管指标	
财报内容	金额（人民币千元）	财务指标	（%）
货币资金	5718431	平均资产回报率	1.25
应收融资款净额	115318190	平均资本回报率	14.22
经营性租赁资产净值	69948370	应收融租租赁款不良率	0.97
总资产	207243372	不良贷款拨备覆盖率	293.12

资料来源：公司于中国银行间市场发布的 2018 年融资公告。

3. 浦航租赁有限公司

浦航租赁有限公司（原名大新华船舶租赁有限公司，于 2013 年 2 月完成工商变更）系海航集团旗下海航资本（控股）有限公司全资子公司，专业从事船舶资产与航运类基础设施融资租赁业务。公司于 2009 年 10 月在上海市浦东机场综合保税区注册成立，注册资本 17 亿元人民币，同年 12 月获得了由商务部批准的第六批内资融资租赁试点企业资质。

截至 2016 年 12 月 31 日，公司总资产为 236.5 亿元，净资产为 130.3 亿元，2016 年度实现主营业务收入 51847.55 万元，实现净利润 1.09 亿元。其股东有宁波航信智源共赢股权投资合伙企业、海航租赁控股（北京）有限公司、天津盛祥投资合伙企业（有限合伙），以及天津燕山航空租赁产业股权投资合伙企业（有限合伙），分别持股 39.60%、37.06%、15.77% 和 7.57%。公司股东于 2016 年对公司进行增资，浦航租赁注册资本从 2016 年初的 76.6 亿元增到 126.8 亿元。截至 2017 年中，在全国所有融资租赁公司注册资本金排名中位列第三，位列上海所有融资租赁公司注册资本金第一。同时，公司也是全国内资试点融资租赁公司中注册资本规模最大的。

浦航租赁依托海航集团庞大的金融板块和物流板块资源，主要业务范围为与航运相关的远洋船舶租赁，租赁船舶种类包括超大油轮 VLCC、大尺寸集装箱船、各类干散货船、冷冻船及海洋工程船舶等。融资租赁服务业务类型涵盖直接租赁、售后回租、转租赁、分成租赁、结构化融资租赁、委托租赁等。公司与各类造船企业和船东合作，同时开展船舶管理、航运保险、船舶经纪贸易、船舶及航运资产管理业务等。

4. 上海庞源机械租赁有限公司

公司成立于 2001 年，现注册资金 6.08 亿元人民币，专业从事建筑工程、能源工程、交通工程等国家和地方重点基础设施建设所需工程机械设备的租赁、安拆和维修业务，是国内规模较大的工程机械设备从进场安装、现场操作、设备维修到拆卸离场的一站式工程技术综合解决方案提供商。公司拥有"特种设备安装改造维修许可证 A 类"和"起重设备安装工程专业承包一级资质（含机电三级）"资质。公司总部位于上海市青浦区，总部办公位于青浦区芦蔡北路 2018 号，在上海、北京、广州、武汉、南京、南通、杭州、海口、福州、郑州、成都、贵阳、济南、乌鲁木齐、长沙、安徽、马来西亚、菲律宾等地设有 18 家全资子公司和 2 家海外公司。

2015 年 7 月，庞源租赁与国资委陕煤化集团陕西建设机械股份有限公司（股票代码 SH.600984，股票简称"建设机械"）重大资产重组成功，成为陕建机股份的全资子公司。截至 2017 年 6 月 30 日，公司资产总值达 38.9 亿元人民币。拥有各种型号塔式起重机 3008 台、履带式起重机 24 台、施工电梯 807 台、架桥机 11 台，其中塔式起重机起重力矩合计达到 63 万吨米。庞源租赁 2016 年在公认的国际起重运输领域权威杂志《国际起重运输机械》中全球排第 72 名，已成为中国起重机械租赁行业的龙头企业。

根据上市公司陕西建设机械年报显示，2017 年庞源租赁完成产值 14.08 亿元，同比增长 39.41%。其中国内装配式住宅项目塔吊产值 1.48 亿元，同比增长 184%，进一步印证了庞源租赁自 2016 年一直实施的抓住装配式住宅发展的机遇、大规模采购与之适配的塔机的决策的正确性。截至 2017 年 12 月底，庞源租赁全年新签合同总额超过 17 亿元，在手合同延续产值较上年同期又有大幅提升，均刷新庞源租赁历史成绩。

（二）创新商业模式

上海融资租赁企业，凭借上海雄厚的产业基础、丰富的金融资源，充分抓住自贸试验区改革开放的大好时机，创造性地开发设计了多种全新商业模式。

1. 上海融资租赁交易服务中心

上海自贸试验区是国内融资租赁产业聚集地之一，集中了国内大半的外资融资租赁企业，企业数量呈逐年快速增长的态势。行业高度聚集必然带来相关配套服务行业的兴盛。上海融资租赁交易服务中心是响应国家、地方政府关于促进融资租赁行业健康发展的号召成立的专业化的融资租赁要素交易市场和产业服务平台。中心坐落在中国（上海）自由贸易试验区陆家嘴金融城，由陆家嘴金融城支持、上海融资租赁经纪股份有限公司营运，联手打造专业化的融资租赁产业服务创新基地。

上海融资租赁交易服务中心发起运作方上海融资租赁经纪股份有限公司成立于2009年，是国内第一家融资租赁行业经纪公司，并于2015年在新三板市场挂牌。公司在融资租赁经纪业务和融资租赁企业客户服务方面积累了丰富的经验。该中心提供多维度的融资租赁企业业务支持，为拓展融资租赁企业项目源构建了融资租赁执业经纪人体系，搭建了"互联网＋融资租赁"交易服务平台——上海融交所。

上海融交所在线交易平台秉持"公开、公平、公正"的原则，开展政策咨询、信息发布、项目推介、投融资引导、并购策划、评级评估、产权交易等活动，为各类融资租赁项目、产权交易提供交易平台及专业服务。该平台着力于互联网信息技术与融资租赁交易相结合的创新手段，致力于为融资租赁交易环节各交易参与方提供可信赖的、专业的、高效的服务。

在提供交易平台和相关交易服务的同时，该中心也导入了各类第三方服务机构，专门为融资租赁企业提供资产交易、政企服务、智库计划、评估征信、咨询等专业化服务。

该中心为融资租赁行业企业，特别是新成立的中小企业提供各种扶持孵化服务。包括但不限于注册设立、建章立制、展业场地、人才输送、征信评级、融资咨询、信息化建设、业务推进、风险控制、资产交易、股权投资、企业上市等涵盖融资租赁业务各个环节和企业设立经营全周期的一站式服务。交易中心专门设立会员服务管理部门，申请获得会员资格的企业可以享受以下服务：租赁业数据及分析报告等信息服务、国外参观交流与学习等活动、业内交流研究活动、会员与相关政府部门的沟通与交流等一系列会员专属服务。该中心对浦东新区融资租赁行业从业人员也提供专业化的培训服务，包括业务实操、资产管理、财税实务、资金运作等培训与案例。

在延伸融资租赁全产业链方面，交易服务中心也发起设立了专业的产业基金。产业服务基金投向优质中小型融资租赁公司、融资租赁产业链其他环节企业、融资租赁公司优质资产标的、自贸区融资租赁特殊目的项目公司（SPV）等多种投资标的，针对融资租赁行业的投资机会，以股权、债权及资产证券化等形式多方面助力融资租赁行业发展。

2. 沃尔沃融资租赁（中国）有限公司开展商业保理业务和跨境融资

2013 年上海自贸试验区正式开始挂牌运作之后，位于北京的沃尔沃集团中国大区总部考虑到上海浦东自贸试验区绝佳的政策环境，加之沃尔沃集团国内的生产制造业务部门主要位于上海及周边地区，公司于 2015 年决定将沃尔沃中国融资租赁业务机构落户在上海自贸试验区。沃尔沃融资租赁公司在上海自贸试验区内经营融资租赁业务，享受到包括对外融资租赁业务经营许可放开、对外债权事项登记审批流程改革等一系列便利优惠政策。尤其值得一提的是，在上海自贸试验区注册的融资租赁行业企业被允许同时兼营商业保理业务。这是其他地方融资租赁企业所享受不了的特殊开放政策措施。沃尔沃集团在华经营多年，积累了庞大的上下游客户资源，但公司客户机构大多为中小企业，获取融资和自身资金周转状况都不甚理想。沃尔沃融资租赁公司针对集团上下游客户群体产生的应收账款融资需求有针对性地开展商业保理服务，可以充分地满足这些机构的临时流动资金周转需求。这对维护巩固集团业务网络，提升客户的依赖度、信任度和满意度具有非常重要的作用。

此外，沃尔沃融资租赁公司利用境外母集团良好的国际市场商业信用，根据监管部门关于融资租赁企业境外融资的规定要求，设立了境外机构自由贸易账户 FTE，利用上海自贸试验区对外融资的政策便利条件，向集团内关联企业借入短期低成本境外资金在境内开展融资租赁业务，极大降低了融资租赁业务的资金成本。

3. 国家集成电路产业投资基金利用融资租赁发展芯片产业

芯片制造是电子工业的重要上游环节，也是我国长期以来产业发展的薄弱环节。国家对芯片产业发展高度重视，2014 年由工信部等国家主管部门牵头，组织联合国家开发投资公司、北京亦庄国有资产投资公司、中国烟草集团、上海国盛集团公司、中国电子科技集团等中央和地方企业发起国家集成电路产业投资基金（以下简称"大基金"），总投资规模上千亿元。大基金重点投资的领域为芯片生产制造企业，同时也对集成电路芯片设计、半导体相关装备制造、芯片封装、半导体化学材料等企业进行战略投资。

芯片制造产业是资本投入巨大且投资周期很长的产业。为了解决国内广大芯片制造企业及相关上下游企业的投融资困难，大基金连同中芯国际等国内芯片制造行业龙头企业、部分大基金发起股东、地方金融投资机构和其他电子信息行业民企集团，于 2015 年 9 月在上海自贸试验区发起设立芯鑫融资租赁有限责任公司。

芯鑫融资租赁公司是国内迄今为止唯一的融资租赁资产标的和业务主要投向为集成电路相关产业的融资租赁企业。这家融资租赁公司将同国家大基金以及行业内股东一道，发挥投贷联动的效应，将直接融资同间接融资相结合，将金融资本和产业资本进行对接，为中国本土集成电路产业的发展构建坚实的融资平台基础。

2017 年 7 月 20 日，芯鑫融资租赁公司各发起股东方同意将合资公司的注册股本由人民币 56.8 亿元增加至约 106.5 亿元。芯鑫融资租赁公司不局限于实物资产和设备融资租赁，还积极探索尝试其他类型资产的融资业务。公司于 2017 年 12 月通过在天津滨海新区的特殊目的公司平台，向上市公司长电科技（SH. 600584）提供技术专利无形资产组合租赁，这在国内融资租赁领域属于首创。公司还积极探索集成电路设备经营性租赁模式，通过各种形式的业务创新，切实满足各类集成电路企业客户的迫切融资需求，同时分享行业高速成长带来的资本红利。

4. 太平石化金融租赁有限责任公司创新自贸试验区融资模式

太平石化金融租赁有限责任公司成立于 2014 年 10 月，注册资本 50 亿元人民币，是国内第一家由大型国有保险集团（中国太平保险集团有限责任公司）与特大型企业集团（中国石油化工集团公司）共同发起成立的金融租赁公司。太平石化金融租赁公司以国家产业发展规划为导向，依托中国太平保险集团在金融保险领域的发展优势以及中国石油化工集团在石油、石化产业的主导地位，积极服务实体经济发展，为国内外优秀企业提供卓越的一揽子金融租赁综合服务。公司开业以来业务快速发展、品质保持优良、特色逐步形成，2017 年资产规模突破 400 亿元，是近年新成立的金融租赁公司中增速最快的公司之一。

太平石化金融租赁公司充分利用股东双方的资源优势和自贸试验区的政策优势，探索出了"产业资本、保险资本和融资租赁金融工具相互关联融合的全新业务模式"。该公司充分发挥自贸试验区自由贸易账户（FTE）的对外融资便利优势，在 2015 年 2 月初，与合作伙伴中国银行澳门分行联合完成了自贸试验区金融机构首笔自贸账户跨境人民币借款，极大地降低了企业的融资成本。2016 年 3 月，太平石化金融租赁公司完成区内融资租赁机构首笔非银行金融机构理财项目信托贷款融资，成为融资租赁企业机构开展金融机构合作、进行金融产品服务对接、拓展境内外融资渠道的成功尝试和典范案例。

五 上海融资租赁行业发展趋势分析

（一）支持本地战略新兴产业及龙头企业发展

上海作为中国近代工业的发源地，工业制造业发展水平一直领先于全国，尤其装备制造业更是独领风骚，在一线城市中名列榜首。虽然上海城市在疏解过剩人口、调整城市布局过程中需要淘汰部分落后制造业，但具有较高技术水平和发展前景的新兴产业一直是上海产业升级转型的重点方向。

融资租赁产业作为与实体经济紧密结合的产业部门，在推进地方先进制造业发展的过程中可以发挥重大作用，上海融资租赁行业也理所当然地成为全国金融服务实体经济的典范和试点。

1. 新能源汽车产业

汽车制造业一直以来是上海地方工业的支柱产业，形成了千亿元的产值规模并带动几十万人就业。随着新能源汽车技术的不断发展，国家有关部门大力推广新能源汽车，新能源汽车行业面临良好的发展前景。上海依托本地雄厚的汽车及相关配套工业基础，新能源汽车发展位居全国前列。上海不仅拥有蔚来汽车等新兴电动汽车创业企业总部，传统汽车巨头上汽集团旗下的上汽新能源汽车也在行业中拥有一席之地。传统汽车产业以及电气设备装备制造产业聚集，形成了电动汽车产业完备的产业体系。众多跨国汽车集团的中国研发中心和部门落户于上海，上海同时也是全国电动汽车试验基地所在地。2018 年 7 月，世界电动汽车行业巨头美国特斯拉公司决定将在华工厂设立于上海，计划产能 50 万辆，将成为世界上最大的电动汽车工厂。

上海不仅拥有新能源汽车良好的产业基础，在新能源汽车的消费增长方面也表现出强劲的势头。根据全国汽车业协会统计，2017 年全年上海共销售电动汽车超过 6 万辆，占同期全国销量 77 万辆的 7.8%，成为电动汽车国内最主要的销售市场之一。在电动汽车基础设施建设方面，中国电动汽车充电基础设施促进联盟数据显示，截至 2018 年 6 月，全国省级行政区域内所拥有的公共类充电桩数量排名靠前的分别为：北京 40865 个、上海 34773 个、广东 33586 个、江苏 28378 个等。如果按照行政区划面积下充电设施分布密度来看，上海无疑遥遥领先于其他省份。同时江苏、浙江等上海周边省份，电动汽车充电设施建设也较为完善，上述有利条件将加快上海电动汽车的普及。

在政策支持方面，上海地方政府大力促进新能源汽车普及。上海政府先后发布《上海市新能源汽车推广应用实施方案》《上海市清洁空气行动计划(2018~2022 年)》等，对新能源汽车购置和使用者明确进行一定比例的财政补贴。上海政府同时规划到 2020 年电动汽车充电设施建成超过 20 万座，基本形成覆盖全市范围的电动汽车充电基础设施网络。同时在公共交通领域，上海计划在 2020 年前全市所有营运公交车辆全部换装为新能源动力。在融资方面，上海政府出台的融资租赁行业发展政策中专门提道："鼓励在公交车、出租车、公务用车等领域通过融资租赁发展新能源汽车及配套设施。"

上海新能源汽车在产业发展和消费应用层面领先于全国，本地的融资租赁机构正可以充分凭借这一优势，将上海作为新能源汽车及相关配套设施融资租赁业务的试点区域。新能源汽车特别是纯电动汽车存在购置成本高、运营能耗成本低的双重特性，非常适宜作为融资租赁标的物，而融资租赁作为一种全新融资手段，对推广新能源汽车具有重要意义。

相较于全国其他地区，上海本地汽车消费群体收入水平较高，生态环保意识较强，对包括汽车消费金融在内的各种新兴金融产品、服务的接受程度较高，适于推广新能源汽车融资租赁金融产品服务。而这部分新能源汽车消费客户，本身信用情况较为优良，也适合作为融资租赁机构进入消费金融市场的切入点。此外，新能源汽车的购置主体类型多样，从普通用车消费者、个人经营主体、运营企业到其他机构组织，对新能源汽车购置的融资需求类型多样。新能源汽车生产制造企业通过与融资租赁机构合作，也可以更便利地推广自身产品、占领市场。

2. 海洋工程装备

造船以及海洋工程装备制造是上海本地工业中的重要产业门类。海洋石油装备制造一向是国家政策重点支持的现金制造业门类。由于 2014 年以后国际油价长期维持低位，海洋工程装备行业市场持续低迷。2017 年末以后，随着国际油气价格的持续回升，海洋石油装备行业的市场重新启动。上海本地拥有包括中国船舶集团、中远航运、中集集团、招商局集团等国内主要海洋工程行业龙头企业及下属部门，以及一大批相关配套企业和下游服务企业，开展海洋装备融资租赁业务的产业市场基础良好。目前国内海洋工程装备融资租赁行业发展水平相比于国际先进水平还很低，还没有形成专业化的租赁企业①。2015 年国家投资集团旗下国银租赁在上海自贸试验区内发起设立国投海工融资租赁公司，标志着这一融资租赁行业细分领域在上海自贸试

---

① 通常情况下，国外成熟市场上海洋工程装备融资租赁业务的客户主要是两类企业：一类是海洋油气开发工程建设和服务商，如国内的海油工程公司；另一类是专业化的海洋工程设备特别是平台、辅助工程船租赁企业。这两类企业也会面临宏观行业波动的风险，但相比于海洋油气资源直接勘探开发企业，其承担的经营及项目运作的风险较小。

验区内萌生发展。

3. 物流装备产业

从前文对上海经济产业的分析可知，物流行业是上海的支柱产业，存在大量融资需求。同时上海也是全国物流行业、装备制造业最为集中的区域，特别是国际知名企业在华企业机构基本位于上海。上海融资租赁机构发展面向物流行业客户的业务具有天然优势。本地券商海通证券下属的恒信融资租赁公司是全国最大的卡车融资租赁服务供应商。而上海在新三板挂牌的两家租赁企业——利驰租赁（OC. 833525）以及弘陆股份（OC. 430584）都是专业经营物流装备（叉车）租赁业务。

4. 印刷包装设备

印刷包装设备作为融资租赁行业一个重要的细分市场领域，在过去几年的高速发展过程中涌现了众多成功企业和案例。上海本地最大的外资融资租赁上市企业是香港远东宏信租赁公司，印刷包装设备就是该公司主打业务领域。与此同时，上海也是全国印刷包装设备制造行业龙头企业聚集地，作为全国最大的商业贸易流通中心和消费市场，本地印刷包装行业中小企业密布，设备融资需求巨大。因此，发展以印刷包装为标的物的融资租赁和实物租赁业务，是上海融资租赁产业积极服务本地实体经济、发掘潜在需求的重要方向。

（二）融资租赁全产业链生态体系日趋完善

融资租赁行业并不是一个独立和封闭的金融产业形态，而是集合融汇众多金融和实体产业部门的庞大生态体系（见图5）。本系列蓝皮书第一本曾经专门介绍了融资租赁全产业链生态体系构成，融资租赁产业链条越长、生态体系越完善，反映出行业发展水平越高、行业总体竞争实力越强。在具体行业实践过程中，上海作为全国融资租赁高地，融资租赁全产业链生态体系最为完善，具体表现在以下环节。

在出租人环节，上海是全国知名融资租赁行业最为集中的区域之一。在承租人环节，上海拥有上百万家的市场主体，拥有广泛的融资租赁实际业务需求，同时具有依托本地和境外金融机构辐射海外市场的便利条件。从融资

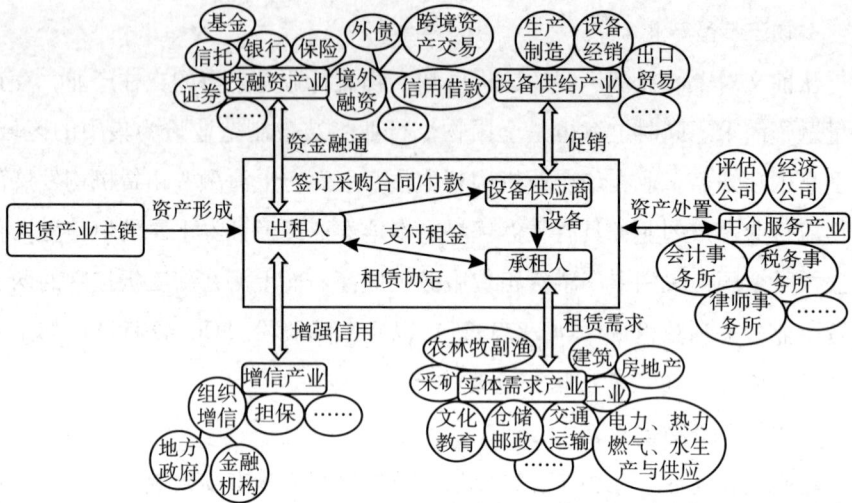

图 5　融资租赁全产业链生态体系

资料来源：李光荣、王力主编《中国融资租赁业发展报告（2014～2015）》，社会科学文献出版社，2015。

租赁标的物供应的角度来看，上海作为全国装备制造行业最为发达的地区，拥有众多本土龙头企业。上海也是全国外贸进出口重要口岸，是数百家跨国公司的地区总部，聚集数万家设备进口贸易商。

在产业链的外部环节即资金融通部分，上海拥有发达的资本要素交易市场，以及融资租赁资产交易的场外市场。上海是全国各类金融机构，特别是银行信贷机构和资本市场服务机构及其业务部门最为集中的区域，巨大的金融资源聚集效益有助于融资租赁企业获得融资支持。

此外，上海本地商务服务业和中介产业高度发达，有关融资信用和征信行业发展水平也走在全国前列。上述优势产业形态都对丰富、完善上海融资租赁生态体系起到至关重要的作用。

（三）事中事后监管体系将逐步建立

上海融资租赁行业规模庞大，融资租赁机构特别是外资融资租赁公司密集。企业机构数量过快增长产生了一系列问题。上海融资租赁行业已经迈过粗放高速增长的阶段，之后行业发展的重点工作将是整顿规范。如前文融资租赁监管部分内容所述，融资租赁监管最大的问题之一就是监管力量分散，各自为战，无法形成有效合力。上海当地融资租赁监管部门，对建立完整系统的事中事后监管体系高度重视，早在自贸试验区设立运作之初就开始事中事后监管体系建设工作①。融资租赁监管改革本着由机构型监管向功能型监管转变、由监控式监管向服务式监管转变的改革思路，建立了横跨金融监管、工商、税务、海关、公安司法等多个部门的协同监管体系，建立了常态化的沟通协调机制，借助大数据分析等技术手段，充分实现了信息共享、人员互派、平台公用，明确了监管的操作流程，规范了监管的操作步骤和内容，提升了综合监管效率。这种协同联动的监管模式不仅有效地防范了行业风险，在处置多起由互联网金融平台违约引起的有关金融案件中发挥重大作用，也提高了对融资租赁企业和相关行业主体的服务水平，更好地促进了行业高水平健康发展。未来上海这种先进的监管模式必将推广到全国各地，从而为完善融资租赁发展环境提供必要的支持和帮助。

（四）投入长三角区域经济一体化

相比于天津、深圳和重庆等全国其他行业重镇，上海最大的区位优势就是其位于全国规模体量最大、发展水平最高、产业门类最为全面的长三角经济圈。根据 2016 年出台的《长三角城市群发展规划》，长三角 20 多个特大城市、数十个大小城市组成庞大城市群，将建立完善的分工协作网络。长三角城市群内区域广阔、城市众多，三省一市 20 多个地市行政区域发展水平呈现梯度，上海作为核心城市已经完成工业化，经济结构逐步调整为以高端现代服务业为主，但大部分二三线城市还是以工业为主导，正在深入推进工业化进程，对以设备投资为主的融资租赁需求强烈。因此上海当地的融资租

---

① 事实上，事中事后监管体系建设并不仅仅针对融资租赁行业本身，上海浦东新区特别是自贸试验区在全区范围经济社会各个领域都开始探索建立这一监管体系，这也是上海自贸试验区重大改革举措之一。

赁企业可以充分发掘整个长三角区域内丰富的客户资源和供应商资源，利用上海开展融资租赁业务特别是跨境业务的政策便利，在服务长三角地区经济发展、促进区域经济合作和一体化融合进程的同时，形成区域业务中心有利支点和坚实产业基础。

参考文献

［1］聂平香：《融资租赁业利用外资：发展现状、问题及对策》，《国际经济合作》2018 年第 2 期。

［2］杨成：《依托自贸区试点政策的融资租赁创新业务模式研究》，《浙江金融》2018 年第 2 期。

［3］张蓓蓓、成琳琳：《上海自由贸易试验区融资租赁问题研究》，《唐山学院学报》2018 年第 1 期。

［4］路建楠、赵宇刚：《深入推进上海事中事后综合监管平台建设的若干建议和思考》，《科学发展》2018 年第 1 期。

［5］卢华：《上海自贸试验区金融创新措施的复制与推广》，《科学发展》2017 年第 12 期。

［6］吴勇、王国锋：《自贸区融资租赁业发展：措施及启示》，《金融发展研究》2017 年第 11 期。

［7］喜崇彬：《共享时代，物流装备租赁热潮来袭?》，《物流技术与应用》2017 年第 11 期。

［8］周海成：《上海自贸区金融改革创新助推人民币国际化》，《时代金融》2017 年第 10 期。

［9］沈伟：《自贸区金融创新：实践、障碍及前景——以上海自贸区金融创新立法为切入点》，《厦门大学学报》（哲学社会科学版）2017 年第 9 期。

［10］王磊：《自贸区金融创新原则及风险防范的思考》，《商场现代化》2017 年第 7 期。

［11］张磊：《境外自贸区的先进经验及对我国自贸区发展的启示》，《市场周刊》（理论研究）2017 年第 1 期。

［12］上海浦东新区科技委员会：《推进科技金融创新——关于着力推进浦东新区科技金融创新的建议》，《浦东开发》2015 年第 11 期。

B.8
深圳融资租赁行业发展现状及问题分析

王 师　李圣刚*

摘　要： 深圳作为天津、上海之后国内第三个融资租赁产业高地，最
近四年行业规模增长十分迅猛，这主要得益于深圳的政策优
势、雄厚的产业基础和空前繁荣的金融业与现代服务业。本
报告从行业发展、宏观环境、政策规划、成功案例等多个角
度全方位解读深圳融资租赁行业发展现状和动力因素，并基
于现状分析对深圳未来融资租赁行业的发展趋势进行判断和
预测。

关键词： 融资租赁　特区　前海　"一带一路"倡议

目前，深圳的融资租赁企业快速集聚，以前海为代表的深圳融资租赁产
业聚集地，成为继天津滨海新区和上海浦东新区之后全国区域融资租赁产业
发展新的成功典范。

一　深圳融资租赁行业总体发展状况

（一）深圳融资租赁行业主要统计数据排名

在注册资本金额方面，深圳融资租赁企业相比于上海注册的公司普遍较

---

* 王师，北京特华财经研究所研究员，主要研究领域为资本市场、区域产业规划。李圣刚，经
济学博士，特华博士后科研工作站博士后，现供职于中保保险资产登记交易系统有限公司，
主要研究方向为资产管理、自贸区等。

小，融资租赁企业全部注册资本规模明显小于上海，位居全国第二。由于深圳融资租赁企业总体上成立较晚，很多没有大规模开展业务，所以融资租赁企业总资产规模排名较靠后，排在第四位，落后于上海、天津和北京。从融资租赁企业数量来看，深圳占据全国的26.6%，超过1/4，远超过广东其他地区总和乃至整个泛珠三角地区，可以说是国内融资租赁新近崛起的产业高地和融资租赁行业发展的"第三极"。

（二）行业龙头企业排名分布

在以注册资金为序的全国融资租赁企业50强排行榜中，有110家企业入围。其中总部注册在深圳的有13家，除了排名第四的国银金融租赁股份有限公司外，其余都是外资融资租赁公司（见表1）。这些公司大部分是2015年前海自贸试验区设立之后临时注册设立的。

表1 2018年6月底深圳注册的全国融资租赁企业注册资本50强

百强排名	公司名称	分类	注册年份	最新变更注册资本金（亿元）
4	国银金融租赁股份有限公司	金融租赁	1984	126.42
19	国信融资租赁（深圳）有限公司	外资融资租赁	2016	69
19	中源融资租赁（深圳）有限公司	外资融资租赁	2016	69
19	中安航天博宇融资租赁有限公司	外资融资租赁	2016	69
19	广业国际融资租赁（深圳）有限公司	外资融资租赁	2016	69
19	深圳市顺骏元融资租赁有限公司	外资融资租赁	2017	69
32	深银世纪融资租赁（深圳）有限公司	外资融资租赁	2015	41.4
40	千佰亿融资租赁（深圳）有限公司	外资融资租赁	2016	34.5
40	华宇融资租赁（深圳）有限公司	外资融资租赁	2016	34.5
40	嘉宝融资租赁（深圳）有限公司	外资融资租赁	2016	34.5
44	中海外融资租赁（深圳）有限公司	外资融资租赁	2017	31.05
46	招商局通商融资租赁有限公司	外资融资租赁	2016	30
48	国为融资租赁（深圳）有限公司	外资融资租赁	2016	27

资料来源：中国租赁联盟、天津滨海融资租赁研究院。

二 深圳融资租赁行业发展的经济、产业和 社会环境分析

融资租赁行业作为金融子行业中直接面对终端企业主体和消费者的部门，其行业发展状况与所在区域宏观经济形势、财政税收、产业发展、基础设施投资、外贸物流、居民消费以及各项社会事业的发展状况密不可分，特别是从租赁行业市场主体需求端分析，区域的经济社会发展水平和发展特征，在很大程度上影响了当地融资租赁行业的发展前景和发展方向。

基于此，本部分通过系统分析《深圳市 2016 年国民经济和社会发展统计公报》中主要的数据，对比全国以及国内其他主要中心城市同期同项数据，探究深圳融资租赁行业发展的现实环境和潜在的市场机会。

（一）宏观经济和财政税收

1. 宏观经济

2017 年，深圳市实现地区生产总值 22438.39 亿元，经济增长速度依然高达 8.8%。在三大产业部门构成中，二、三产业保持同步高速增长势头。其中第三产业增加值比重持续超过 55%，总量超过 12000 亿元，产业结构基本呈现典型的"三二一"格局。2017 全年深圳人均生产总值 183127 元，增速低于经济总量增速；人均生产总值排名位列中国内地非资源型城市第一。

深圳在宏观经济总体低迷的情况下依然维持了平稳较快的发展势头，经济总量保持全国前四名，人均国内生产总值更是高居全国千万人口以上超大城市首位。良好的经济发展势头和以三产、高新技术制造业为主体的经济结构，为深圳融资租赁行业的发展提供了良好的外部环境。

2. 财政状况

2016 年深圳全年一般公共预算收入与支出分别为 3136.42 亿元和 4178.04 亿元，两项指标同比增速分别为 15.0% 和 18.6%。深圳 2016 年地

方财政自给率为 75.07%，与上海、广东和浙江等省市并列全国少数地方财政自给率接近 80% 的省市。充足的地方财力，对于地方融资租赁企业而言，有利的方面是可以保证各项补贴、税收优惠返还政策能够及时兑现落实，不利的一面是，地方政府财力雄厚、信誉良好，在政府工程建设方面将较少地选择融资租赁这一相对高成本的融资方式。

（二）工业经济

深圳作为依靠出口加工业和高新技术产业迅速崛起的产业城市，制造业特别是以高新技术产业为主的现代工业是深圳国民经济的支柱。2016 年统计数据表明，深圳全年实现规模以上工业总产值 26111.59 亿元，仅次于苏州的 35767 亿元和上海的 33080 亿元，名列全国第三。深圳全年规模以上工业实现增加值 7199.47 亿元，首次超过了上海同期的 7145.02 亿元，领先全国所有城市。同时，从纵向对比来看，尽管深圳工业发展面临人力成本上升、企业外迁、国际市场不景气和工业用地供应枯竭等诸多不利因素，但"十二五"期间，深圳工业总产值依然实现超过 60% 以上的稳定均衡增长，工业企业竞争力不断增强。

深圳工业从所有制结构、企业规模构成和产业大类分布来看，与全国以及同为工业高度发达的一线城市上海，有着很大的差别。这种工业结构的差别，对深圳本地融资租赁市场结构和融资租赁需求将起到重大影响。

1. 所有制结构比重

从工业总产值的所有制构成来看，深圳的工业产值中港澳台侨资和外资企业比重明显高于全国总体水平，深圳工业产值构成更偏重港澳台侨资，而上海则更偏重外资。对比全国平均水平，深圳和上海的私营工业产值比重都较低。外资工业产值比重大，私营工业产值比重低，是深圳和上海工业所有制构成中的共性。外资企业特别是跨国公司集团大多资本实力雄厚，利用境外各类低成本资金的条件十分便利，对企业固定资产投资方面的融资需求并不强烈，除了部分台资中小代工类加工制造企业之外，大部分外商和港澳台侨资企业不是融资租赁企业重点开发的客户对象。

值得注意的是，深圳与上海在工业总产值所有制分布中区别最大的地方是深圳股份制企业工业产值比重接近 1/4，远远高于全国和上海的水平。这背后反映的是，深圳工业企业特别是数量庞大的民营制造业龙头企业，利用资本市场的融资十分普遍。截至 2017 年末，深圳全市共有 400 多家境内外上市公司，其中 A 股上市公司 280 家，仅次于北京和上海，位于全国前三。考虑到北京是全国央企和金融机构总部所在地，而上海上市公司中存在相当多的 20世纪 90 年代本地国企上市公司（如"老八股"等），大多数以壳公司的形式存在，因此真正通过市场化发行上市的中小板、创业板上市公司，深圳的公司数量无疑是全国最多的。此外，从上市公司的行业分布来看，深圳是 4 个一线城市中唯一一个制造业上市公司数量比重过半的，其中仅电子信息行业上市公司数量就超过 100 家。深圳本地优质的民营制造企业可以充分享受资本市场低成本融资的便利，对融资租赁等资金成本相对较高的融资方式兴趣不大。

2. 轻重工业比重

从轻重工业的比重来看，深圳和上海的重工业化程度都很明显，同期全国统计年鉴没有该项数据，但根据经济研究文献记载，2007 年以后国内工业产值中轻重工业比重基本维持在 25∶75 的水平，深圳工业产值中轻重工业比重构成与全国总体水平保持一致。但需要了解的是，国家统计部门统计的轻重工业分类，与人们日常谈论的轻重工业概念有些出入，统计资料中的轻工业泛指所有生产终端消费品的工业部门，而重工业则是所有生产生产资料的工业部门。虽然深圳和上海都是重工业产值比重较高的城市，但两者在具体行业门类和产品构成上有着极大的差别。从后文的工业大类构成分析可以看出，深圳的重工业产值中，主要构成是各类非消费类电子产品和电子加工上游原料零部件。传统意义上的重化工业在深圳工业产值构成中比重极低，可以忽略不计，但这部分行业企业恰恰是工业融资租赁业务最重要的客户来源。

3. 工业企业规模比重

从大中小型企业的工业产值分布来看，深圳与上海同全国的总体情况存在很大出入。全国范围内，工业产值分布呈现"两头大中间小"，即大型工业企业和小型工业企业产值比重较高，而中型工业企业产值比重较低。但深圳和上海的工业产值分布则呈现典型的"倒金字塔"形态，特别是深圳工业企业，大型企业产值比重接近 2/3，接近中小工业企业产值总和的两倍。这充分反映出，深圳工业企业发展集中度很高，这主要得益于深圳的工业发展历史。由于早期深圳工业主要依靠外来出口加工业发展，产业发展层次和起点天然很高，极早就参与世界市场竞争，并通过多次淘汰分化，涌现出了一大批龙头企业。2016 年深圳规模以上工业企业 6539 家，户均工业产值高达 3.88 亿元，同期全国规模以上工业企业户均工业产值仅有 2.9 亿元，即使同样工业大型化、高端化的上海，2016 年规模以上工业企业户均工业产值也仅有 3.48 亿元，可以看出，在全国主要工业城市中，深圳工业企业平均规模最占优势。

从深圳百强工业企业名单和数据来看，深圳工业企业集中程度更为凸显。在规模以上工业总产值方面，百强企业 2015 年占比超过 55%，而工业增加值方面占比更是高达 60%。此外，百强企业产值增速显著高于总体水平。深圳规模以上企业不仅增加值比重极高，而且扩张速度远远高于行业总体水平，深圳工业产值的集中度会越发提升①。工业企业大型化和寡头化是市场竞争的必然结果，对提升深圳工业总体竞争力有着不可替代的作用。但对融资租赁企业而言，由于大型企业行业地位突出，资本实力雄厚，企业信誉状况良好，获取低成本融资渠道的机会更多（特别是针对深圳这样工业企业资产证券化比率极高的城市），对于这类企业而言，融资租赁不是主流的融资手段。

4. 行业大类比重

从工业产值的行业大类分布来看，深圳呈现典型的电子信息产业"一业独大"的状况，虽然全国范围内产值最大的行业大类都是电子信息制造业，但该行业占全国工业产值的比重不到 10%。上海属于电子信息制造企

---

① 工业产值集中度提升一方面是市场竞争优胜劣汰的自然结果，也与深圳产业和土地政策相关。深圳剩余工业用地有限，集中供应于少数行业龙头企业，从另一方面促成大量"低小散差"的落后产能外迁，加剧了工业产值集中化的速度。

业较为集中的区域，电子信息制造业产值比重也不到 20%。而深圳电子信息制造业产值比重接近 60%，其他所有工业大类行业产值比重都很低，这种看似"畸形"的产业结构，在同等经济量级的城市中，无论国内还是国外，都是十分罕见的。但从另一方面来看，这也说明了深圳电子信息制造业的相对优势十分稳固，绝大部分本土电子信息（包括通信、光电、新能源等关联行业）龙头企业都诞生于深圳，产业集群优势明显。同时，深圳发达的电子信息制造业也通过产业转移和集群分工协作带动了整个珠三角乃至广东全省、泛珠三角地区同类产业的发展。不过从发展融资租赁业务的角度来看，电子信息制造行业并不是一个理想的业务领域。

首先，在电子信息企业资产构成中固定资产比重较低。根据行业主要上市公司财务数据，电子信息制造类上市公司固定资产和在建工程占总资产比重一般不超过 50%，基本在 20%~40% 的水平，而很多重资产的重化工企业固定资产比重可以达到 70%。同时，电子信息制造业相较于传统重化工业周期性并不明显，因此企业选择融资租赁作为设备融资手段以改善现金流、降低财务风险的需求并不迫切。通常情况下，电子信息制造企业的融资需求主要在于供应链融资和短期经营的资金周转，对融资租赁行业涉及的设备融资需求反而并不强烈。

其次，电子信息企业生产经营所需设备普遍存在设备专属性强、设备技术更新换代快、设备出现故障乃至报废的风险高、设备损耗率高、设备变现难和保值率低等特点，上述特点决定了电子制造行业专属设备不适宜作为融资租赁企业开展业务特别是直租业务和经营性租赁业务的标的物。

从全国融资租赁行业业务行业构成来看，商务部统计信息显示，2016 年全国电子信息制造行业设备租赁业务合同余额不到 230 亿元，不足同期全国融资租赁行业总标的额 52200 亿元的 0.5%，比重极低。即使考虑到深圳电子制造行业占全国十分之一的格局，深圳当地电子信息制造业可提供融资租赁业务总体需求目前也不会超过 30 亿元，相较于深圳本地融资租赁企业的资产业务规模可以说是九牛一毛。

从融资租赁标的物供应方的角度来看，装备制造行业企业是融资租赁标的物的主要供应商。但在深圳工业总产值大类构成中，装备制造业（包括通用装备制造、专用装备制造和仪器仪表等工业大类，下同）占比很低，总计不到工业总产值的5%，每年基本上在1000亿元上下，和上海、天津、重庆、沈阳和杭州等装备制造业发达城市对比，差距十分明显。上海2016年33000多亿元的工业总产值中，装备制造业产值比重高达20%，装备制造业是深圳和上海差距较大的工业部门。深圳装备制造业也大多围绕电子信息加工制造行业发展，为其提供装备和配套，细分行业构成比较单一，不利于装备制造业融资租赁业务的广泛开展。

（三）固定资产投资

固定资产投资是拉动经济增长的主要方式和手段，也是融资租赁这一金融工具发挥作用的主要领域。深圳作为国内经济转型的试点城市，最早摆脱了依靠高投入拉动的粗放式增长方式。2016年深圳固定资产投资总额占同年国内生成总值的比重仅有22%，与上海一同成为国内最不依靠固定资产投资拉动经济增长的城市。2016年深圳固定资产投资额为4078亿元。

从固定资产投资所有制结构来看，虽然深圳的经济产出主要来自非国有部门，但在深圳的固定资产投资中，国有投资占比显著高于全国平均水平。同时，在深圳固定资产投资构成中，港澳台侨资和外商投资比重也显著高于全国总体水平。

从行业分布来看，由于深圳在全国率先完成工业化，步入后工业发展阶段，工业投资扩张速度不断放缓，因此工业固定资产投资比重不高。深圳的固定资产投资主要构成为房地产和交通运输基础设施建设，前者比重高解释了固定资产投资所有制结构中外资比重高于全国的原因，后者则解释了深圳固定资产投资主体构成中国有成分高的原因。

从固定资产投资的资金来源看，相较于全国，深圳固定资产投资中利用信贷的比重明显高于全国平均水平，这充分说明深圳作为全国首屈一指的金融中心城市，金融资源高度聚集，本地固定资产投资可以优先享受信贷支持，当然，这也与深圳固定资产投资主体中地方国企多、大型工业集团多、房地产开发商多有关。而占据资金来源超过 1/4 的其他融资，可能主要是深圳房地产开发商收取的预售房款。

通过以上固定资产投资主体构成、行业投向以及资金来源分析，结合前文对深圳工业发展状况的分析，可以看出深圳固定资产投资的融资需求并不强烈，主要融资需求也是来源于房地产开发和基础建设。就基础设施建设而言，内地很多三四线城市地方政府基建的主要融资来源是融资租赁，但是深圳地方财政实力雄厚，地方政府基础设施投资公司或平台公司的信誉水平很高。以深圳基础设施投资最大部分的地铁建设为例，深圳地铁集团在 2014 年发行的 10 年期债券，票面利率为 4.5% ~ 5%，与上海申通地铁集团并列为国内公开市场融资成本最低的地铁集团，比广州地铁集团的融资成本还低 1 个百分点。这一融资成本基本与国内银行间市场发行的融资租赁资产证券化产品（ABS）下限相当。同时 2017 年以后，深圳地铁集团尝试通过与万科合并重组进而登陆国内资本市场，一旦运作成功将进一步提升融资能力[①]。深圳各大基础设施投资企业，由于具有强大的融资能力，同时融资成本低廉，除非政策试点推广，否则很难会选择融资租赁这一高成本的融资工具。

与固定资产投资关系最为密切的是建筑业，根据行业统计信息，2017 年深圳建筑企业产值为 2807.2 亿元，在广东省排名前列，但相较于同期全国建筑业 213954 亿元的总产值，占比还是很低。同时，深圳的建筑业施工项目主要是面对住宅等民用建筑，除地铁之外的大型基础建设比重不大，因此对大型施工设备需求不多。更为重要的是，深圳经济发展水平很高，对建筑企业实力要求也很高，而深圳本地缺少有竞争力的建筑企业集团，本地建筑市场被央企和外地企业瓜分。因此，针对本地建筑企业的融资需求并不多，2015 年全市建筑企业固定资产投资额仅有区区 2500 万元，就是很好的佐证。

---

① 目前关于深圳地铁集团融资租赁业务相关信息，只有一笔标的金额 12 亿元的地铁车辆融资租赁协议，具体情况参见 http://finance.qq.com/a/20150519/020046.htm。

（四）交通运输物流业

交通运输和物流行业是国民经济运行的重要命脉，该行业需要大规模设备固定资产投资，因此也是融资租赁行业的主要服务对象领域。深圳发达的加工制造业和进出口贸易，带动当地物流行业的蓬勃发展。通过表2对比深圳和全国物流行业主要经济统计指标的差异，可以看出深圳物流行业存在潜在的融资租赁需求。

表2　2016年深圳与全国交通物流行业主要统计指标对比

指标	2016年全国	2016年深圳	占全国比重（%）
公路货运量（万吨）	3341259	23787	0.71
公路周转量（亿吨公里）	61080.1	368.05	0.60
民航货运量（万吨）	668	94	14.07
机场旅客吞吐量（万人次）	101635.7	4198	4.13
港口吞吐量（万吨）	810933	21410	2.64
物流交运行业从业人员（万人）	849.5	27.03	3.18
物流交运行业从业人员年均工资（元）	33649.1	1626.32	4.83
物流交运业增加值（亿元）	744127.2	19492.6	2.62
国内生产总值（亿元）	3341259	23787	0.71

资料来源：课题组根据统计年鉴等公开资料整理。

从交通运输物流，特别是陆上、水上货运物流来看，深圳的总量指标均明显低于同期经济总量占全国的比重。由于深圳并不是铁路运输枢纽，所以没有将铁路货运量和周转量计入对比内容。但深圳依托电子制造和高新技术产业优势，在航空运输方面一枝独秀，民航货运量占据全国的1/6左右。而深圳机场作为全国排名前五的国内机场，旅客吞吐量接近4000万人次。虽然深圳物流行业总体产能产量并不突出，但是创造的增加值远远大于行业货运规模，高于同期深圳经济总量占全国的比重。这反映出深圳作为外向型经济发达的制造业城市，物流行业的产业层次较高，最直接地反映在运输商品单位重量货值，2015年深圳物流行业单位运量商品货值为14000

元以上[1]，远高于全国物流行业同一指标三倍。这一特征业也直接反映在深圳物流行业劳动生产率上，物流行业是一个人力资本高度密集的行业，而深圳物流行业从业人数比重远低于增加值比重，物流行业从业人员收入水平也远高于全国平均水平，都反映出了深圳物流行业的竞争优势。

深圳物流行业几十年高速发展，涌现出了以顺丰集团、怡亚通等为代表物流龙头企业，以及8000多家中小型物流企业。从具体融资租赁市场需求来看，飞机、船舶是融资租赁行业单体规模较大的主要融资标的物。虽然深圳航空运输和海运发达，但深圳目前已经没有本地独立运营的航空和海运企业，所以这部分融资租赁业务不大可能开展。深圳作为世界排名第三的集装箱港口，开展集装箱等运输工具方面的融资租赁业务具有得天独厚的优势。在陆上运输方面，虽然深圳物流企业利用资本市场融资较为突出，但依然有大量无法获得直接融资服务的中小型物流企业。深圳作为外贸口岸，公路物流以进出口货柜为主，货柜运输车辆一般是进口右舵重卡，车辆购置费用高昂，正适合作为融资租赁业务普遍的业务标的物。此外，深圳土地资源稀缺，物流仓储用地匮乏，很多物流枢纽地区的仓储用地出让价格和内地二线城市的商业住宅用地价格持平。土地价格和人力成本的双重上涨，迫使物流仓储企业选择建设高科技的自动化立体仓储设施，而这类资金设施投入巨大[2]，也是有待融资租赁企业发掘的潜在市场领域。

（五）金融机构信贷

融资租赁业务作为金融机构信贷组成部分之一，与其他传统银行金融机构信贷业务有着密切关系。深圳作为一个外向型经济高度发达的城市，金融机构外币存贷款有着较大的规模和比重（见表3）。

---

[1] 此处及下文表中相关数据来自全国物流采购联合会深圳分会制作的深圳物流行业"十三五"规划文件。

[2] 以国内单体规模最大的自动化物流基地——京东集团上海"亚洲一号"仓储配送中心为例，单位平方米物流设施固定资产投入超过6000元。

表3　2016年深圳人民币和本外币存款信贷统计指标对比

单位：亿元

指标	人民币存贷款	本外币存贷款	本外币数据与人民币数据对比
金融机构各项存款	57793.3	64407.81	1.11
金融机构各项贷款	34034.29	40526.9	1.19
住户贷款	15022.07	15135.44	1.01
非金融机构法人贷款	18639.54	23058.16	1.24
融资租赁	847.94	975.17	1.15

资料来源：课题组根据统计年鉴等公开资料整理。

从表3可以看出，深圳是一个"存差"巨大的金融中心城市，是信贷资金的输出地。深圳金融机构的外币贷款规模相当于本币贷款规模的1/5，说明深圳银行信贷机构，开展涉外业务（主要应当是进出口信贷）较多。融资租赁本外币信贷总体规模为970亿元，其他融资租赁发达城市如上海和天津，统计资料中没有该项指标，无法同类比较。但相对于深圳融资租赁企业同期注册资本总体规模及占全国比重，这一融资租赁信贷规模并不突出。同时，深圳融资租赁行业外币贷款占总体贷款的比重，也低于非金融机构法人贷款的同一比例，相较于传统银行信贷，深圳融资租赁行业开展涉外业务比重不高。

（六）民生社会事业

由于特殊的城市发展历史，以基础教育和医疗事业为主体的民生社会事业，一直是深圳经济社会发展中的短板和不足。深圳作为改革开放之初一个人口不过百万的普通县域，短短40年外来移民不断涌入，发展成为千万人口以上的特大都会，公共资源和服务设施匮乏的问题尤为突出。深圳地方政府不断加大相关领域的资金、人力投入，以满足常住人口不断增长的公共服务需求。

以在校生人数占常住人口比例来看，2016年深圳这一指标已经接近全国平均水平，甚至超过了全国所有的建制市辖区平均水平，高于上海和北京的同一指标，在 4 个超一线城市之中仅仅低于广州同期数据（见表 4）。但初中入学率还较低，低于全国平均和所有建制市辖区 1 个多百分点，也显著低于广州同期水平。这说明，深圳在解决外来人口子女义务阶段教育方面取得很大成就，但是随着受教育者年龄阶段上升，教育资源不足的问题开始逐步显现。

表 4　2016 年全国和北京、上海、广州、深圳义务教育入学率指标对比

单位：万人，%

地区	"六普"常住人口	小学在校生人数	普通中学在校生人数	小学生人口占比	初中生人口占比
全国（去港澳台）	133281.08	9169.26	6906.28	6.88	5.18
全部建制区	47126.8	2857.26	2341.24	6.06	4.97
北京	1961.2	64.82	46.67	3.31	2.38
上海	2231.3	71.18	56.91	3.19	2.55
广州	1107.1	70.78	44.88	6.39	4.05
深圳	1035.7	65.13	34.69	6.29	3.35

注：第六次人口普查数据为 2010 年，而小学生和普通中学（初中）在校人数为 2016 年全国和各地教育统计公报中数值。由于各地政府自行公布的常住人口年度数据缺少足够权威性，因此选择全国普查数据，表中最后两列的比值数据，为跨时间周期不同统计项目比值，没有实际意义，仅仅作为趋势对比。全部建制区，包括所有地级以上城市（含直辖市）的市辖区，以及东莞、中山等不设县区的地级城市全部镇区。

资料来源：课题组根据统计年鉴等公开资料整理。

从医疗资源的人均占有情况来看，深圳的矛盾更为突出。由于北京作为政治文化和国际交往中心具有特殊性，在医疗资源分布的对比表中没有列入。相较于上海、广州两个传统的全国中心城市，深圳无论在医疗机构的数量还是床位数等方面都明显低于全国和上海、广州的水平（见表 5）。如果比较医疗机构的质量，则差距更为悬殊，2016 年上海拥有三甲医院 60 家，广州拥有三甲医院 62 家，而深圳仅有 11 家[①]。深圳唯一人均医疗资源指标

---

① 当然也应明确的是，上海和广州分别作为长三角华东和广东华南的区域中心城市，高端医疗资源更多服务于各自辐射的周边几亿人口，这一点与深圳存在很大差别。

占优的是每万人医护人员数量，但这仅说明深圳医疗服务水平总体较为低端，偏重于基础医疗服务。这从医护人员的人均年收入水平对比中也可以得到印证。上述对比说明，深圳作为全国性的中心城市，优质医疗资源严重匮乏，未来需要加大医疗服务方面的投入力度。

表5　2016年全国和北京、上海、广州、深圳主要医疗资源指标对比

指标	全国	深圳	上海	广州
"六普"常住人口(万)	133281.1	1035.7	2231.3	1107.1
卫生机构家数(家)	983528	2946	5016	3724
医院家数(家)	27587	123	338	229
床位数(张)	7015200	33771	122813	82002
医疗卫生工作人员(人)	10693881	92682	170189	153943
每万人医院数(家)	0.21	0.12	0.15	0.21
每万人床位数(张)	52.63	32.61	55.04	74.07
每万人医护人员数(人)	80.24	89.49	76.27	139.05
病床使用率(%)	85.40	84	93.66	85.45
病床周转次数(次/年)	38.02	38.1	32.13	32.7
医护人员人均年收入(元)	71624	78716	115126	96073

资料来源：课题组根据统计年鉴等公开资料整理。

通过以上统计指标对比，可以清晰地看到深圳公共服务资源匮乏的现状，以及未来公共服务需求增长的空间，这其中蕴含着巨大的投资机会，也是深圳融资租赁行业面向本地投融资业务的最主要增长来源。这一部分内容将在后面的行业发展趋势部分进一步详细分析。

三　深圳融资租赁行业政策环境分析

（一）政府规划相关内容

深圳政府并没有对融资租赁行业发展进行总体规划，但在各层次各领域的规划中，都不同程度地提到了与融资租赁行业发展相关的内容。

1.《深圳市金融业发展"十三五"规划》

2016 年末，深圳市人民政府金融发展服务办公室出台金融行业发展的"十三五"规划，其中有部分内容专门提到融资租赁发展。

"加快培育新兴金融机构。积极支持民间资本、国有资本、外商资本等各类社会资本进入金融行业，支持按规定发起或参与设立自担风险的民营银行、金融租赁公司、消费金融公司……支持银行业金融机构通过并购贷款、项目贷款、买方信贷、融资租赁等多种手段，服务我国企业'走出去'和'一路一带'重点项目建设。支持保险机构发展海外投资保险、海外租赁保险业务，为企业海外投资、产品技术输出、重大工程建设提供综合保险服务……结合深圳产业结构调整和布局规划，加大对先进制造业、战略性新兴产业、现代服务业等金融支持力度，构建产融互动共生发展格局……探索开发供应链金融、航运金融、贸易融资、订单质押和股权质押等创新金融产品和业务，推动金融业与物流业的有效结合。健全文化创意产业投融资体系，支持社会资本设立各类文化创意产业投资基金、融资担保公司、小额贷款公司，鼓励金融机构开发面向文化创意产业的金融产品……"

2.《前海深港现代服务业合作区总体发展规划》

2010 年末，国务院批复前海深港现代服务业合作区规划中，多处提及融资租赁行业发展问题。

"推动以跨境人民币业务为重点的金融领域创新合作。继续扩大跨境人民币业务试点，发挥深圳作为跨境人民币业务试点地区的区位优势，促进香港人民币离岸市场的发展……支持设立融资租赁公司、汽车金融公司、消费金融公司以及小额贷款公司等有利于增强市场功能的机构……推动航运航空金融创新发展……支持在前海服务航空、航运的金融租赁公司进入银行间市场拆借资金和发行债券。"

3.《深圳市人民政府办公厅关于印发深圳市开展国家服务业综合改革试点实施方案（2011~2015年）的通知》

2011 年深圳市政府印发该方案通知，对融资租赁行业发展进行了详细的规划部署。

"发挥深圳作为跨境人民币业务试点地区的区位优势,继续扩大跨境人民币业务试点……鼓励符合 CEPA 关于'香港服务提供者'定义的金融机构在前海设立国内总部、分支机构;支持设立融资租赁公司、汽车金融公司、消费金融公司等有利于增强市场功能的机构……二是推动发展现代物流业……有序开展航材租赁、航材交易、民用飞机融资租赁等多种创新服务……"

4.《深圳市人民政府关于加强和改善金融服务支持实体经济发展的若干意见》

2012 年末,深圳市政府在意见中专门提及融资租赁行业支持战略性新兴产业发展。

"加大对战略性新兴产业的支持力度……加大对战略性新兴产业信贷支持……鼓励和支持符合条件的机构设立金融租赁公司和融资租赁公司,大力发展设备租赁业务,满足战略性新兴产业、高新科技企业对融资租赁服务的需求。"

除了上述几大核心的经济金融产业发展的规划文件外,深圳政府各级部门还在企业跨境融资、金融机构离岸人民币业务、科技金融、政府职能转变、市场化改革、普及推广新能源汽车等领域的政府规划文件中,专门提到支持融资租赁行业的发展问题。各区级政府在本地经济金融产业规划文件中,也提出了扶持融资租赁企业发展的内容。

(二)优惠政策措施解读

2017 年之前,尽管深圳融资租赁企业注册数量持续增长,但深圳各级政府部门出台的政策规定中,并未对任何类型的融资租赁企业注册、迁址和开展业务明文规定了实际的物质补贴或者奖励,直到 2017 年 9 月末,深圳市人民政府颁布了《深圳市人民政府关于印发扶持金融业发展若干措施的通知(深府规〔2017〕2 号)》,该通知对各类金融机构包括金融租赁公司进行各种形式的经济物质奖励,其中包括金融创新和金融科技奖励、金融行业人才奖励、金融企业总部落户奖励、外地金融机构并购重组本地机构奖励、办公用房购置和租用奖励、金融租赁公司服务本地企业或者购买本地生产设备奖励、在深圳开办分支机构奖励、设立专业子公司奖励、开办金融机构相关中介服务机构奖励等①。

上述奖励措施虽然内容丰富，奖励类型多样，可操作性强，但仅仅针对少数金融租赁公司，对于深圳数量最多的外资融资租赁公司，依然需要等待实质性优惠补贴奖励政策措施出台。

四 深圳融资租赁行业成功案例介绍

（一）行业龙头企业

1. 国银金融租赁股份有限公司

国银金融租赁股份有限公司的前身是成立于 1984 年的深圳租赁有限公司，2008 年，国开行和海航集团分别以现金形式向公司增资 67.69 亿元和 5.15 亿元，公司注册资本增至 80 亿元，其中国开行持股比例为 88.95%，为第一大股东。2015 年 9 月 25 日，公司获深圳银监局批复更名为国银金融租赁股份有限公司，注册资本由 80 亿元增加至 95 亿元人民币，股东出资比例不变。2016 年 5 月，公司以首次公开发售形式发行 314238 万股普通股，本公司股份在香港联合交易所有限公司主板正式挂牌上市交易。募集资金总额为港币 628476 万元。此次公开发行后，公司股份总额为 1264238 万股，总股本金额为 1264238 万元人民币。

根据港交所上市公司最新股东构成信息，国银租赁前十大股东构成如表 6 所示。

国银租赁作为改革开放之后最早设立的融资租赁企业，从成立至今已有 30 余年的历史，同时也是最具有行业影响力的金融租赁公司之一。2013 年

---

① 具体奖励政策条文内容详情请见市府官网链接，http://www.sz.gov.cn/cn/xxgk/zfxxgj/tzgg/201710/t20171010_9311098.htm。

表6 截至 2017 年 3 月 31 日国银租赁港股（HK 01606）前十大股东构成

序号	股东名称	直接持股数量（股）	占已发行普通股比例(%)	股份性质
1	国家开发银行	8141332869	64.4	内资股
2	三峡资本控股有限责任公司	1306500000	10.33	H 股
3	海航集团有限公司	795625000	6.29	内资股
4	恒健国际投资控股(香港)有限公司	523310000	4.14	H 股
5	中国再保险(集团)股份有限公司	381430000	3.02	H 股
6	全国社会保障基金理事会	273744000	2.17	H 股
7	华达有限公司	271250000	2.15	H 股
8	Fortune Eris Holding Company Limited	193984000	1.53	H 股
9	Taiping Assets Management (HK) Company Limited	193750000	1.53	H 股
	其他 H 股股东	562254902	4.44	H 股

资料来源：腾讯网港股咨询频道。

底，公司当选为中国银行业协会金融租赁专业委员会主任单位。经过多年发展，公司逐步形成航空、基础设施、船舶、商用车及工程机械等领域租赁业务共同发展的业务体系，综合实力处于国内领先地位。

根据公司公开招股说明书中的信息，公司无论是在资产规模还是业务收入方面都高居全国所有几千家融资租赁企业首位（见表7）。

表7 国银租赁港股招股书中关于公司行业地位排名信息

2014 年银监会监管下金融租赁公司营收排名		
排名	企业	营业收入(人民币计,十亿元)
1	国银金融租赁股份有限公司	11.7
2	工银金融租赁有限公司	10.5
3	民生金融租赁股份有限公司	9.1
4	交银金融租赁有限责任公司	6.7
5	招银金融租赁有限公司	6.2

2014 年银监会监管下金融租赁公司经营性租赁资产（出租实物）余额排名		
排名	企业	资产余额（人民币计，十亿元）
1	国银金融租赁股份有限公司	36
2	工银金融租赁有限公司	24.1
3	民生金融租赁股份有限公司	24.1
4	交银金融租赁有限责任公司	11.9
5	建信金融租赁有限公司	4.7

资料来源：腾讯网港股咨询频道。

根据港股上市公司年报，2017 年国银租赁公司实现营业收入 118 亿元，实现净利润 21.31 亿元，总资产规模 1871 亿元（见表 8）。

表 8 国银租赁公司 2017 年财务报表主要信息

单位：人民币，千元

2017 会计年度国银租赁营收利润表		2017 会计年度国银租赁资产负债表	
项目	金额	项目	金额
收入		资产总额	187099272
融资租赁收入	5784289	其中：现金银行存款	16207073
经营租赁收入	6016001	应收账款	6610039
总收入	11800290	应收融资租赁款	9880563
投资损益净额	176160	预付账款	7530238
其他收入损益	338272	物业和设备	49532281
收入及其他损益总额	12314722	负债总额	163590303
折旧摊销	−2701187	其中：借款	116245105
员工成本	−351623	应付债券	32326713
手续费及佣金	−62158	权益总额	23508969
利息支出	−4984470	每股净资产（单位：元）	1.86
其他营业支出	−494032		
减值损失	−912918		
支出总额	−9506870		
税前利润	2807963		
所得税费用	−679663		
年度净利润	2131300		

资料来源：腾讯网港股咨询频道。

国银租赁公司资产状况和盈利状况良好，根据年报披露信息，2017 年包括资本充足率在内的主要监管指标明显高于银监会等监管机构的要求，公司信用状况也获得了国际主要信用评级机构的较高评价（见表 9）。

表 9　国银租赁公司 2017 年主要财务和监管指标

单位：%

指标项目	数值	银监会监管标准
财务统计指标		
平均总资产报酬率	1.21	
平均权益资产报酬率	9.30	
融资租赁业务净利差	1.85	
融资租赁业务净利息收益率	2.33	
经营租赁业务净租金收益率	9.13	
经营租赁业务所得税前利润率	23.97	
成本收入比率	7.08	
税前拨备前净利润率	31.53	
营收净利润率	18.06	
资产质量指标		
不良资产率	0.78	
融资租赁业务不良资产率	1.31	
融资租赁相关不良资产拨备覆盖率	215.15	≥150
资本充足指标		
核心一级资本充足率	13.19	≥6.7
一级资本充足率	13.19	≥7.7
资本充足率	14.10	≥9.7
信用评级		
标准普尔	A	
穆迪	A1	
惠誉	A+	

资料来源：腾讯网港股咨询频道。

国银租赁公司的业务构成以经营性租赁和融资租赁为主，其中经营性租赁主要是航空器交通工具以及其他大型交通设备。融资租赁业务主要收入构成比重表 10 所示。

表 10   国银租赁公司 2017 年融资租赁业务收入构成情况分析

客户行业分布	总金额（人民币百万元）	占比（%）
航空器	71110.6	38.1
基础设施	77423.2	41.5
车辆船舶机械	26588.3	14.3
其他租赁业务	11334.7	6.1
合　计	186456.8	100.0

资料来源：腾讯网港股咨询频道。

2. 兆恒水电股份有限公司

兆恒水电股份有限公司是一家致力于水电投资、建设和管理的专业公司，实行现代股份制企业制度，是国际小水电组织的 5 家核心会员之一。公司在华中、华南、西南和西北等地区均拥有水电站，目前总装机容量为 130 万千瓦。

公司在全国范围内形成了水电投资开发建设运营一体化的体系，投资发展方向以流域梯级开发为优先，积极推进中国可再生清洁能源事业的可持续发展，在满足投资者投资回报利润的同时为社会创造价值。

该公司的主业虽然是水电站开发建设，但也有水电建设开发领域的融资租赁相关业务，该公司是中国租赁联盟和天津滨海融资租赁研究院根据 2016 年 6 月末注册资本规模排名的全国融资租赁业务 50 强企业名单中的成员。

3. 前海兴邦金融租赁有限责任公司

前海兴邦金融租赁有限责任公司是由深圳本地最大的农村信贷金融机构深圳农村商业银行作为主发起人，联合其他股东设立的注册资本金 15 亿元人民币的全国性金融租赁公司，是深圳首家本地金融机构发起成立的金融租赁公司。公司股东比例为：深圳农村商业银行控股（51%），深圳联美集团等几家民营企业共同出资其余股份。公司于 2016 年 11 月 8 日由中国银监会批准筹建，2017 年 5 月 15 日获得深圳银监局开业批复，5 月 16 日完成工商注册登记，成为前海第一家、深圳第二家金融租赁公司。根据兴邦金融租赁相关管理人员对外宣传，成立后的金融租赁公司将聚焦高端制造、交通物流、信息科技、能源环保、医疗健康、文化旅游等行业领域。

4. 富银融资租赁（深圳）股份有限公司

富银融资租赁（深圳）股份有限公司是一家金融服务公司，专注于为中国的客户提供基于设备的融资租赁、商业保理及咨询服务。该集团是杉杉股份（A股代码：600884）旗下金融领域子公司。

公司于2012年12月7日在深圳市市场监督管理局前海分局注册，注册资本人民币35934万元。主要股东为国内知名民营企业杉杉集团在香港的子公司。

该公司自成立以来，根据客户的行业及其需要的设备提供定制化的融资租赁服务，包括新品直租、新品回租及旧品回租交易，并专注于向中国各地的快速消费品、电子产品、医疗、可替代能源及运输行业提供融资租赁服务。目前，富银融资租赁公司的融资业务客户分布于全国多个省份，客户数量规模超过200名。公司同时经营包括商业保理在内的供应链金融业务。

该公司香港创业板市场公开发行股票招股书中显示，2016年该公司融资租赁业务总收入7605万元，其中租金收入4540万元。公司2016年底总资产规模为98.73亿元，融资租赁合同余额为69.62亿元，全年实现净利润1617万元。

（二）创新商业模式

深圳不仅拥有发达的高新技术产业优势，各类金融要素市场也十分发达，全国最早的和十分罕见的融资租赁场外资本交易市场都位于深圳前海。此外，深圳本地融资租赁企业在创新业务模式方面也走在全国同行的前列。

1. 深圳亚太租赁资产交易中心有限公司

深圳亚太租赁资产交易中心有限公司（以下简称"亚租所"）是由光大兴陇信托有限责任公司、翔龙融资租赁（深圳）有限公司、香港租赁有限公司联合发起，经深圳地方金融和市场主管部门批准设立，专门为各类融资主体、投资主体及其他中介服务机构提供资产交易与综合服务的要素交易平台。

亚租所以"立足前海，服务全球"为宏伟志向，以"做受人尊敬的企业"为远大目标，以"依法经营、公允守信、优质服务"为前提，以"推动我国多层次市场服务体系的建立，推动特色化资产交易市场发展"为己任，以"服务国家、服务企业、服务人民"为使命。

亚租所将充分发挥广东自贸区、深圳经济特区、前海深港合作区"三区"叠加的政策优势，充分发挥"专业、敬业、高效"的国际化服务优势，充分发挥"海内外资源共享，国内外业务联动"的机制优势，在同业机构间全面开展"横向大联合"，在服务产品创新上大力开展"纵向大开发"，通过业务模式、服务产品、金融工具、投融资手段的持续创新，努力满足各类机构、投资者的不同需求，为各类资产交易及相关产品的登记、托管、交易、融资、结算等提供国际化、专业化的全程式服务。

2. 深圳市前海融资租赁金融交易中心有限公司

深圳市前海融资租赁金融交易中心有限公司（以下简称"广金所"）是为贯彻落实前海开发建设国家战略，丰富完善深圳地方金融市场体系，在广东省和深圳地方各级部门领导的大力支持下，于2014年4月由前海人寿等多家深圳地方金融机构和企业发起设立的。

该金融资产交易所借助国内外最先进的金融科技手段，搭建面向各类机构、投融资主体、个人用户的线上线下交易网络平台，实时为交易主体提供高效、安全和专业的资产交易以及附加服务，形成专业化融资租赁资产场内交易市场。

3. 国银租赁云南昆石高速公路售后回租项目

2009年5月22日，深圳国银金融租赁有限公司与云南省地方公路建设运营企业集团——云南省公路开发投资有限责任公司开展高速公路建设融资业务。融资租赁业务标的为昆石高速公路的固定资产，业务形式为资产售后回租，融资标的金额为37.48亿元，融资利率为5年内同期银行利率，融资租赁本金以及融资利息费用由融资方云南省公路开发投资有限责任公司分5

年等额偿还。这一笔融资租赁业务开创了国内公路建设融资新模式，是基础设施建设融资领域以及融资租赁业务模式的重大创新。

五　深圳融资租赁行业发展趋势分析

（一）融合战略新兴产业发展，互相借力助势

各个地方的融资租赁市场需求规模和融资方式都与当地经济社会发展阶段和水平密切相关。通常情况下，融资租赁市场需求增长情况与经济发展阶段和水平呈现"倒U"的库兹涅茨曲线，即前工业化阶段和工业化前期，融资租赁市场需求很小甚至可以忽略，工业化中期和中后期是融资租赁市场需求大规模爆发增长的时期，而工业化进程完成之后和后工业化时期，融资租赁市场基本饱和，增长空间有限。深圳作为国内最早实现全面工业化和现代化的领先城市，由于前文所分析的产业结构和市场主体构成，传统产业领域融资租赁市场需求可利用空间不大，但是深圳拥有优越的产业发展基础，也是国内首屈一指的创新之都，新兴产业发展势头迅猛，融资租赁企业可以从中挖掘很多潜在的独特的市场需求，创新业务模式和开拓新的领域。

1. 融资租赁企业经营战略与本地产业规划相结合

由于融资租赁行业与银行、证券、保险等行业天然具有差异性，融资租赁企业开展业务的地域性不强，所以融资租赁市场主体注册地址集中度很高。上海、北京和天津等国内融资租赁企业集中地都有其独特的资源和优势，如北京作为行政中心，坐拥众多金融监管机构、大型金融机构和央企总部，上海是跨国公司总部聚集地，而天津滨海地区最早开始发展融资租赁产业，行业集聚效应显著。与上述城市相比，深圳无论是在行政级别、总部经济还是行业先发优势方面都十分欠缺，但深圳最大的竞争优势就是发达的本地高新技术产业和一大批国内领先、世界知名的战略新兴产业龙头企业。因此深圳的融资租赁行业要想做大做强，就必须充分利用深圳强大的本地优势

产业，如高新技术产业、文化创意产业、物流产业、专业技术服务业等，将业务发展方向和业务领域聚焦于本地主导产业发展过程中产生的融资需求，借助实业企业的平台和网络优势，拓展业务渠道。深圳地方各个产业规划中都先后提及充分发挥融资租赁这一金融工具的支持作用，实现产融结合、协同发展。依托实体产业发展深圳融资租赁产业，不仅可以有效解决融资租赁行业资本"脱实向虚"的问题，更重要的是可以提升融资租赁企业的专业化程度，有效规避盲目粗放拓展业务所带来的风险隐患，促进融资租赁企业竞争力的提升和行业健康可持续发展。

2. 扶持高新技术中小企业做大做强

如前文所分析的，深圳本地产业特别是加工制造业中，产值构成以大中型行业龙头企业为主，但深圳中小微企业发展水平同样领先全国。截至2015 年末，深圳共有市场主体数量 113.4 万家，其中制造业企业数量共有14 万家，市场主体数量位居全国前列，而人均密度更是遥遥领先。尤为值得注意的是，深圳作为"创新创业之都"，每年新涌现超过 20 万家创业企业，为深圳地方产业发展提供源源不断的活力和动力。但广大中小微型企业，特别是创业企业，融资渠道有限，融资成本较高。更为严峻的是，深圳特殊的城市构造和建设用地匮乏状况，使得绝大部分深圳制造企业，包括部分规模企业，没有自有的厂房物业，通过租赁产房进行生产经营活动。这种经营模式更加需要融资租赁企业提供多样化的设备融资方式，满足轻资产生产经营过程中的现实需求。同时，深圳广大中小微企业和创业企业，总体产业层次和经营者素质高于全国其他地区，社会诚信体系完备，也适合融资租赁企业开展扶持中小微企业和创业企业的试点。深圳作为特区和中国改革开放试验田，经济社会发展最为成功，当然也最适合成为融资租赁行业转型试点的试验田。

3. 参与深圳本地产业转移战略布局

深圳经过改革开放 40 年的发展，土地、能源和人力等生产要素资源已经高度紧缺，而深圳周边珠三角地区、广东非珠三角地区和周边中西部省份，正处于工业化高速发展阶段。深圳从 2008 年国际金融危机开始，对本地传统加工制造企业进行"腾笼换鸟",不仅在广东省内进行"双转移",也在广大泛珠三角地区进行产业转移试点和合作。将近 10 年时间,深圳政府和地方龙头企业主导的产业专业合作园区遍及广大中西部地区和广东省内各地,其中尤以广东省内欠发达地区居多。

本小节开篇提到融资租赁需求与地方经济发展阶段的关系,以广州、深圳为中心,周边珠三角三线城市、广东非珠三角地区城市和中西部泛珠三角地区三线以下城市,分别处于工业化后期、工业化中后期和工业中期阶段,也有部分落后地区还处在工业化初期阶段。这些城市政府、区域经济产业、外来转移企业和本地企业对融资租赁这一融资方式都有着强烈的需求,主要表现为中等发展水平地区的企业需要融资租赁完成产业投资和设备升级改造,欠发达地区政府需要融资租赁手段改善本地基础设施条件。由于深圳企业在这一产业转移和工业化传播过程中起到主导作用,因此深圳本地融资租赁企业理应加入这一重大国家和地方经济战略布局之中。以融资租赁的金融工具助力产业转移进程,并从中发掘巨大的市场空间,使得深圳融资租赁产业真正立足本地、业务辐射全国。

4. 扶持本地文化创意产业发展

深圳依托开放的产业环境、丰富的人才优势、"文博会"品牌会展活动的宣传优势和科技产业实力,文化创意产业发展独领风骚,全市共有文化创意企业上万家,从业人员 50 万人,文化创意产业成为地方经济支柱产业。但除了腾讯、华强、水晶石等龙头大企业外,数量最多的中小微企业普遍存在融资困难的问题。

全国范围内,文化产业普遍存在融资难问题,这主要是文化产业特殊的产品形态导致的。文化行业市场主体普遍资产规模较小、业务状况不稳定,很难获得针对市场主体的融资服务;而文化产品本身异质化程度极高,缺乏公开透明的交易市场,价格不确定,也无法开展针对产品的供应链金融服务。因此文化产业融资最理想的切入点就是设备融资,文化产品虽然差异较大,但文化行业从业企业所使用的设备基本类似,正所谓"一样锅炒百样菜",这也正是融资租赁发挥所长的地方。文化产业所需主要设备无论是灯光音响设备、摄像录像设备、音频视频加工处理设备等，都具备很强的通用性、保值性和可流转性，非常适于作为融资租赁业务的标的物，也可以作为经营性租赁的主要业务内容。深圳融资行业企业应当充分利用本地文化产业发展得天独厚的条件，探索适合市场需求的文化产业融资租赁发展路径。

（二）加快国际化开放步伐

融资租赁这一种金融产业形态和经济特区这一类改革试验区都是改革开放之后国家为了吸收外来资金、先进技术和设备而产生的事物，在服务改革开放"引进来"战略方面，两者存在天然的关联性。中国经济经过几十年发展和积累，已经具备大规模输出资本技术和产能设备的条件，融资租赁这一金融工具正适宜发挥自身优势和作用。深圳作为中国对外开放的窗口和前沿，外向型经济高度发达，深圳的融资租赁企业大部分具有外资背景（其中绝大部分是港资），同时深圳利用前海粤港澳合作示范区的天然政策红利，借助国家推行人民币国际化战略的优势，帮助国内企业"走出去"。具体而言，深圳前海作为离岸人民币金融中心，与香港、澳门有着密切的经贸往来，当地融资租赁企业可以充分利用深圳和内地的产业优势，以前海为窗口和跳板，依托香港国际金融中心的枢纽地位，以及澳门与拉丁语系国家的特殊渊源，顺着"一带一路"倡议覆盖地区，适时利用沿海国家和地区庞大的海外华人商业网络，以融资租赁金融工具为手段，帮助国内企业对外输出成套技术设备、转移过剩产能，帮助沿线国家和地区进行基础设施建设。此外，还可以利用前海作为自贸试验区的开放优势，打造国际性的融资租赁业务资金中心，使前海从国内融资租赁的三大高地之一，升级成为世界性的融资租赁产业聚集区，成为东方的"都柏林"、东北亚的"新加坡"。

（三）参与本地国有企业混改试点

国有企业混合所有制改造是今后一段时间各地政府开展经济改革工作的重要方面。深圳改革开放40年以来，在经济快速发展过程中，涌现出了一大批优秀的地方国有企业，积聚了规模巨大的国有资本。同时很多其他兄弟城市的国有企业、部分中央企业也在深圳投资开办了不少企业。国有企业混合所有制改革，不仅要充分调动广大民营企业和民间资本参与，各类新型金融机构也需要在其中发挥重要作用。深圳现有两大特色金融产业集群，以及私募股权投资基金和融资租赁企业，前者介入国有企业混合所有制改革，特别是资产规模较小的竞争性行业国企比较多，也有很多成功案例。地方国有企业混合所有制改革的一个重要方向就是转变管理方式，从原来对国有企业"管企业、管经营、管人事"转变为"管资产"，充分发挥市场主体的自主性，这一改革方向也与融资租赁业务的特征十分吻合。融资租赁企业也可以顺势介入这一改革大潮，探索金融服务实体经济、助力改革的新模式。可能的业务对接模式包括：对设备陈旧老化、资产包袱沉重的国有企业，融资租赁企业可以通过售后回租等手段，帮助企业减负，改善资产负债结构和现金流状况，从而有利于企业提升竞争力，吸引新的民间投资者进入并提升企业估值；对于没有实体经营业务，依靠出租资产获取租金收益的部分国企，直接转变为以租赁为主业的企业，由管理水平较高的融资租赁行业龙头企业管理运营，实现国有资产保值增值。

（四）服务本地民生事业

深圳城市发展历史较短，特殊的人口增长模式和人口构成，使得其民生社会事业发展落后于经济发展，未来深圳政府和社会各类主体，必将在民生社会事业方面进行大规模投入，其中融资租赁作为重要融资手段，也可以在其中发挥重要作用。其中最大的市场领域为民办教育和民营医疗服务机构。

如前文所述，深圳人口增长的高峰是20世纪90年代后期至2000年这段时间，由于入世后出口加工业蓬勃发展，大量外来务工人口和其他专业技术人员涌入。随着时间推移，大批年轻的外来人口开始安家落户，随之带来学龄儿童人口的爆发式增长，这也解释了为什么在全国小学入学人口严重萎缩的情况下，深圳小学入学人数不断增长。在今后相当长的时期内，随着深圳产业转型的完成，高端科技产业成为主导产业，本地就业人口虽然绝对数量不会出现大规模增长，但是就业人口收入水平会有很大提升，外来人口本地化进程会不断加快。深圳，相较于北京、上海等其他一线城市，拥有较低的生活成本和较高的收入水平①，外来人口持续增长必将对原本紧张的教育卫生公共资源形成巨大需求。政府为了解决这一问题，必须加大教育、医疗设施投入力度，但受政府支出管控、新增人员编制和划拨用地等一系列问题困扰，公办教育、医疗机构增长始终无法跟上实际需求，这就为民办教育和民营医疗机构提供了巨大空间。

特别是深圳具有特殊的城市地理空间结构，深圳常住人口特别是新增人口大部分聚集在关外，但是由于历史原因，优质教育、医疗资源更多地集中于关内三区（罗湖、福田、南山）。相较于北京、上海等环路网格交通格局的超大城市，深圳是一个被山地相隔、由高速公路串联而成的组团型城市群落，更加需要教育、医疗公共设施在地理空间上的均衡分布。深圳民办教育和民营医疗机构将迎来巨大的发展空间，这两类机构受行业特征和组织形态制约，获得传统融资服务较为不便，正适合作为融资租赁企业开展业务的重要领域。

除了医疗、教育两大最重要的民生领域，其他包括保障性住房建设、环境保护生态文明建设、社会治安综合防治、慈善养老等福利事业，都需要创新现有融资手段，加大资金投入，深圳融资租赁企业一样可以从中挖掘全新的业务机会，在业务领域创新方面走在全国前列。

参考文献

［1］陶宇、劳铖强：《深圳企业外溢发展的"本地——异地"环境优化模式研究》，《特区实践与理论》2018 年第 6 期。

［2］申海成、陈能君、张蕾：《深圳文化金融全产业链平台构建路径研究》，《现代

---

① 根据公开统计信息，深圳 2015 年居民人均收入为 44633 元，虽然低于同期上海的 49867 元，但两地就业结构存在巨大差异，根据两地年鉴中就业工资数据，深圳就业人数最多的私企人均收入 8 万元，制造业人均收入 7 万元，批零生活服务业人均收入 5 万元，均显著高于上海同类指标。但深圳国企、外企和金融业人均收入低于上海，说明深圳收入差距更小。

管理科学》2018 年第 5 期。

［3］马仲康：《关于深圳市主要行业的分析调研报告》，《中国乡镇企业会计》2018
年第 1 期。

［4］广东省政府发展研究中心课题组、康念福：《京沪粤金融产业大发展的比较分
析及启示建议》，《广东经济》2017 年第 12 期。

［5］邓志新：《深圳在粤港澳大湾区中的定位和对策》，《特区经济》2017 年第 11
期。

［6］游春晖、王菁：《广东省融资租赁产业集群现状及建议》，《中国商论》2017 年
第 9 期。

［7］姚康、周丽亚：《从快速城市化到深度城市化——深圳新型城镇化道路探索》，
《住宅与房地产》2017 年第 8 期。

［8］何海辉：《文化产业融资与收益研究——以深圳市为例》，《经济研究导刊》
2017 年第 8 期。

［9］何晓军：《深圳金融形势与创新驱动》，《智库时代》2017 年第 4 期。

［10］马小琴、李景春、唐靖廷：《广州—深圳区域金融中心中小科技型企业融资困
境与对策研究》，《经济师》2017 年第 3 期。

［11］卢耀东：《深圳经济特区国有企业投资监管制度的演变及效果分析》，《深圳
大学学报》（社会科学版）2016 年第 5 期。

［12］韩汉君：《上海自贸区与滨海、前海的金融创新比较》，《浦东开发》2014 年
第 8 期。

启 示 篇

Revelation Reports

B.9
融资租赁公司资本市场融资发展与案例

王吉培　刘 坤*

摘　要： 长期以来，制约融资租赁公司发展的重要瓶颈是融资能力。
传统上，融资租赁公司主要的融资渠道是银行等金融机构。
背靠金融机构的融资租赁公司通常有来自大股东的稳定资金
支持，业务规模容易做大；而商务系融资租赁公司受限于融
资困难，显得步履维艰。近年来，这一状况正在发生积极的
改变。融资租赁公司的融资渠道趋向于多元化，越来越多的
融资租赁公司开始借助资本市场融资，使用资产证券化
（ABS）、上市公司股东注资、债券以及上市（股权）融资等
工具，开辟了新的融资途径。此外，本报告还通过案例的形
式，分析了平安租赁、渤海金控、晨鸣租赁与芯鑫租赁等如

---

* 王吉培，经济学博士，研究方向为风险投资、大数据征信等。刘坤，经济学博士，特华博士
后科研工作站博士后，济南大学金融研究院研究员，研究方向为公司金融、资本市场等。

何使用差异化的资本市场工具进行融资。

关键词： 资本市场融资 资产证券化 案例分析

融资租赁业务的本质是借助融物达到融资的目的，具备一定的金融属性。融资租赁企业的业务扩张需要持续的外源性融资支撑，通过负债经营扩大业务规模，进而产生一定的规模经济效应，带动收入增长，推动利润持续积累。我国融资租赁企业分为由银监会监管的金融租赁公司和由商务部监管的融资租赁公司两大类，其中融资租赁公司又细分为外资融资租赁公司和内资融资租赁公司。其中，在我国融资租赁企业中数量占比最大的外资融资租赁公司普遍存在股东背景弱、实收资本少、开业时间短、经营成效尚不显著等特征，成为制约该类公司获取高信用等级的主要因素。对于融资租赁公司而言，直接债务融资工具主要包括由（超）短期融资债券、中期票据、公司（企业）债券和非公开定向债务融资工具组成的传统债券以及租赁资产证券化。近年来，随着行业规模和业务规模的不断扩大，债券以及租赁资产证券化等基于租赁资产二级市场的新型融资工具日益受到融资租赁企业的青睐。

一 融资来源多元化

传统上，融资租赁企业的资金来源主要是银行贷款和股东增资。

根据商务部的统计，国内融资租赁业的融资来源仍非常传统。数据显示，除金融租赁公司外，商务系融资租赁公司的资金来源中约有70%来自银行贷款，5%来自股东增资，3%来自信托渠道的融资，其他来自资本市场各种融资工具的融资总额占比不超过5%。这表明，融资租赁公司在5年前过于倚重间接融资渠道，融资租赁公司与资本市场之间的联系还很少，直接融资（特别是上市融资）的比重非常低。金融租赁领域曾一度有个别公司在境内外证券市场上市，但受限于监管政策，金融租赁上市公司的数量被定格在个位数，数年来未有增长。2015 年，国务院推出了金融租赁行业的指导意见，为部分有金融租赁背景的公司开启了上市融资的可能之门。

2016 年融资租赁企业的融资结构有所优化，融资渠道更加多元，资产证券化、股东增资、利用资本市场进行债务或权益融资、利用境外资本市场融资等方式，逐渐起到重要的补充作用，使得融资租赁企业在银行贷款渠道以外拓展了新的融资空间，从而优化了融资结构、降低了融资成本。

资产证券化（ABS）成为融资租赁企业融资的有效渠道。2006 年，远东租赁发行第一支融资租赁 ABS 产品。融资租赁 ABS 产品自 2014 年后开始增长，从 2014 年的 57.3 亿元上升至 2015 年的 593.3 亿元。万得资讯的数据显示，2016 年，我国融资租赁企业累计发行 ABS 产品 1068 亿元，较上年增长一倍有余；2017 年，融资租赁企业累计发行 ABS 产品 1199 亿元，继续维持在千亿元以上的规模。2018 年上半年共有 39 家融资租赁公司发行 ABS 项目 60 个，累计发行金额达 683.63 亿元，发行规模同比增加 23.7%，加权平均发行利率为 6.34%。可见，ABS 逐渐成为融资租赁公司的重要融资来源。

随着支持融资租赁发展的政策不断出台，大型企业和上市公司等各方资本加大对融资租赁业的关注和参与，融资租赁企业在资本市场中更加活跃。商务部的研究报告显示，受政策支持影响，同时也是为了更好地拓展销售渠道与服务客户，截至 2016 年底，有近 300 家上市公司设立或参股融资租赁公司，上市公司（作为股东）借助资本市场的力量发展融资租赁的热情明显高涨。2017 年，有 30 余家上市公司设立或参股融资租赁公司；2018 年上半年，有 15 家公司涉足融资租赁业务。来源于上市公司大股东的资本金投入或追加，优化了租赁公司的资本结构，为资租赁公司吸收更多的银行贷款、放大经营规模创造了条件。

从沪深两市上市公司所属行业看，制造业企业数量最多，有 132 家，融资租赁在助力经济结构调整、产业转型升级和企业设备更新换代等方面发挥积极作用；批发和零售业企业 18 家，有利于企业经营模式由单一的批发零售转向包含融资租赁服务的综合化运营。各上市公司对自身融资租赁业务均有明确定位，特点鲜明，致力于融资租赁与现有业务产业融合，拓宽多元融资渠道，夯实全产业链驱动商业模式，形成新的盈利增长极。

债券市场、股权融资市场、境外资本市场也逐渐开始展现融资租赁企业的身影。融资租赁公司借助多种不同期限的债券融资工具扩大融资规模，利用定向增发股票等方式增加注册资本金，通过自贸区政策支持拓展海外融资渠道。2013年至2018年8月融资租赁公司各类债务融资工具发行情况如图1所示。

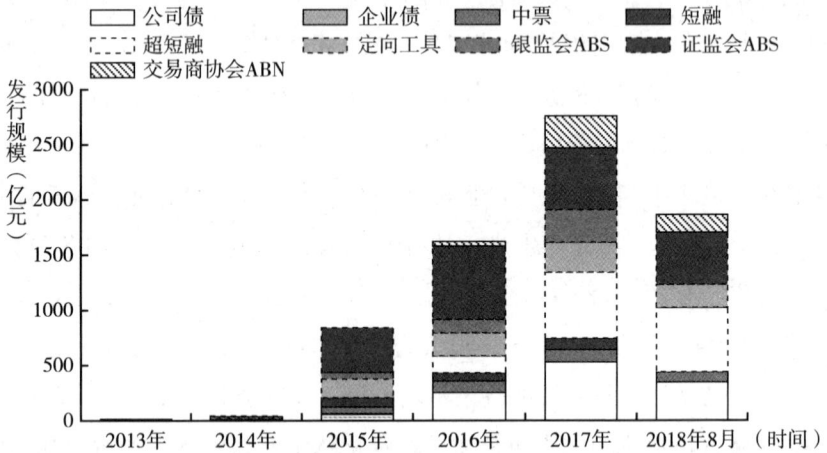

图1　融资租赁公司各类债务融资工具发行情况（2013年至2018年8月）

注：课题组通过万得数据整理得到。

二　资本市场融资工具与融资概况

（一）融资租赁公司发行ABS产品

由于资产证券化主要关注基础资产质量，对发行主体本身实力依赖度较低，融资的可行性和便利性较强。而且在融资租赁业务中承租人向融资租赁企业分期给付租赁款，能够形成稳定的现金流，因此具备良好的资产证券化条件。2006 年，远东国际租赁有限公司 4.77 亿元资产证券化产品的发行标志着我国融资租赁企业租赁资产证券化业务的开启。但受监管制度不健全、市场认可程度较低以及 2008 年国际金融危机对国内资产证券化业务形成冲击等不利因素影响，2014 年以前融资租赁企业资产证券化发行规模始终处于极低水平。2015 年以来，在资本市场创新发展的推动下，融资租赁企业租赁资产证券化产品发行规模大幅增加，2015 年度发行规模达到 466.35 亿元，是 2014 年度发行规模的 18 倍。2016 年，共有 68 家融资租赁公司发行 118 支租赁资产证券化产品，累计发行规模达 1067.68 亿元，同比增长 110.8%。

2017 年融资租赁企业发行 ABS 产品 75 支，发行金额为 828.99 亿元，同比减少 19.92%；发行租赁信贷 ABS 产品 11 支，发行金额达 345.67 亿元，同比增长 164.13%；发行租赁 ABN 产品 17 支，发行金额达 288.26 亿元，同比增长 626.27%。2017 年，在 8218 家融资租赁企业中，共有 129 家公司参与过租赁 ABS，企业参与度很低。已发行的租赁 ABS 发行金额仅占租赁资产合同余额的 2%，这也说明了资产证券化在租赁行业有很大的发展空间。

另外，自 2016 年银行间市场交易商协会加大对 ABN 创新产品发展的支持力度以来，ABN 市场蓬勃发展。2017 年以来受多重利好政策影响，资产证券化业务有序发展。2017 年度证监会 ABS 发行规模为 562.64 亿元，银监会 ABS 发行规模为 293.05 亿元，交易商协会 ABN 发行规模为 288.27 亿元。2018 年 ABS 产品融资情况见表 1。

表 1 融资租赁企业 ABS 产品融资情况统计（2018 年）

单位：支，亿元

发起机构	产品数量	发行总额
平安租赁	44	169.15
易鑫融资租赁	25	147.69
远东租赁	16	141.39
海通恒信国际租赁	30	91.14

续表

发起机构	产品数量	发行总额
汇通租赁	17	42.66
智慧租赁	5	39.80
中海租赁	8	36.69
奥克斯租赁	21	36.10
聚信租赁	12	34.18
君创国际融资租赁	12	33.31
上实融资租赁	5	31.50
融和租赁	6	26.02
中航租赁	6	25.35
悦达租赁	16	24.36
青岛城建租赁	7	20.09
中车信融融资租赁	9	20.02
中铝租赁	4	13.90
华润租赁	4	13.47
越秀融资租赁	6	10.91
横琴金投租赁	4	9.35
弘信博格融资租赁	8	9.09
文化科技租赁	4	8.39
中大元通融资租赁	3	8.29
赣发租赁	4	8.00
中垠租赁	5	7.68
正奇租赁	4	5.47
沣邦租赁	3	5.27
创富租赁	16	5.24
安吉租赁	2	4.98
融信租赁	3	4.85
海洋租赁	5	4.69
中成融资租赁	3	4.42
深圳比亚迪国际融资租赁有限公司	6	3.66
上海二三四五融资租赁有限公司	3	3.33
山东乾汇融资租赁有限公司	4	3.00
科高租赁	2	2.68
玉柴租赁	3	2.41
德银融资租赁	3	2.22
宜信租赁	2	1.67
中联利拓融资租赁	4	1.58
徐工租赁	3	0.33
总　计	347	1064.33

注：基础资产的类型包括租赁资产、租赁租金与租赁债权。

资料来源：课题组通过万得数据整理得到。

（二）上市公司设立或增资融资租赁公司

尽管每年有 2~3 家融资租赁公司能够在境内资本市场上市或挂牌，但对于快速增长的融资租赁行业而言，融资租赁公司直接上市融资的道路仍然是艰难的。除此之外，融资租赁公司借助资本市场融资的重要途径就是借助上市公司股东的力量。其中，上市公司独资设立融资租赁子公司或参股其他的融资租赁公司成为最普遍采用的方式。

从 2014 年开始，上市公司设立或参股融租租赁公司进入发展快车道。2014 年有 30 家上市公司新涉足融资租赁行业，2015 年有 36 家上市公司介入融资租赁行业，2016 年有近 300 家上市公司设立或参股融资租赁公司，2017 年有 30 余家上市公司涉足融资租赁，2018 年上半年有 15 家上市公司开展或拟开展融资租赁业务。2018 年上市公司设立（或参股、增资）融资租赁公司情况见表 2。

表 2　上市公司设立（或参股、增资）融资租赁公司情况（2018 年）

公告时间	上市公司	拟设立公司名称	注册资本
2018.01.05	盈峰环境	盈峰环境融资租赁	1000 万美元
2018.01.06	澳柯玛	澳柯玛融资租赁	2 亿元
2018.03.01	ST 常林	国机融资租赁	1600 万美元
2018.03.06	广联达	广联达融资租赁	2 亿元
2018.03.12	东方锆业	融盈融资租赁	1.33 亿元
2018.03.30	华鑫股份	仪电思佰益融资租赁	3 亿元
2018.04.27	深基地 B	宝湾融资租赁	1000 万美元
2018.05.04	金路集团	金路融资租赁	3000 万美元
2018.05.11	爱建集团	华瑞融资租赁	12 亿元
2018.05.15	珠海港	珠海港融资租赁	3 亿元
2018.05.22	陕鼓动力	长青动力融资租赁	2 亿元
2018.05.29	苏美达	国机融资租赁	1600 万美元
2018.05.30	三星医疗	奥克斯融资租赁	增资 3 亿元
2018.06.02	渤海轮渡	渤海轮渡融资租赁	增资 3 亿元
2018.06.09	嘉友国际	嘉和国际融资租赁	1 亿元
2018.07.10	劲胜智能	金创智融资租赁	8000 万元

公告时间	上市公司	拟设立公司名称	注册资本
2018.07.17	特锐德	特锐德融资租赁	10 亿元
2018.08.14	三泰控股	三泰融资租赁	1.7 亿元
2018.09.20	悦达投资	悦达融资租赁	4.1 亿元收购 40% 股权
2018.09.22	爱康科技	金控融资租赁	1.68 亿元收购 30% 股权
2018.10.11	南纺股份	金旅融资租赁	2 亿元
2018.10.12	海能达	海能达融资租赁	2 亿元
2018.10.31	世茂股份	鑫蕾融资租赁	3000 万美元
2018.12.13	西部矿业	西矿融资租赁	5 亿元
2018.12.15	杰瑞股份	杰瑞融资租赁	3 亿元
2018.12.25	爱康科技	爱康富罗纳融资租赁	10 亿元

资料来源：课题组通过万得数据整理得到。

（三）债券融资

融资租赁公司传统债券发行规模快速扩大。融资租赁公司通过传统债券等直接债务融资工具进行融资始于 2013 年 8 月渤海租赁股份有限公司（现为渤海金控投资股份有限公司）在深圳证券交易所发行总额为 35 亿元的公司债券。债券融资成本相对较低，但对发行主体的资质要求较高，只有实力雄厚的融资租赁公司才有机会利用债券市场获得资金补充。2015 年以来债券融资规模扩容速度明显加快，从发行品种来看，融资租赁公司债券发行品种日渐丰富，其中 2015 年以来新增了定向工具、短融和超短融等多个类型。其中定向工具发行量增速较快，主要原因一方面是定向工具为非公开发行，门槛相对较低，发行成功率较高；另一方面是定向工具期限较长，能较好地匹配租赁资产。2016 年融资租赁公司债务发行规模达到 1618.03 亿元，相比 2015 年增长 92.66%。其中，远东国际租赁公司各类债券融资总额达到 170 亿元，显示出强大的融资能力。表 3 表明，尽管对于规模相对较小的融资租赁公司而言，借助债券市场获得融资仍有难度，但越来越多的融资租赁公司开始能够借助公司债、短期融资券、定向工具等债券市场产品融资。2017 年融资租赁公司债务发行规模达到 2755.05 亿元，相比 2016 年增长

70.27%；2018 年 1～8 月达到了 1930.92 亿元，增速有所放缓，但整体呈现发行规模持续扩大态势。其中，超短融作为 2016 年新发产品，得益于其发行流程简单、发行效率较高等优势，2017 年全年共发行 151.50 亿元，在 2017 年各类债务融资工具发行规模合计中的占比达到 21.76%，继 ABS 产品成为融资租赁企业第二大债务融资工具。

表 3　融资租赁公司债券融资情况（2018 年）

单位：亿元

发行人	注册日期	初始注册金额	已使用额度	剩余额度	注册债券类型
广州越秀融资租赁有限公司	2018 – 10 – 17	20.00	14.00	6.00	超短期融资券
渤海租赁股份有限公司	2018 – 10 – 17	10.00	0.00	10.00	超短期融资券
中交建融租赁有限公司	2018 – 09 – 29	24.00	15.00	9.00	超短期融资券
中交建融租赁有限公司	2018 – 09 – 29	20.00	20.00	0.00	中期票据
青岛城乡建设融资租赁有限公司	2018 – 09 – 28	11.31	0.00	11.31	资产支持票据
国泰租赁有限公司	2018 – 09 – 25	40.00	6.00	34.00	超短期融资券
华能天成融资租赁有限公司	2018 – 09 – 25	20.00	5.00	15.00	超短期融资券
中航国际租赁有限公司	2018 – 09 – 21	6.00	6.00	0.00	资产支持票据
国药集团融资租赁有限公司	2018 – 09 – 18	7.05	5.78	1.27	资产支持票据
大唐融资租赁有限公司	2018 – 09 – 17	9.00	9.00	0.00	中期票据
安吉租赁有限公司	2018 – 09 – 17	4.98	4.98	0.00	资产支持票据
中远海运租赁有限公司	2018 – 09 – 14	16.48	16.48	0.00	资产支持票据
大唐融资租赁有限公司	2018 – 09 – 06	10.00	0.00	10.00	定向工具
中核融资租赁有限公司	2018 – 08 – 31	200.00	20.00	180.00	资产支持票据
中广核国际融资租赁有限公司	2018 – 08 – 31	15.00	5.00	10.00	超短期融资券
中广核国际融资租赁有限公司	2018 – 08 – 31	6.80	6.80	0.00	中期票据
奥克斯融资租赁股份有限公司	2018 – 08 – 23	15.00	0.00	15.00	资产支持票据
国药控股(中国)融资租赁有限公司	2018 – 08 – 23	13.52	11.82	1.70	资产支持票据
安徽正奇融资租赁有限公司	2018 – 08 – 23	10.00	0.00	10.00	资产支持票据
华电融资租赁有限公司	2018 – 08 – 14	20.00	5.00	15.00	超短期融资券
华电融资租赁有限公司	2018 – 08 – 14	9.60	9.60	0.00	中期票据
中电投融和融资租赁有限公司	2018 – 08 – 10	20.00	10.00	10.00	定向工具
弘信博格融资租赁有限公司	2018 – 08 – 02	5.90	0.00	5.90	资产支持票据
中航国际租赁有限公司	2018 – 07 – 30	20.00	0.00	20.00	定向工具
中航国际租赁有限公司	2018 – 07 – 30	20.00	20.00	0.00	定向工具

发行人	注册日期	初始注册金额	已使用额度	剩余额度	注册债券类型
中电投融和融资租赁有限公司	2018 - 07 - 30	17.02	17.02	0.00	资产支持票据
中原航空融资租赁股份有限公司	2018 - 07 - 23	5.00	0.00	5.00	定向工具
青岛城乡建设融资租赁有限公司	2018 - 07 - 16	5.00	0.00	5.00	定向工具
中核融资租赁有限公司	2018 - 07 - 11	200.00	10.00	190.00	资产支持票据
国药控股(中国)融资租赁有限公司	2018 - 07 - 11	18.00	18.00	0.00	超短期融资券
国药控股(中国)融资租赁有限公司	2018 - 07 - 10	10.00	10.00	0.00	中期票据
海通恒信国际租赁股份有限公司	2018 - 07 - 05	30.00	6.00	24.00	定向工具
海通恒信国际租赁股份有限公司	2018 - 07 - 03	20.00	15.87	4.13	资产支持票据
中垠融资租赁有限公司	2018 - 06 - 21	10.00	0.00	10.00	短期融资券
泰和融资租赁有限公司	2018 - 06 - 20	15.00	0.00	15.00	资产支持票据
平安国际融资租赁有限公司	2018 - 06 - 12	15.00	3.00	12.00	定向工具
平安国际融资租赁有限公司	2018 - 06 - 12	10.00	0.00	10.00	定向工具
立根融资租赁(上海)有限公司	2018 - 06 - 11	4.00	0.00	4.00	定向工具
中航国际租赁有限公司	2018 - 06 - 01	20.00	10.00	10.00	定向工具
国药控股(中国)融资租赁有限公司	2018 - 05 - 07	20.49	14.56	5.93	资产支持票据
中航国际租赁有限公司	2018 - 05 - 04	80.00	31.00	49.00	超短期融资券
光大幸福国际租赁有限公司	2018 - 05 - 04	10.00	5.00	5.00	超短期融资券
中建投租赁股份有限公司	2018 - 05 - 02	9.00	5.00	4.00	超短期融资券
远东国际租赁有限公司	2018 - 04 - 28	100.00	0.00	100.00	超短期融资券
平安国际融资租赁有限公司	2018 - 04 - 28	25.00	25.00	0.00	定向工具
广州建方房屋租赁管理有限公司	2018 - 04 - 26	3.00	0.00	3.00	定向工具
国泰租赁有限公司	2018 - 04 - 25	6.00	0.00	6.00	短期融资券
远东国际租赁有限公司	2018 - 04 - 18	30.00	0.00	30.00	中期票据
远东国际租赁有限公司	2018 - 04 - 17	30.00	0.00	30.00	中期票据
远东宏信(天津)融资租赁有限公司	2018 - 04 - 17	10.00	0.00	10.00	短期融资券
君信融资租赁(上海)有限公司	2018 - 04 - 16	12.10	11.69	0.41	资产支持票据
中建投租赁股份有限公司	2018 - 04 - 11	20.00	10.00	10.00	定向工具
芯鑫融资租赁有限责任公司	2018 - 04 - 09	10.00	10.00	0.00	定向工具
聚信国际租赁股份有限公司	2018 - 04 - 08	27.55	0.00	27.55	资产支持票据
平安国际融资租赁有限公司	2018 - 04 - 08	15.00	15.00	0.00	短期融资券
平安国际融资租赁有限公司	2018 - 04 - 08	15.00	15.00	0.00	短期融资券
平安国际融资租赁有限公司	2018 - 04 - 02	20.00	20.00	0.00	定向工具
招商局通商融资租赁有限公司	2018 - 03 - 23	45.00	21.55	23.45	资产支持票据
中国环球租赁有限公司	2018 - 03 - 15	30.00	20.00	10.00	超短期融资券

发行人	注册日期	初始注册金额	已使用额度	剩余额度	注册债券类型
中国环球租赁有限公司	2018 - 03 - 15	7.40	7.40	0.00	中期票据
君创国际融资租赁有限公司	2018 - 03 - 13	15.12	7.12	8.00	资产支持票据
悦达融资租赁有限公司	2018 - 03 - 13	15.00	8.73	6.27	资产支持票据
江苏瀚瑞金港融资租赁有限公司	2018 - 03 - 06	8.60	0.00	8.60	资产支持票据
中航国际租赁有限公司	2018 - 03 - 05	9.00	9.00	0.00	短期融资券
海通恒信国际租赁股份有限公司	2018 - 02 - 26	18.00	18.00	0.00	中期票据
中建投租赁股份有限公司	2018 - 02 - 13	10.00	10.00	0.00	短期融资券
大唐融资租赁有限公司	2018 - 02 - 09	13.18	0.00	13.18	资产支持票据
上海易鑫融资租赁有限公司	2018 - 02 - 01	30.00	22.06	7.94	资产支持票据
平安国际融资租赁有限公司	2018 - 01 - 26	15.00	15.00	0.00	定向工具
上海易鑫融资租赁有限公司	2018 - 01 - 24	20.00	3.89	16.11	资产支持票据
基石国际融资租赁有限公司	2018 - 01 - 22	10.00	0.00	10.00	超短期融资券
上海易鑫融资租赁有限公司	2018 - 01 - 16	15.00	0.00	15.00	定向工具
平安国际融资租赁(天津)有限公司	2018 - 01 - 12	6.32	12.80	- 6.48	资产支持票据
平安国际融资租赁(深圳)有限公司	2018 - 01 - 12	6.32	12.80	- 6.48	资产支持票据
平安国际融资租赁有限公司	2018 - 01 - 12	6.32	12.80	- 6.48	资产支持票据
中国康富国际租赁股份有限公司	2018 - 01 - 08	14.91	10.56	4.35	资产支持票据
平安国际融资租赁有限公司	2018 - 01 - 03	10.00	10.00	0.00	定向工具

资料来源：课题组通过万得数据整理得到。

（四）上市（股权）融资

截至 2018 年末，共有 5 家 A 股上市公司从事融资租赁行业，18 家新三板挂牌公司从事融资租赁行业。2016 年，渤海金控（000415. SZ）完成股票定向增发，募资 160 亿元，一跃成为内资注册资本规模最大的融资租赁公司。2018 年，江苏租赁（600901. SH）首发上市，募集资金 40 亿元；新三板挂牌公司紫竹桩基（830894. OC）通过定向增发股票获得融资 4000 万元，云能智慧（872164. OZ）通过定向增发股票获得融资 3000 万元。从融租规模来看，新三板挂牌公司的融资额还十分有限，但股权融资为挂牌公司提供了一项获取长期资本的融资工具，优化了相关挂牌公司的融资结构。2016 ~ 2018 年融资租赁挂牌公司股票融资情况见表 4。

表4　融资租赁挂牌公司股票融资情况（2016～2018年）

单位：万元

证券代码	证券简称	2016年	2017年	2018年
430584. OC	弘陆股份			
830894. OC	紫竹桩基	685.10	3008.00	4000.00
831379. OC	融信租赁			
832105. OC	宇宏新科	500.50		
832743. OC	福能租赁			
833006. OC	通莞股份	1030.00		
833499. OC	中国康富			
833525. OC	利驰股份	1000.00		
835014. OC	梵诺空间			
835284. OC	思福租赁			
835319. OC	康安租赁			
837197. OC	厚德股份			
839101. OC	国信汽车			
839174. OC	子西租赁		2000.00	
839305. OC	尼普顿			
870919. OC	天力重科			
871322. OC	今日共享			
872164. OC	云能智慧			3000.00

资料来源：课题组通过万得数据整理得到。

三　租赁公司资本市场融资案例

（一）平安租赁 ABS 融资

平安租赁成立于2012年9月27日，初始注册资本为3.15亿元，由中国平安保险（集团）股份有限公司（以下简称"平安集团"）、中国平安保险海外（控股）有限公司共同投资设立。后经过多次增资，截至2016年末，平安租赁注册资本为93亿元，其中平安集团以人民币形式出资69.75亿元，持股比例75%；中国平安保险海外（控股）有限公司以人民币和港元外汇形式出资 23.25 亿元，持股比例 25%。平安集团以直接和间接方式拥有平安租赁 75% 和 25% 的股权，为平安租赁的控股股东。截至 2016 年 12 月 31 日，平安租赁资产总计 1138.32 亿元，所有者权益合计 133.85 亿元，负债总额 1004.47 亿元，资产负债率为 88.24%。2016 年平安租赁实现营业收入 62.61 亿元，取得净利润 13.49 亿元。平安租赁主要为健康卫生、教育业务、制造加工、能源冶金、公共财政、个人金融、企业金融等领域提供融资租赁、租赁交易咨询和担保、企业财务咨询以及与租赁有关的技术开发和投资咨询等服务。

2017 年，平安租赁发布三期资产支持计划。以第三期资产支持计划为例，该专项资产支持计划由平安租赁联合平安租赁（天津）、平安租赁（深圳）提供基础资产，招商银行深圳分行作为托管行，广发资产管理公司作为资产管理人。该部分租赁合同共计 76 笔，截至基准日（2017 年 7 月 21 日），基础资产应收本金余额的总规模约为 28.54 亿元。按照租赁合同应收本金余额占资产池应收本金总额计，单笔入池基础资产以 2000 万（不含）~3000 万元（含）、8000 万（不含）~10000 万元（含）和 14000 万（不含）以上为主，其合同笔数共计 36 笔，应收本金余额占比共计 53.03%。最大单一承租人的应收本金余额占入池基础资产的应收本金总额的比例为 5.63%。

该专项计划的收益及本金的偿付采用优先 A、优先 B、次级支付机制，以资产池应收租金本金规模计算，优先 A 级资产支持证券可获得 17.50% 的信用支持，优先 B 级资产支持证券可获得 6.20% 的信用支持。该专项计划入池资产所对应的租赁合同均设置了一定的保证金交付比例，保证金占应收租金本金余额的比例为 8.08%，可为专项计划优先级资产支持证券的偿付提供一定保障。该专项计划设置了信用触发机制。根据约定，专项计划设置了违约事件机制，违约事件一旦触发将引致专项计划分配顺序的重新安排。此外，专项计划还设置了权利完善事件。

专项计划的收益及本金的偿付采用优先 A、优先 B、次级支付机制。其中，优先 A 级资产支持证券金额为 235464.00 万元，优先 B 级资产支持证券金额为 32251.00 万元，次级资产支持证券金额为 17695.00 万元。以资产池应收租金本金规模计算，优先 A 级资产支持证券可获得 17.50% 的信用支持，优先 B 级资产支持证券可获得 6.20% 的信用支持。

此外，本专项计划入池资产所对应的租赁合同均设置了一定的保证金交付比例，截至基准日，保证金占应收租金本金余额的比例为 8.08%，可为专项计划优先级资产支持证券的偿付提供一定保障。

（二）渤海金控公司债

渤海金控投资股份有限公司（以下简称"渤海金控"）是中国 A 股上市公司股票，是一家以租赁为主业的国际化金融控股集团，位列《财富》中国企业 500 强第 256 位。公司以服务实体经济为出发点，从资产管理与运营、资产交易与咨询、融资服务等方面，为全球逾 1000 家客户提供包括飞机、集装箱、基础设施、高端设备及新能源等行业在内的租赁服务和配套金融服务。公司在全球拥有约 30 个运营中心，现已成为全球第三大飞机租赁业务集团和第二大集装箱租赁业务集团。公司旗下拥有天津渤海租赁、皖江金融租赁、Avolon、Seaco 等国内外细分行业领先的租赁公司，在中国大陆境内实现了租赁业务全牌照运营。公司投资渤海人寿、联讯证券、聚宝互联、天津银行等金融企业，构建了以租赁业为基础，横跨保险、证券、互联网金融等领域的金融生态体系。

在渤海金控发行 35 亿元的融资租赁首单公司债之前，尚无融资租赁公司发行过公司债或企业债，主要原因之一是大多数非金融租赁公司的净资产规模等财务指标无法达到发债要求。另一原因则是融资租赁企业更倾向于成本低廉的境外融资，而此前使用境外融资渠道的主要是金融租赁公司和外资融资租赁公司。因此，对于国内融资租赁公司而言，普遍面临融资难的问题。无论是境内债还是境外债，都未能成为融资租赁公司的主要融资方式。

2013 年 8 月 15 日，渤海金控发行 35 亿元公司债"13 渤租债"，票面利率为 6%（见表 5）。此次 35 亿元公司债不仅是渤海租赁首次发债，也是非金融租赁的融资租赁公司首单债券。2014～2018 年每年的 8 月 15 日为"13

渤租债"上一个计息年度的付息日。本期债券的兑付日为 2018 年 8 月 15 日，若投资者行使回售选择权，则回售部分债券的兑付日为 2016 年 8 月 15 日。"13 渤租债"已于 2018 年 8 月 13 日在深交所交易系统终止交易，并于 2018 年 8 月 15 日支付上一年度利息和本期债券本金。

表5　融资租赁企业首只公司债——13 渤租债

要素	内容
发行人	渤海金控投资股份有限公司
债券代码	112188. SZ
债券全称	2013 年渤海租赁股份有限公司公司债券(13 渤租债)
发行日期	2013 年 8 月 15 日
票面利率(%)	6. 00
发行总额(亿元)	35. 00
债券期限(年)	5. 00
主体评级	AAA
债项评级	AAA
募集资金用途	发行人本次拟发行规模不超过 35 亿元的公司债券,在扣除必要的发行费用后,剩余部分将通过委托贷款,增资等方式用于补充子公司融资租赁发展所需的营运资金
债券类型	公司债
是否有担保	否

资料来源：该公司债券发行说明书摘要信息。

（三）晨鸣纸业定增募资以增资晨鸣租赁

2016 年 4 月 16 日，晨鸣纸业（000488. SZ）发布公告，山东晨鸣纸业集团股份有限公司 2014 年度股东大会审议通过了《关于为融资租赁公司增资的议案》，同意晨鸣（香港）有限公司用自有资金对山东晨鸣融资租赁有限公司增资，根据资金使用情况，分批增资人民币 50 亿元。截至 2016 年 4 月 15 日，香港晨鸣对晨鸣租赁已增资至人民币 77 亿元。为有效规避汇率波动风险，提升公司经营业绩，公司管理层经过充分讨论研究决定，晨鸣租赁尚未出资到位的资本金人民币 13. 72 亿元，出资人由香港晨鸣变更为山东晨鸣纸业集团股份有限公司，公司代替香港晨鸣承担该部分之出资义务。本次增资完成后，晨鸣租赁注册资本由人民币40.72亿元变更为人民币90.72亿元。

同时，为便于晨鸣租赁开展项目融资及租赁业务，增强公司整体实力和综合竞争力，增加公司效益，公司决定对晨鸣租赁继续进行增资，根据资金使用情况，分批增资，增资金额为人民币19.28亿元。本次增资完成后，晨鸣租赁注册资本由人民币77亿元变更为人民币110亿元。增资晨鸣租赁的资金计划来源于非公开发行股票募资。

自2016年4月16日，历经四稿修改非公开发行股票预案，2017年7月26日，晨鸣纸业（000488.SZ）再次发布关于调整非公开发行股票发行价格和发行数量的公告。山东晨鸣纸业集团股份有限公司2016年度非公开发行股票的相关议案已经公司2016年第二次临时股东大会及2016年第一次境内、境外上市股份类别股东大会审议通过，目前仍处于中国证券监督管理委员会审核过程中。2016年9月26日，公司召开第八届董事会第四次临时会议，对本次发行的募集资金用途和金额、发行价格及发行数量进行了调整。公司于2017年6月7日召开第八届董事会第十次临时会议、于2017年7月24日召开2017年第二次临时股东大会，对本次发行的定价基准日、发行价格及发行股数进行了调整。

本次非公开发行的定价基准日为公司第八届董事会第十次临时会议决议公告日，即2017年6月8日。本次非公开发行价格不低于定价基准日前20个交易日公司A股股票交易均价（定价基准日前20个交易日公司A股股票交易均价＝定价基准日前20个交易日A股股票交易总额/定价基准日前20个交易日A股股票交易总量）的90%（即10.27元/股）及发行前公司最近一期经审计归属于普通股股东每股净资产的较高者。根据公司2016年度利润分配方案的实施情况，本次非公开发行价格调整为不低于9.67元/股及发行前公司最近一期经审计归属于普通股股东每股净资产的较高者。

（四）芯鑫租赁定向工具

芯鑫融资租赁有限责任公司（以下简称"芯鑫融资租赁"）成立于

2015 年 8 月 27 日，由国家集成电路产业投资基金股份有限公司持股 32.31%。公司经营范围包括融资租赁业务、租赁业务、向国内外购买租赁财产等。芯鑫融资租赁主要为集成电路及相关产业的发展提供财务支持，推进中国领先集成电路制造公司之间生产线的建设及升级，同时关注集成电路设计业及其支援公司的基本需要，并促进集成电路设备业及相关产业链的协调、互动及发展。

芯鑫融资租赁是目前国内唯一一家专注于集成电路产业的融资租赁公司，由国家集成电路产业投资基金联合行业龙头企业及金融机构发起设立。2018 年 4 月 9 日，芯鑫融资租赁有限责任公司获得交易商协会批准，发行定向债务融资工具，注册金额 10 亿元。2018 年 7 月 6 日，芯鑫融资租赁发行首期定向债务融资工具，发行规模为 5 亿元，票面利率为 5.15%（见表 6）。其中上海国泰君安证券资产管理有限公司已利用受托资产的资金，认购定向债务融资工具总发行本金额人民币 5 亿元中的人民币 2 亿元。2018 年 8 月 22 日，芯鑫融资租赁发行第二期定向债务融资工具，发行规模为 5 亿元，票面利率为 4.60%。

表 6　定向工具——18 芯鑫租赁 PPN001

要素	内容
发行人	芯鑫融资租赁有限责任公司
债券代码	031800397. IB
债券全称	芯鑫融资租赁有限责任公司 2018 年度第一期定向债务融资工具（18 芯鑫租赁 PPN001）
发行日期	2018 年 7 月 6 日
票面利率（%）	5.15
发行总额（亿元）	5.00
债券期限（年）	1.00
主体评级	—
债项评级	A－1
募集资金用途	公司本次首期发行 5 亿元,拟将本次发行募集资金用于偿还本部银行借款,以提高直接融资比例,增加发行人现金管理的灵活性。
债券类型	定向工具
是否有担保	否

资料来源：该公司债券发行说明书摘要信息。

参考文献

［1］蔡鄂生：《我国金融租赁业的现状与发展模式》，《中国金融》2011年第4期。

［2］陈建中：《融资租赁理论与业务创新研究》，中南大学博士学位论文，2009。

［3］李伏安：《新常态下金融租赁业的发展》，《中国金融》2015年第5期。

［4］商务部流通发展司：《中国融资租赁业发展报告（2016～2017）》，2017年8月，商务部网站。

［5］王卫东：《我国融资租赁公司的融资问题研究》，西南财经大学博士学位论文，2012。

［6］吕达因：《信托公司从事资产证券化路径研究》，北京邮电大学硕士学位论文，2018。

［7］杨佳旻：《渤海金控跨国并购爱尔兰Avolon公司的绩效研究与启示》，上海国家会计学院硕士学位论文，2018。

B.10
保险资金助力融资租赁行业加快发展

罗 鸣[*]

摘 要： 当前我国融资租赁行业所面临的严重资本约束、融资渠道单一等瓶颈，是制约行业发展的突出问题。国家鼓励保险机构在风险可控前提下加大对融资租赁公司的支持力度。随着保险资金投资渠道的不断拓宽，另类投资占比稳步提升，与融资租赁行业的创新合作也走向深入，通过股权、债权及资产支持计划等多种方式对接双方业务需求，实现共赢发展。

关键词： 保险资金 融资租赁 业务创新

2015年8月国务院办公厅印发了《关于加快融资租赁业发展的指导意见》（国办发〔2015〕68号，以下简称《指导意见》），指出要拓宽融资渠道，鼓励银行、保险、信托、基金等各类金融机构在风险可控前提下加大对融资租赁公司的支持力度，支持符合条件的融资租赁公司通过发行股票和资产证券化等方式筹措资金，研究保险资金投资融资租赁资产等。近年来，保险机构积极贯彻《指导意见》有关精神，加强与融资租赁行业的合作创新，不断拓宽双方的合作领域及业务范围，实现共赢发展。

---

* 罗鸣，经济学博士，特华博士后科研工作站博士后，现供职于太平资产管理有限公司，研究方向为金融监管、保险资产管理等。

一　保险行业资金运用总体情况

2012年以来，在保监会一系列保险资金投资新政不断"松绑"的环境下，保险资管在巩固传统业务领域的同时，在实践中积极探索创新，拓展新的业务领域。目前，保险资管业务已延伸扩展为保险资金受托管理、投行投融资服务、资产管理服务及个人财富管理服务四大业务类别。截至2017年底，保险业总资产167489.37亿元，较年初增长10.80%（见图1）；净资产18845.05亿元，较年初增长9.31%。全行业共实现原保险保费收入36581.01亿元，同比增长18.16%。

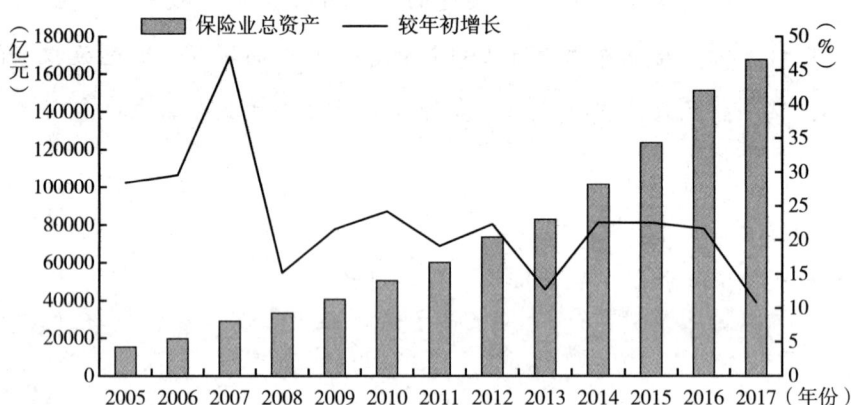

图1　2005~2017年中国保险业总资产规模及增速

资料来源：中国保监会。

从保险资产配置结构看，2016年保险业资金运用余额149206.21亿元，较年初增长11.42%，呈现持续稳步增长。其中银行存款19274.07亿元，占比12.92%；债券51612.89亿元，占比34.59%；股票和证券投资基金18353.71亿元，占比12.3%；其他投资59965.54亿元，占比40.19%（见图2）。由于传统固定收益产品收益率过低，越来越多的保险资金加大了对另类投资业务的配置力度，通过牺牲一部分流动性获取较高回报，同时规避市场波动风险和短期信用风险。

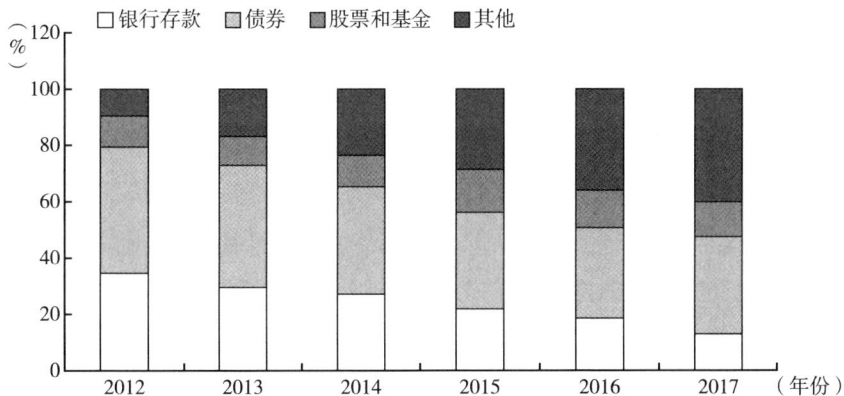

图2　2012～2017年中国保险业资金投向占比

资料来源：中国保监会。

保险资金与融资租赁行业的合作创新，主要集中在另类投资领域，通过股票、债券、资产证券化等多种方式支持融资租赁行业发展。

二　保险资金战略股权投资，设立保险系金融租赁公司

根据相关监管规定，保险资金可以直接投资的行业，包括保险类企业、非保险类金融企业等九大类，保险机构通过战略股权投资进入金融租赁行业，可有效延伸其综合经营范围，为客户提供一揽子综合金融服务。国内的租赁行业主要分为金融租赁公司和融资租赁公司两大类。金融租赁公司由银监会审批准入和监管，并规定只有银监会审批设立的租赁公司才可冠以"金融"二字，属于非银行金融机构；而商务系租赁公司由商务部审批准入和监管，属于一般性工商企业。目前，保险机构主要发起设立的是金融租赁公司，相较于融资租赁公司，金融租赁公司资产不良率较低，资产质量较好，监管也更为专业。

截至2017年6月，全行业共有63家金融租赁公司，其中45家为银行系，3家为保险系，总注册资本累计达到1890.35亿元。保险系金融租赁公司已注册成立3家，分别为太平石化金融租赁、邦银金融租赁以和中铁建金融租赁公司，详细情况如表1所示。

表1 保险系金融租赁公司

单位：亿元

名称	股东	注册地	注册资本
太平石化金融租赁	中石化50%；太平人寿50%	上海	50
邦银金融租赁	成都农商行51%；安邦人寿49%	天津	30
中铁建金融租赁	中国铁建重工集团49.583%；中国财产再保险29.166%	天津	24

资料来源：课题组通过万得数据整理得到。

三 保险资金成为融资租赁公司获取资金的重要渠道

保险资金积极对接融资租赁行业的资金需求，也是其实现资产多元化配置的有益尝试，两者互有所需、相得益彰。目前，在实务操作中保险机构对接融资租赁行业资金需求主要有以下几种业务模式。

（一）保险资管机构自主发起设立资产支持计划对接融资需求

保险机构参与融资租赁资产证券化产品的实践路径，一是通过加强资产配置和投研能力，积极参与融资租赁资产证券化投资，即通过配置券商专项资管计划的方式间接参与；二是加强受托管理能力，以资产证券化产品发行机构的形式，直接对接融资租赁资产，在更好地服务保险资金投资需求的同时，缩短中间环节，降低融资成本。

2015年8月保监会颁布实施了《资产支持计划业务管理暂行办法》（保监发〔2015〕85号，以下简称《暂行办法》），标志着保险版ABS正式推出，扩大了保险资管产品创新空间[1]，促进保险资金直接对接存量资产，满足融资需求，防范监管套利，支持实体经济发展。保险资管产品主要类别见图3。

---

[1] 保险资管产品包括债权投资计划、股权投资计划、资产支持计划以及组合类资管产品四大类，相互间有明确边界，各有侧重、相互补充。

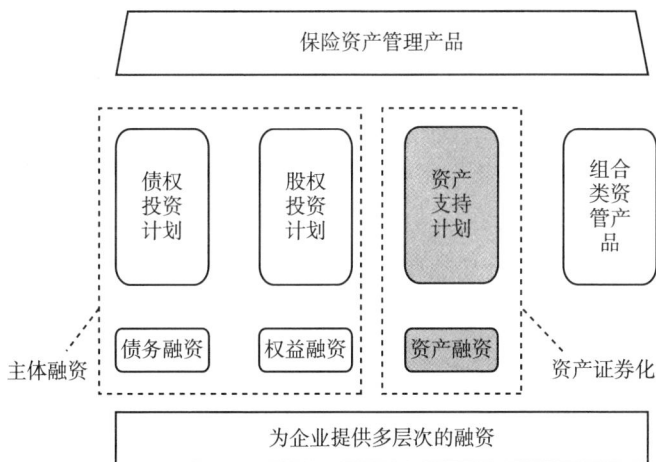

图3 保险资管产品主要类别

根据《暂行办法》，资产支持计划发行方面采取"初次申报核准，同类产品事后报告"方式。保险机构在参与资产支持计划业务时，若基础资产类别、交易结构等核心要素保持不变，产品可事后向保监会报告，方便保险机构根据自身需要定制产品，也为原始权益人提供了方便快捷的引入保险资金的通道。资产支持计划交易结构见图4。

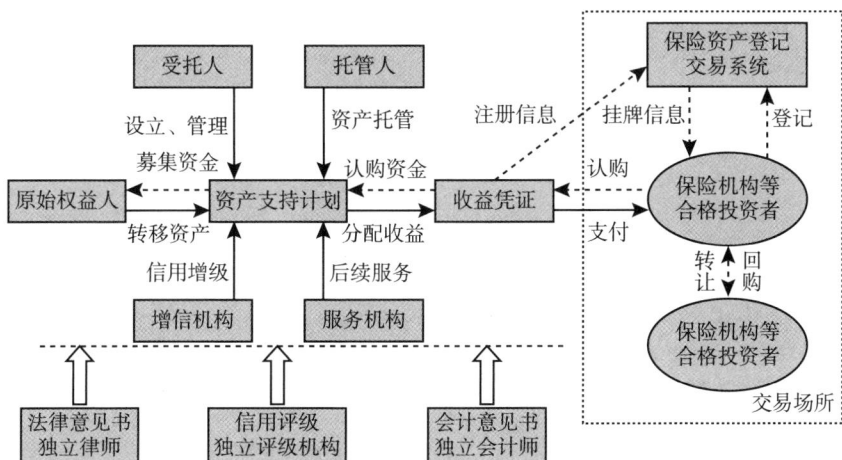

图4 资产支持计划交易结构

227

相较于银监会、央行系统下的银行间 ABS、证监会系统下的交易所 ABS，在试点期间保险资管机构发起设立的资产支持计划存在一定的先天不足，即在基础设施方面缺乏一个统一、公开的交易场所。而随着上海保险交易所股份有限公司于 2016 年 6 月 12 日在上海陆家嘴正式成立，局面将会得到一定改观①。在保监会主管下的保险交易所职能的发挥，对于保险资管产品的成立、交易和未来发展都有重大影响，对于作为保险资管产品之一的资产支持计划来说意义尤其重大。

（二）保险资管机构发起设立定制型集合信托计划对接融资需求

集合信托计划是保险资金重点配置的金融产品之一。自 2012 年保监会出台《关于保险资金投资有关金融产品的通知》（保监发〔2012〕91 号）为保险资金投资信托产品松绑后②，信保合作迎来了较快发展。随后，在 2014 年保监会又颁布了《关于保险资金投资集合资金信托计划有关事项的通知》（保监发〔2014〕94 号），对保险资金投资信托计划做出了较为明确的范围限定，规定投资基础资产限于融资类资产和风险可控的非上市权益类资产，而且对作为受托人的信托公司门槛提出了要求，即信托公司上年末经审计的净资产不低于 30 亿元。此外，明确保险资金不得投资单一信托，不得投资基础资产属于国家明令禁止行业或产业的信托计划等。

保险资金可通过投资定制型集合信托计划的方式来对接融资租赁公司的

---

① 2016 年 11 月 10 日，上海保交所保险资产登记交易平台首批产品顺利上线。该平台为保险资产管理产品的发行、登记、交易、资金结算和信息披露等提供专业服务和技术支持，在增强产品流动性、提高行业投融资效率的同时，为监管机构测量和防范风险提供重要的辅助和支持。平台首批用户包括寿险公司、产险公司、养老保险公司、保险资管公司、银行等金融机构 20 余家。太平资产管理有限公司、长江养老保险股份有限公司成为首批在平台发行产品的产品管理人。本次试点首发了长江养老 - 太平洋寿险保单贷款资产支持计划、太平 - 上海建工都江堰市滨江新区基础设施（PPP）项目债权投资计划共 2 只保险资产管理产品，发行注册总规模 78.8 亿元，首期合计发行及登记规模 16 亿元。
② 《关于保险资金投资有关金融产品的通知》首次明确保险资金可以投资境内依法发行的信托公司集合资金信托计划。

资金需求：一是集合信托贷款模式；二是租赁资产收益权受让模式，租赁公司到期溢价回购收益权。信托计划交易结构见图5。

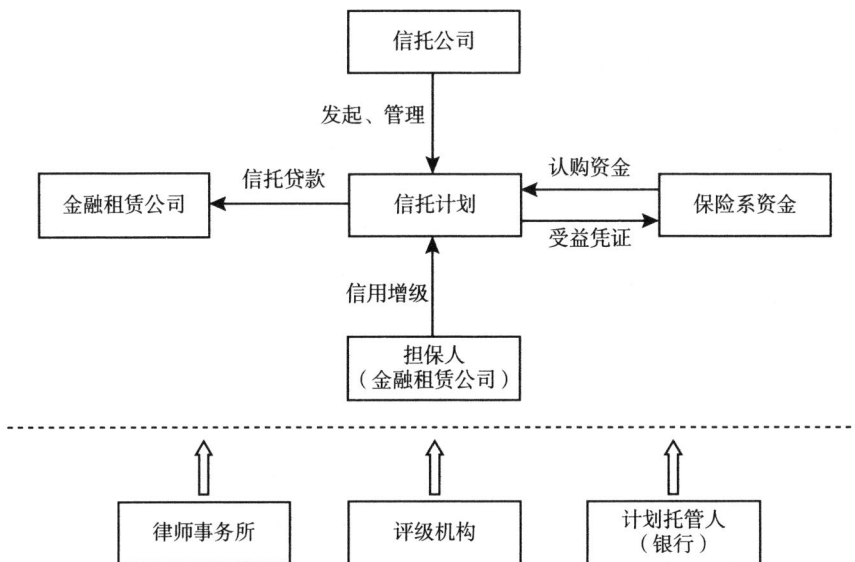

图5 信托计划交易结构

在实务中，保险资金投资对交易对手主体的资质要求较高，且需要融资主体提供较强的信用担保等增信措施，因此，保险机构通过定制型集合信托计划方式与融资租赁公司合作，通常选取的交易对手主要为外部评级AAA的金融租赁公司。外评AAA的金融租赁公司见表2。

表2 外评AAA的金融租赁公司

公司	主体评级
邦银金融租赁股份有限公司	AAA
长城国兴金融租赁有限公司	AAA
光大金融租赁股份有限公司	AAA
国银金融租赁股份有限公司	AAA
华融金融租赁股份有限公司	AAA
建信金融租赁有限公司	AAA
交银金融租赁有限责任公司	AAA

续表

公司	主体评级
昆仑金融租赁有限责任公司	AAA
民生金融租赁股份有限公司	AAA
浦银金融租赁股份有限公司	AAA
兴业金融租赁有限责任公司	AAA
招银金融租赁有限公司	AAA

资料来源：课题组通过万得数据整理得到。

（三）养老保障管理业务对接融资需求

2015年8月保监会颁布施行了《养老保障管理业务管理办法》（保监发〔2015〕73号），专业养老保险公司通过养老保障管理业务①（类似公募理财产品），另辟蹊径：一方面，发挥团体养老保障产品的创新优势，大力推广薪酬延付和员工持股计划服务；另一方面，开始涉足个人业务，发售个人养老保障产品。在互联网平台销售、主动管理产品研发、类公募产品开发等方面取得突破。

受益于低利率的宏观环境、政策红利的不断释放及互联网等销售渠道的丰富，养老保障产品的制度优势日益凸显。其一，投资标的范围广泛②。养老保障基金的投资范围基本涵盖了市场上所有可投资的标的资产，这为丰富养老保障产品投资组合打下了坚实的基础。其二，委托人门槛较低。养老保险公司发行养老保障产品，初始投资金额不低于1000元人民币，在所有机构理财产品中具备几乎最低的门槛。其三，业务开展相对灵活。养老保险公司开展养老保障委托管理业务，不需要计提保险责任准备金，不纳入保险公

---

① 养老保障管理业务，是指养老保险公司作为管理人，接受政府机关、企事业单位及其他社会组织等团体委托人和个人委托人的委托，为其提供养老保障以及与养老保障相关的资金管理服务，包括方案设计、受托管理、账户管理、投资管理、待遇支付、薪酬递延、福利计划、留才激励等服务事项。

② 养老保障管理基金投资账户的资产配置范围包括流动性资产、固定收益类资产、上市权益类资产、基础设施投资计划、不动产相关金融产品、其他金融资产。流动性资产、固定收益类资产、上市权益类资产、基础设施投资计划、不动产相关金融产品、其他金融资产的分类和定义遵照中国保监会资金运用相关监管规定。

司偿付能力监管范围，养老保障产品的投资风险主要由委托人承担，养老保险公司并无相关的刚兑义务。

因此，除保险资金配置外，专业养老保险公司可通过养老保障管理业务募集资金投资于上述的资产支持计划、定制型集合信托计划、券商专项资管计划等另类金融产品①，为融资租赁公司提供更加多元化的资金渠道。

四 结论及展望

近年来陆续出台一系列保险资金运用新政，积极鼓励保险资管行业加快业务模式创新，依据专业化载体，建立新的运营体系和风控机制，尽快形成新的竞争优势，提高保险行业在国民经济中的影响力和渗透力。在此背景下，优化保险行业资产配置结构，以适当比例的保险资金投资于融资租赁资产，分散投资风险，提升资产整体收益率。同时，保险资金规模大的属性也较好地契合融资租赁行业发展的资金需求，双方之间形成良性互动，实现合作共赢，助力实体经济发展。

参考文献

［1］曹德云：《稳步增加另类投资维护保险投资收益率持续稳定》，《清华金融评论》2016 年第 9 期。
［2］冯日欣、刘砚平：《我国融资租赁业发展现状及策略研究》，《东岳论丛》2016 年第 3 期。
［3］华宝证券：《低利率下的保险资产管理行业——2016 年保险资产管理行业报告》，2017 年 3 月。
［4］智信资产管理研究院：《中国资产管理行业发展报告（2017）》，社会科学文献出版社，2017。
［5］曾于瑾：《对当前我国保险资金运用几个重要问题的思考》，《中国保险资产管理》2015 年第 2 期。

---

① 另类金融产品是指传统的存款、股票、债券、证券投资基金等之外的金融产品。

B.11
国际融资租赁业的发展
及其对我国的启示

孙舒宁*

摘　要： 进入 21 世纪以来，全球融资租赁产业维持快速增长态势。本报告对欧美发达国家融资租赁行业发展情况进行比较研究，着重关注融资租赁行业起源地美国，产业发展具有自身优势和特点的德国、日本，以及融资租赁后起之秀韩国，聚焦企业市场运行状况、业务形式创新、市场特点、政府行业监管以及行业中介组织作用等方面，并进行全面对比分析，为我国融资租赁行业的发展及政府政策的制定提供经验借鉴和启示。从欧美国家的实践经验中可以看出，融资租赁业的健康、稳定、持续发展必须具备必要的制度安排：稳定的金融支持，健全的证券融资市场，健全的法律体系，还需要国家层面给予重视并出台完善的政策扶持措施。

关键词： 融资租赁　国际租赁　杠杆融资租赁

进入 21 世纪以来，全球各主要经济体的融资租赁产业基本维持快速增长态势，融资租赁在西方发达市场经济中已经成为仅次于银行信贷业务的重要的企业间接融资手段。尤其是在发达市场国家，融资租赁作为一种后起的金融工具和业态，已达到可以与其他传统金融工具分庭抗礼的态势。

---

* 孙舒宁，法学博士。特华博士后科研工作站博士后，现供职于人保资本投资管理有限公司，研究方向为转型经济学、中东欧经济。

一 欧美国家融资租赁业发展情况

融资租赁是从二战后发达市场经济国家逐渐发展起来的重要的间接融资方式。从 20 世纪中叶肇始于二战后高速发展的美国，随后便在发达资本主义市场国家广泛传播，并在 20 世纪 80 年代以后逐步传播至第三世界资本主义国家。冷战后，原来计划经济国家纷纷开始向市场经济转轨，也纷纷采用了这种金融工具业态。20 世纪 60 年代，随着西欧国家、日本经济的快速发展，设备租赁快速发展，与金融服务业相融合，成为支撑实体经济发展的重要的融资方式。

从全球范围看，1978~2007 年的 30 年间，融资租赁交易额以 10% 左右的增幅持续攀升，其间发生了 2007 年全球金融危机，受其影响，欧美国家的融资租赁市场在 2008 年和 2009 年业务量下降，进入低迷，亚洲融资租赁业务虽在 2008 年增长 4.47%，但 2009 年也出现下滑 9% 的情况。2010 年以来，随着世界经济缓慢复苏，国际金融租赁缓慢增长。

融资租赁成为欧美日等主要发达市场经济体的第二大金融工具和金融支柱产业之一。根据欧洲租赁协会会员单位的统计，2016 年欧洲租赁业新增业务额达 3337 亿欧元，同比增长 10.3%。2016 年底租赁资产保有量达 7791 亿欧元，增长了 6.4%。其中，英国新增业务 738 亿欧元，德国、法国新增业务额分别为 550 亿欧元和 478 亿欧元，俄罗斯、乌克兰和希腊等国增长势头强劲。

在欧美发达市场经济体中，融资租赁市场上以车辆租赁为主的设备融资租赁，仍是市场持续发展的主要驱动力。2016 年，设备租赁新增业务额达 3179 亿欧元，年度增幅在 11% 左右，不动产租赁新增业务额约为 158 亿欧元，增速为 2% 左右。

在设备租赁方面，车辆融资租赁占整个欧洲租赁市场新增业务额的 67%，约为 2253 亿欧元，是最主要的租赁资产。其中，乘用车租赁领域发展势头良好，增速达 12.6%。据欧洲租赁协会估计，欧洲租赁公司和融资租赁公司在 2016 年乘用车购置量超过 900 万辆。此外，商务车新增业务额为 612 亿欧元，增速高达 13.1%。在短期汽车租赁方面，根据欧洲租赁协会统计，欧洲短期汽车租赁公司 2016 年汽车采购量约为 45.95 万辆，截至 2016 年底，租赁公司车辆资产保有量约为 47.49 万辆，全年与个人用户签订的合同数量为 2530 万个。各种大型机械设备及相关组件带来的新增融资租赁业务额超过 500 亿欧元，同比增长了 10.3%，占设备租赁新增业务额的16%。大单业务（如船舶、飞机、轨道机车）和光伏等新能源资产新增业务额分别上升了 12.5% 和 5.8%；电脑、商业设备等小单业务同比下降约 7.4%。

在不动产租赁方面，2016 年新增业务额为 158 亿欧元，同比增长近2%，合同数量增加了 0.5%。其中，工业厂房约占整个不动产租赁业务额的 33%，在不动产新增业务额中增长了 8.5%，酒店占 10% 左右，休闲地产增长 17.1%，公共设施下降了 57.5%，零售店和办公楼分别下降了约 5% 和 6%。

从租赁期限看，2016 年，设备租赁和车辆租赁约有 70.8% 的合同期限为 2~5 年，平均合同金额为 2.98 万欧元，比上年度增长不到 1%。

从客户类型看，2016 年新增业务额中近 70% 的客户是企业，24% 为终端消费者，政府机构仅占 3%。从欧美市场来看，自 2010 年以来消费者作为融资租赁市场的终端客户一直保持稳步发展。

根据世界银行《2018 年世界经济形势与展望》，2019 年世界经济增长率为 3% 左右，许多出口国将受益于能源和金属价格的提高，经济增长加速，全球需求普遍增加，世界贸易增加，将带动全球融资租赁市场发展。全球租赁市场规模将达到 1.26 万亿美元，从全球市场的租赁市场份额来看，欧美发达市场经济体将占 70% 左右，其中欧洲约占 31%，北美约占 38%。

二 美国、德国、日本、韩国等国融资租赁业的监管模式

融资租赁在发达市场经济体和新兴市场经济体中，是支持实体经济发

展、扩大居民消费的重要融资渠道，也是推动金融业和服务业发展的重要领域，相关金融机构和企业针对客户需求，扩大融资渠道，增加业务内容，创新服务方式，积极拓展市场，政府也注意根据行业发展，及时修订法规，加强市场规范，提供便捷服务，推动融资租赁业和租赁市场的健康有序发展。目前，国际融资租赁业比较有代表性的模式是美国、德国、日本和韩国的模式。美国作为融资租赁业发源地，其融资租赁业在服务实体经济、服务业发展和居民消费方面发挥了重要作用，融资租赁业发展最快和市场最活跃时期，以融资租赁方式取得的生产设备占所有生产设备的80%以上，市场渗透率最高时达到30%左右。德国是欧洲融资租赁业最为发达和市场最为活跃的国家。在新兴市场经济体中，韩国一枝独秀，融资租赁行业规模发展迅猛，充分借鉴吸收了成熟市场国家的行业成功经验。

（一）美国融资租赁业的监管模式

美国融资租赁服务渗透各个方面，从大型设备、不动产租赁，到小微企业设备租赁，再到居民家庭耐用消费品和家用电器租赁，大大小小依托美国发达资本市场以及完善的产业技术分工体系构建的各类租赁企业和机构，提供了一条龙专业化解决方案，成为世界上最成功的融资租赁专业化服务模式。

1. 美国租赁业的主要特点

美国租赁业是实体经济发展和居民消费的重要支柱。美国本土融资租赁公司的主要目标客户群体是各类现代服务业客户。特别是在2005年以后，不同行业构成的客户占比中来自第三产业的客户已经远远超过半数，而针对服务业客户所采取的租赁业务模式主要是直接的融资租赁模式。为适应客户需求的变化，美国租赁业由经营性租赁，发展为销售型融资租赁，随着租赁服务对金融服务的依存度越来越高，分时经营性租赁、杠杆融资分成租赁等新的租赁方式在不断发展，但是既有的主流融资租赁模式直租和经营租赁模式仍占主导地位，其中融资租赁业务发达，直接融资租赁产品超过一半。

从租赁企业和租赁市场的发展进程看，美国租赁业主要分为三种：专业租赁服务公司约占40%，金融机构开设的租赁服务机构约占35%，生产企业开设的租赁服务机构约占25%。在长期发展过程中，由于租赁服务与金融、生产商的业务联系越来越多，美国租赁服务机构逐渐发展成为与金融服务和设备生产商相结合的混业经营模式。一是专业租赁公司与大型设备制造商相结合的租赁服务机构，这种租赁机构重视经营性租赁业务，往往与一家生产厂商合作，专注于某一产业、某一行业的设备租赁服务，如IBM和通用电气专攻IT和医疗器械租赁。二是租赁公司与各类金融机构合作，主要是出租人把租赁合同转让给出资机构，出资机构再将这些合同打包到证券市场融资。三是设备制造厂商经营的租赁服务机构，美国设备制造龙头企业集团主要依靠这种融资手段进行产品销售。

2. 美国融资租赁业的监管情况

美国把厂商租赁服务公司和专业租赁服务公司视为普通工商企业，对于有银行背景的融资租赁公司，则将其纳入金融机构监管部门的管理范围。美国成立租赁公司采取注册制，允许银行类金融机构直接开展融资租赁相关业务活动。联邦政府对融资租赁业实施国家层面的监管，主要侧重于从强化风险控制的基本原则出发，完善国内融资租赁行业的总体外部制度框架。一是制定保险与担保政策，政府对租赁公司特别是在发展中国家开展业务的租赁公司提供风险保险；二是建立托拉斯信贷制度，对大单业务实行多主体风险分摊机制；三是建立信用评估体系，便于租赁公司评价承租人的信用，对融资租赁客户采用基于信用评级的差异化保证金措施；四是建立坏账政策和保证金制度；五是建立回购制度。

3. 美国租赁业的法律、税收、统计制度

美国融资租赁公司的收益较少部分来自佣金、利差收入，大头部分是残值处理。

美国融资租赁公司筹措资金的渠道多样，涉及金融机构直接投资、上市发行有价证券、参与产业基金、组成托拉斯联合体等。很多模式在其他国家或者市场较少见到。

美国政府也出台了投资减税、加速折旧等政策，以刺激融资租赁业迅速发展。政府放宽融资租赁标的的业务范围，几乎涵盖国内外所有的产品设备。

美国采取分散立法模式，对租赁业不单独立法监管，相关法规分散在民法、商法、税法等法律法规之中，由多个部门的法律综合调整租赁业的法律关系。其中包括多项税收征管法案、金融监管法案、投资促进法案等，推行时间从 1970 年至今。

美国联邦政府国民经济统计部门未对全国范围的各类租赁业建立整齐划一的统计报告和信息收集制度，而是由各个行业部门的工作人员定期对所在行业发生的融资租赁经济活动及参与主体独立进行专项统计。根据不同机构的分类标准，融资租赁行业分别纳入"房地产出租和租赁（53）"项下的"出租与租赁服务（532）"以及"金融与保险（52）"项下，由专门部分进行统计。

美国对租赁行业的管理，另一个重要机制就是协会管理机制。美国的租赁协会在融资租赁行业标准化、制度化、规范化发展方面发挥了重要作用。美国没有全国性官方协会，各类融资租赁行业组织众多，其中最大的行业协会拥有数千家会员，涵盖了全美融资租赁产业的半壁江山。各类协会的机构职能比较类似，主要是行业技术交流、人员培训、行业公共关系管理和对外宣传展示。

（二）德国融资租赁业的监管体制

融资租赁业作为一种投资选择，于 20 世纪 60 年代从美国传入德国，此后在德国不断得到推广，自 20 世纪 70 年代德国财政部颁布了有关租赁会计处理方面的规定后，行业发展步伐随之加快，尤其是 90 年代开始发展步伐很快。据德国伊福经济研究所提供的数据，在德国，与融资租赁相关的固定资产投资市场份额从 1999 年的不到 49% 上升至 2007 年的53% 以上。

目前德国是欧洲最大的融资租赁市场。德国政府和立法部门也给予该国融资租赁产业和企业必要的支持，其中包括承租人破产保护、税收加速折旧、融资租赁贷款利息税减免等。

1. 德国融资租赁的运作方式

德国从事融资租赁的主体分为三大类：依托母公司全能银行金融控股集团的融资租赁公司、由设备制造跨国集团设立子公司而来的厂商类融资租赁公司和没有特别股东关联方独立的融资租赁公司。在主体数量上，最后一类的融资租赁公司所占比例较大；在市场份额上，前两大类的融资租赁公司所占市场比重较大，接近八成。德国融资租赁企业业务标的包括动产与不动产。

德国融资租赁行业机构除了引入美国等国外的业务模式，根据德国特殊的经济产业发展模式，如实体制造业产业比重大、中小型家族企业高度发达等，也尝试了各种创新，其中包括直接购买租赁、杠杆租赁、转租赁、售后收回租赁、收益百分比租赁以及风险租赁等，用以满足不同类型企业客户灵活多样的融资需求。

2. 德国融资租赁会计处理和税收政策

在会计处理方面，德国也是根据经济所有权的归属来确定会计处理的主体。政府财务主管部门将租赁合同主要分为全面摊提合同和部分摊提合同，分别规定了对应的财务会计处理方式。在税收政策方面，德国税务主管部门允许承租主体将融资租赁设备购入进行递减折旧，同时免除承租人的长期债务利息税。

3. 德国融资租赁市场的监管机制

第一，德国融资租赁的市场准入要求。德国按照欧盟统一的市场准入监管体系，如一家总部位于欧盟市场之外的跨国融资租赁企业按照某一欧盟成员国相关法律规定依法设立欧洲业务子公司，可在向直接金融监管当局报备的条件下在德国开展融资租赁相关业务。德国也是欧盟各个成员国中，融资租赁业务模式最被广泛接受的国家之一。

第二，德国针对融资租赁业务也没有进行专门的立法，融资租赁相关法律规定主要见于《联邦德国民法典》中有关租赁合同的内容章节，此外还有《联邦德国信贷业法》《联邦德国商业条件法》《联邦德国消费者信用

法》《联邦德国生产责任法》《联邦德国环境责任法》《联邦德国破产法》
等法律法规对融资租赁行为进行法律规定。《联邦德国民法典》中债务法部
分经 2002 年修改后，在第 500 条推出适用于融资租赁合同的某些消费者保
护规定时，第一次提到"融资租赁"。

2007 年全球金融危机之后，德国将融资租赁纳入金融监管范畴，针对
融资租赁的不少监管法律规定源于《联邦德国信贷业法》。依据该法，融资
租赁监管部门是德国联邦银行和德国金融监管局，企业从事融资租赁业务必
须得到德国金融监管局许可，必须定期向联邦银行提交业务报告。该法第
32 条规定，企业向金融监管局申请融资租赁许可时，必须提交业务计划书、
企业管理人的履历和资质情况等；第 14 条规定，企业必须每季度向联邦银
行提交业务报告，说明企业开展的业务情况，尤其是融资额超过 150 万欧元
的项目，要说明承租人的负债情况；第 24 条规定，企业地址、领导人变更
等情况要适时向主管部门报告。

除了上述几个主要法规外，还有其他相关法律规定也对融资租赁相关监
管做了规定。1990 年 1 月 1 日生效的《联邦德国生产责任法》规定了制造
商责任产品，并明确了制造商与出租人之间的关系。1991 年 1 月又进一步
实施了《联邦德国消费者信用法》，其中规定，融资租赁受该法部分条款管
辖，旨在加强对消费者在真实信用方面的保护。

第三，德国融资租赁业的政府监管体制机制。在德国，2009 年以前融
资租赁业务本身并不受到监管，随着全球金融危机对金融体系的冲击，
2009 年 5 月 1 日，德国将原银监局、证监局和保监局合并成立统一的金融
监管局，其总部分设波恩和法兰克福两地，现有员工约 1600 人。该机构
是联邦直属的、具有权利能力的、公法上的行政机关，受德意志联邦共和
国中央政府财政主管部门的行政监督和业务执行管辖，其监管目标包括：
①保障德国金融业整体功能的发挥；②保障境内法人金融机构的风险偿付
能力；③保护金融业务客户和金融机构股东投资人的利益，维护金融市场的
稳定。

金融监管局针对融资租赁的主要监管职能和职责如下。其一，向融资租

赁企业颁发营业许可证。租赁企业开展融资租赁业务，必须取得金融监管局颁发的许可证，2008 年底之前已设立的租赁企业适用简易程序即可获金融监管局审批；在此之后新设立的租赁企业开展融资租赁业务，必须向金融监管局提交书面申请，材料包括项目计划书、经理人员从业经历和资质证书等。经营许可审批的时间一般为 9 个月。其二，批准融资租赁企业人事事项。参照《联邦德国信贷业法》针对银行业相关规定，德国财政部授权金融监管局对融资租赁企业的经营管理人员进行有效管理。融资租赁企业有义务向该机构报告领导人选，该人选必须具备可靠性、专业素质并具有从业和领导经验及相关业务知识。如发现领导人选不符合先决条件要求，金融监管局有权拒发许可证乃至吊销许可证。如遇高管人员的变更、地址变更，企业须向金融监管局报告。其三，金融监管局有权在融资租赁市场追查商业合同欺诈案件、调查非公开的市场主体之间的幕后交易，以及揭露违规操控扰乱市场价格、依靠融资租赁等新型金融工具手段和渠道进行跨境洗钱、资金转移等行为，可要求融资租赁相关主体提供必要的调查合作。

德国银行针对融资租赁有两项主要职能，即为企业提供指导性服务和审查企业提交的业务报告。融资租赁企业有"百万欧元业务"报告义务，即每 3 个月须向央行报告一次其在前一季度内所签融资租赁合同，尤其是涉案金额累计超过 150 万欧元的合同和承租人债务背景，以便央行能及时判断该客户是否过度负债并做出适当反应，防止某一承租人利用融资租赁扰乱市场。

融资租赁企业还须在当业务年度结束后 3 个月内向联邦银行提交年度业绩（赢/亏）报告，该报告须经独立的经济审计机构/公司先行审计。联邦银行通过企业业绩报表对融资租赁业进行宏观监控，同时也是为了获得更多行业信息和统计数据，为政府决策提供背景材料。

（三）日本对融资租赁市场的监管体制

日本的融资租赁产业始于 20 世纪 60 年代，其业务在亚洲国家中发展最早，在相当长的历史时期中都是亚洲最大的融资租赁市场。日本融资租赁产业快速成长除了经济产业发展方面的因素外，政府政策法规的推动也不可忽视。其中包括 70 年代日本政府推行的行业"孵化器"的作用，颁布《租赁信用保险制度政策》以及一系列的税收优惠政策，以及近期推行的融资租赁租金补贴政策。日本融资租赁覆盖商业性、产业性、制造业设备，以及汽车和通信设备等。

1. 日本融资租赁业的发展状况

从 20 世纪 60 年代日本本土第一家融资租赁会社设立运行，日本融资租赁产业经过多个发展阶段，主要是 1963 ～ 1968 年的发展初期、1969 ～ 1977 年的快速增长期、1978 年至 20 世纪 80 年代末的平稳增长期和 90 年代初至今的发展调整期。

当前日本租赁业发展主要有四个特点：一是投资主体多元；二是资金来源以银行贷款为主；三是业务类型渐趋多样，包括经营房地产、投资及贷款等业务；四是融资租赁仍是主业。

从日本融资租赁产业标的物市场份额构成来看，从多到少依次为情报处理机器、产业制造设备、运输设备，所占市场份额分别为 34%、14% 和 10%。从行业分类看，来自第一产业即种植业、养殖业以及水产市场客户的融资租赁交易额占租赁交易总额的 0.5%，来自第二产业加工制造业的租赁交易额占总额的比例略多于 1/4，占比最多的是第三产业服务业以及个人消费主体的融资租赁交易额。从企业规模看，资本金 1 亿日元以上的大企业占据市场份额的半数以上，是最大的客户群体。

目前日本融资租赁业有两大中介组织，即社团法人日本租赁事业协会和日本汽车租赁协会联合会。根据日本租赁事业协会统计，2005 年日本租赁业交易额为 7 万多亿日元，按当时汇率计算，合 600 多亿美元。租赁设备投资额也达到了 7 万亿日元，设备租赁占民间设备投资额的比例近 9%。

2. 日本对融资租赁行业监管的法规政策措施

一是适时实施相关法律规定。日本尚未建立全国范围的专门的融资租赁法律，原则上融资租赁业务主要由商法、金融监管法规、企业经营各项法规以及各类行业专项规定约束执行。

二是融资租赁在财务税收方面的优惠促进政策。这部分主要是投资主体的税项减免相关规定，主要有三类优惠税制：分别针对情报处理机器用户的投资促进税制，根据注册资本规模进行相应幅度的税收减免；另一个是政府针对农林水产领域的特定设备承租人发补助金，鼓励这类行业相关从业主体利用租赁形式更新完善设备投资；最后一个是租赁信用保险制度，由政策性保险公司或政府其他机构为因承租人破产而遭受损失的融资租赁从业机构提供部分比例的融资租赁款赔偿。

三是实行较为宽松的监管模式。日本对租赁企业采用基于适当性经营状态的适度监管模式。主要表现为行业准入门槛低、经营活动自由和业务领域放宽等。

（四）韩国对融资租赁业的监管体制

韩国融资租赁业的发展起步于20世纪70年代初，目前韩国融资租赁业在企业发展中发挥着重要作用，成为企业重要的长期设备融资手段。韩国融资租赁产业发展较晚，政府在产业发展过程中，充分吸收美国、日本和德国等成熟市场国家的先进经验，通过政府行业促进法案、债券发行担保、税收减免政策、政府保障基金和政策性保险等形式鼓励融资租赁产业发展，特别是亚洲金融危机之后，政府对国内倒闭的融资租赁企业进行了必要的救助，从而保障和促进了韩国融资租赁产业的长期健康发展。

1. 韩国融资租赁业发展历程

自1972年首次引入融资租赁模式，韩国的融资租赁业得到一定发展。2013~2015年韩国租赁市场渗透率见图1。

2016年韩国融资租赁公司达到50多家，其中24家租赁公司、30家登记从事租赁业务的信贷金融公司。30家信贷金融公司是由5家信用卡公司、20家金融公司和5家风险投资公司组成的。2015年以来，韩国设备投资总额（机械和运输设备）为1358638亿韩元，租赁市场渗透率为10%左右。尤其是随着国内汽车租赁市场的扩大，2016年韩国租赁资产增加4%左右。自2014年底，韩国租赁公司的总资产一直呈现稳步增长趋势。

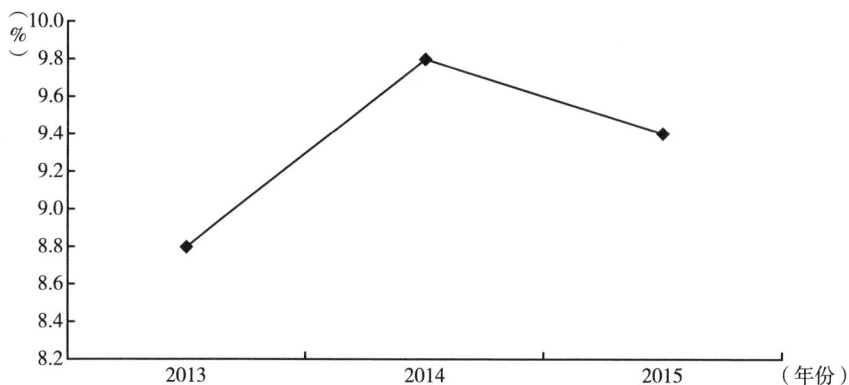

图1 韩国租赁市场渗透率（2013～2015年）

资料来源：台湾《商业周刊》杂志专栏文章。

2015年底，韩国设备贷款总额达到355亿韩元，其中韩国租赁交易额为134082亿韩元，占贷款总额的近4%，交通运输设备与工业机械设备是韩国的主要租赁资产，分别占71%和15%。另外，医疗机械设备占8%，教育及科技设备占4%。2013～2015年韩国设备贷款额与租赁交易额见图2，2015年韩国融资租赁新增业务额中不同资产类别占比见表1。

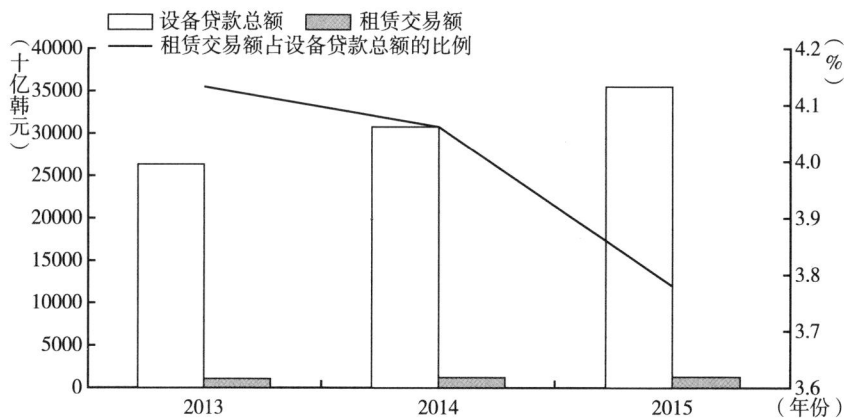

图2 韩国设备贷款额与租赁交易额（2013～2015年）

资料来源：台湾《商业周刊》杂志专栏文章。

表1　韩国融资租赁新增业务额中不同资产类别占比

单位：十亿韩元，%

资产类别	租赁业务额	占比
工业机械设备	1960.3	14.6
工业机械	780.6	5.8
电气机械	13.5	0.1
机床	1166.2	8.7
交通运输设备	9559.8	71
机动车	9330.6	69.3
施工运输设备	151.5	1.1
船舶	77.7	0.6
飞机	——	——
火车	——	——
医疗机械设备	1060.9	7.9
防污设备	0.4	0.003
教育及科技设备	513.7	3.8
办公设备	41.3	0.3
计算机	198.1	1.5
其他设备	274.3	2.0
通信设备	157.7	1.2
配电行业机械设备	1.8	0.01
其他类型设备	213.2	1.6
总计	13467.8	100

资料来源：台湾《商业周刊》杂志专栏文章。

2. 韩国对融资租赁业的监管体制与运行机制

一是通过法规加以规范。韩国从融资租赁业发展初期，就比较重视以法规规范企业经营行为。1973年即制定了《设备租赁法》，1998年根据行业发展情况进行了修改后，并入《专业信贷金融业法》。1973年制定的《设备租赁法》规定，租赁业实行审批制，后将审批制改成登记备案制。

二是以行业准入规定规范企业从业资格。韩国明确融资租赁业是金融服务业，从事此类业务的企业是金融企业，为此做出了包括注册资本规模、股东形态以及信用记录等市场准入资格规定。

三是实施有效的监管措施。

3. 以优惠政策扶持国家重点发展产业和项目

一是根据韩国商事法律规定，企业发行债券不得超过净资产的 4 倍，但融资租赁公司可高达 10 倍；二是用于租赁的进口医疗器械无须特殊资质；三是法律规定的与租赁有关的资格要件仅需承租人出具；四是特殊设备物件登记人名义上登录的特例；五是承租人义务履行上的特例。

韩国的中小企业对不动产的租赁需求不断增加。然而，根据韩国的相关规定，很多中小企业并没有被列入可以做不动产租赁的客户名单，根据适用于租赁公司的不动产方面的法律规定，大部分租赁公司不能进入这一市场。2015 年 3 月 24 日，韩国金融监管部门将不动产租赁的潜在客户从中小型制造类企业，扩大到所有中小型企业。此外，租赁物的范围也由承租人已有的不动产，扩大到即将拥有的不动产。不动产租赁的主要优势包括：一是能够满足外资公司以经营租赁方式对办公场地租赁的需求；二是汽车金融公司能够从汽车制造商租赁办公场地、工厂等；三是部分信贷公司从事设备租赁业务时，能够同时为客户提供其他资产的租赁服务，以满足客户的不同需求。为了促进资产租赁更好地发展，韩国信用融资委员会与 SMB 的巡视员进行了沟通，并向金融监管部门提出相关建议。SMB 的巡视员是帮助小企业发现不必要监管条例的一个政府机构。因此，韩国信用融资委员会将建议废止限制不动产租赁发展的相关规定，并要求降低不动产的并购税。

2016 年韩国融资租赁业重点关注的问题是《国际会计准则》的修订。2014 年 7 月，国际会计准则理事会（IASB）发布了《国际财务报告准则第 9 号——金融工具》（简称"IFRS 9"）的终稿。其中，IFRS 9 对金融资产的分类和计量进行了重新规定，分为金融工具的确认与计量、金融资产减值和套期会计三个分类，与现行的《国际会计准则第 39 号——金融工具：确认和计量》（简称"IAS 39"）有很大不同，并改进了 IAS 39 的不足。IFRS 9 将于 2018 年 1 月在韩国正式生效。按照 IFRS 9 的规定，将会对金融资产、金融担保、贷款担保及租赁应收账款进行重新修订。IFRS 9 关于资产减值的内容，将目前"已发生损失模型"改为"预期发生损失模型"，这将对股本和资本监管等方面产生重要影响。如果新国际会计准则被采用，信贷公司的信贷模式也将发生变化，韩国信用融资委员会对此非常关注，并将最大限度地减少信贷模式变化对租赁行业所造成的影响。此外，韩国信用融资委员会将与其他会计师事务所讨论所有关键性的问题，包括银行的监管及业务限制等。韩国信用融资委员会计划与租赁行业、政府相关人员更深入地讨论所存在的实际问题，尽量减少对租赁行业的负面影响。

4. 行业协会——专业信贷金融业协会

韩国融资租赁的行业协会是根据官方法律规定于 1998 年设立的专业信贷金融业协会，同时包括部分其他新兴金融业态机构。协会的主要作用是加强政府监管部门与行业市场主体之间的协调与合作；委托专业咨询机构开展国内外融资租赁市场调查研究，引导市场主体以及管理者掌握正确的经营方向和管理手段；加强行业对社会公众和媒体的宣传，向国民和市场需求主体普及融资租赁相关知识；协助行业内各类市场主体和企业解决业务经营过程中产生的各类纠纷；代表行业从业主体和有关人士向政府及决策立法部门提出法规、政策制定或修改建议。

三　美国、德国、日本、韩国融资租赁业发展的启示

从上述四国融资租赁业的发展状况看，借助资本市场，融资租赁业增长迅速，已成为设备投资的重要方式之一，也是新兴产业和中小企业发展的重要支撑。日本、韩国两国高度重视融资租赁业的发展，并采取一系列措施予以扶持，市场准入、税收优惠、产业政策引导等多措并用，有力地推动了融资租赁企业的成长发展。从各国发展情况看，融资租赁企业与银行等金融企业合作是资金来源的重要渠道。各国在法律监管的基础上，引导行业自律和风险监控，加上财务税收制度的监管，形成了较为稳健的监管机制，为融资租赁业的发展提供了充分的空间。

随着融资租赁业的发展，其经营模式更为丰富多样，呈现融资租赁模式

多样、资金来源多渠道、服务方式多元化的发展态势。根据出租人对融资租赁项目标的物所需承担成本比例、对特殊目的实体的租赁标的资产和预期收益的假设、拟获取租金比例与承租人融资项目盈利现状挂钩，以及对注资、还租、回报的考虑，出现了杠杆融资租赁等多种融资租赁创新做法。在资金来源方面，随着金融市场的多元化和金融衍生产品的出现，尤其是债券债务市场的活跃，资金来源渠道日益多样，有非企业法人或自然人委托机构租赁资金、公开金融市场债券融资、融资租赁当事人各方提供的租赁项目履约保证金、各类非银行金融机构信贷支持、境外机构外汇借款、同业拆借融资等，看到融资租赁市场的活跃和快速发展，信托、保险、银行等不同金融机构也纷纷参与到融资租赁业务中，形成了多渠道资金来源，为融资租赁业的发展提供了极大的资金支持。

融资租赁市场的发展成熟，尤其是证券市场和债券市场的发展，不仅为融资租赁企业的退出提供了通道，而且改变了过去单一且封闭的融资租赁行业企业与融资方之间的资本项目实体循环体系，通过租赁证券化为融资租赁企业提供了更多融资渠道、债权债务转让机制，并进一步完善了融资租赁企业的退出机制。

除了退出机制创新外，更为重要的是业务类型有了更多样化的创新发展，直接购买融资租赁、回租租赁、转租租赁、委托融资租赁、经营性租赁等融资租赁模式在继续发挥重要作用的同时，在新的经济形势下，传统融资租赁方式也衍生出多种新的融资租赁方式。

第一种叫杠杆融资租赁，即在成本特别高的大型设备，如飞机、轮船、卫星等的租赁中，作为出租人的相关融资租赁企业首先提供融资标的物项目设备购置所需的较少比例的首付款，通常比例为一成半至四成。剩余部分由银行或非银行金融机构完成，提供主要融资的金融机构以租赁物所有权、租赁物保险收益权、融资租赁合同的担保收益权以及融资租赁合同收益权转让等形式，获取融资租赁项目标的的资产权和收益权。这种租赁手段，通常被业界称为杠杆融资租赁。

第二种创新方式是项目融资租赁。这种融资方式主要发生于承租方需要进行项目建设投资的过程中，比如大型通信设施工程、大型交通运输工具建造运行、高速公路等基础设施建设过程中等。一般情况下，出租人与承租人签订项目融资租赁合同，并向项目建设融资方承租人提供项目建设资金，承租人以建设项目已有的投资固定财产和未来潜在经济收益作为保证，出租人对此以外的承租人通常无追索权亦没有担保。出租人根据项目建成之后既定时间内预期的现金流量，凭借自身的判断计算约定收益的风险，为了顺利收回租金，通常会要求承租人以其他收益或第三人信用为担保。

第三种创新方式是抽成融资租赁。对于很多大型融资租赁项目而言，出租人需要面对的项目完整周期很长，现金流回款非常缓慢，但同时融资方对项目又有着独占的特征。出租人可以考虑根据承租人的盈利状况，由承租人按照约定的一定比例抽取非固定的租金，因此也称之为收益百分比融资租赁。这种业务形式可以充分考虑承租人和出租人在业务经营和资金管理方面各自不同的需求和特点，具体项目收益具体调节。

第四种创新方式是风险融资租赁。风险融资租赁其实在很大程度上借鉴了风险投资业务的主要模式和特点。出租人对很多具有良好成长性和发展前景的高科技、高风险产业领域的企业或者项目，通过租赁债权或设备投资等方式将设备出租给承租人，在收入和实际投资人利益返还阶段，除了按照规定收取融资对方的固定比例金额租金外，还可以选择在投资人限定时间内以投资项目估值为基础的资产转换价格转换成承租人的项目投资股权或收益权。这对传统融资租赁收益模式是一种改进与创新，通常在此类业务模式下，投资人不仅可以获得总收益一半左右的租金回报，还可以享受两成左右的所投资资产溢价。

第五种创新方式是结构式参与融资租赁。顾名思义，这种融资方式就是根据融资租赁内在的结构特点，将出租人和承租人参与融资租赁业务的过程分为注资、还租、回报三个阶段。在这三个阶段分别采取与传统融资租赁业务不同的操作手法进行。在注资阶段，采用与一般融资租赁出租人以及投资者注入相同资金的方式，为融资租赁项目提供资金来源；在还租阶段，需要出租人与承租人根据事先约定的分配比例，将融资租赁项目预期将要产生的既定数量现金流量，按照上述比例返还给资金来源方；接下来是回报阶段，在这一阶段，一般是出租人回收项目租金、转移本次融资租赁活动涉及的租赁标的物的所有权，承租人开始享有这部分所有权。

因此，从欧美国家的实践经验中可以看出，融资租赁业的健康稳定持续发展，必须具备几个制度安排。

首先，要有稳定的金融支持。融资租赁业要稳定持续发展并发挥重要作用，离不开金融业的大力支持。欧美融资租赁企业或是与银行所属企业合作建立，或是直接由银行发起设立，资金来源基本上来自股东银行，这种优势给融资租赁公司提供了充足的资金支持。如德国融资租赁80%的业务是由银行所属的租赁公司和厂商所属的金融服务公司开展的。一些大型的具有厂商背景的租赁公司也以自己组建的金融服务公司或财务公司为支撑，开展相关融资租赁业务。

其次，要有健全的证券融资市场。在发达的金融证券市场支持下，可以把大量滞留租赁物的租金转变为债权债务交易，有利于加快变现，为租赁公司加快融资提供了便利条件。同时，金融债券市场的发展，也有利于分散风险，减少资金回流时间。

再次，要有健全的法律体系。融资租赁业的发展离不开行业自律和法律规制管理，因为融资租赁参与者复杂，租金回收和利益分配程序环节多，涉及利益关系复杂，一方面要加强对参与企业的管理，另一方面要有法律体系作为保障，这样才能调节好利益关系，保证行业健康稳定发展。

最后，需要从国家层面给予重视并出台完善的政策扶持措施。这一体系需要涵盖融资租赁行业发展的各个角度、层面，包括但不限于税收（特别是投资相关所得税）、企业注册设立、租赁物权登记保障等，同时这一体系还需要覆盖融资租赁完整的产业发展周期，因为各个发展阶段的融资租赁行业主体都不同程度地需要政府帮助扶持。考虑到融资租赁经营活动涉及金融业稳定发展，要采取适度的监管措施，给企业发展留有一定余地。

参考文献

［1］《国际融资租赁公约》。

［2］国务院办公厅《关于加快融资租赁业发展的指导意见》。

［3］国务院办公厅《关于促进金融租赁行业健康发展的指导意见》。

［4］陈功：《我国融资租赁行业发展的问题与对策》，《现代管理科学》2018 年第 2 期。

［5］吕振艳、杜国臣：《中国融资租赁行业现状与问题分析》，《技术经济与管理研究》2013 年第 9 期。

［6］商务部流通发展司：《中国融资租赁业发展报告（2016～2017）》，2017 年 8 月，商务部网站。

［7］田辉：《中国融资租赁业发展现状以及未来发展方向》，国务院发展研究中心，2015 年 11 月 30 日，http：//www. drc. gov. cn/xscg/20151130/182 - 473 - 2889446. htm。

［8］徐虔：《美国融资租赁行业的发展》，《银行家》2018 年第 1 期。

B.12
美国融资租赁行业的发展

徐 虔*

摘 要： 本报告将目光着眼于全球范围，研究融资租赁行业发展的国
际经验。美国是融资租赁发展最早、最成熟的国家之一，本
报告首先对美国融资租赁行业的发展脉络、业务领域、市场
规模、业务优势等进行简要的梳理，然后逐一分析其盈利模
式、融资来源、监管模式、扶持政策等，最后总结美国融资
租赁行业的发展经验并加以借鉴。

关键词： 美国融资租赁行业 经营模式 政策支持

一 美国融资租赁行业的发展

20世纪50年代，作为一种新兴的融资模式，融资租赁在美国兴起，并逐渐
成为与银行信贷、证券融资并驾齐驱的三大融资途径之一，对支持美国实体经
济的发展发挥了极大的作用。截至2016年，美国融资租赁的市场渗透率达到了
30%，是第三大融资手段，而同期中国的融资租赁市场渗透率只有3.8%。

（一）业务领域

美国融资租赁业起步较早，发展也十分迅速，是世界上融资租赁产业最
发达的国家。目前，美国融资租赁行业基本渗透各行各业（见图1）。

* 徐虔，金融学博士，特华博士后科研工作站博士后，现供职于长安信托投资银行部，研究方
向为金融理论与金融政策。

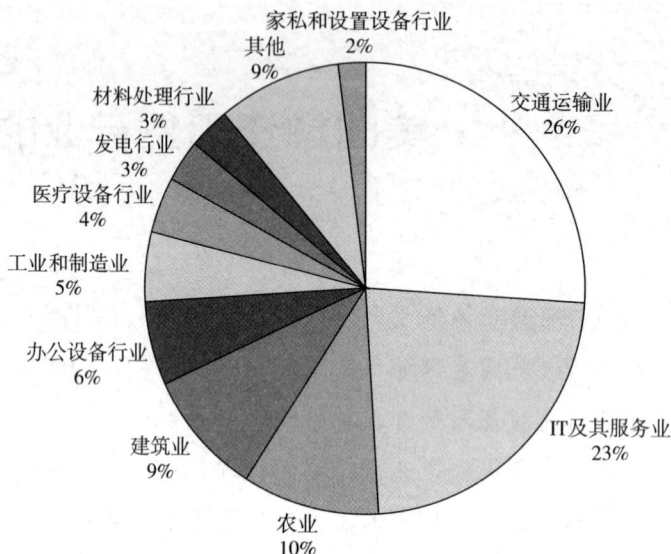

图1　2016年美国融资租赁业涉及的行业分布情况

资料来源：根据《世界租赁年报（2017）》整理。

从图1可以看出，美国融资租赁业涉及的行业十分广泛，且分散度较高。其中，交通运输所占比重高达26%，农业、医疗设备行业占融资总额的比例分别为10%和4%，与2015年相比都有所降低。建筑行业的比重、工业和制造业、办公设备行业的比例依次为9%、5%和6%，较2015年都有所增长。从行业可以看出，交通运输工具和大型成套设备仍然是租赁行业最为普遍的租赁客体。随着美国融资租赁行业的发展，服务业的市场份额逐渐提高，截至2016年底已经超过了50%。

（二）市场规模

2015年世界租赁市场份额如图2所示。

租赁交易额最高的10个国家是美国、中国、英国、德国、日本、法国、澳大利亚、加拿大、瑞典、意大利。租赁渗透率前几名的国家是澳大利亚（40.0%）、加拿大（32.0%）、英国（31.1%）、丹麦（28.5%）、瑞典

（22.9%）、美国（22.0%）。在2013～2015年美国租赁业务占GDP比重逐年递增，分别为1.92%、1.95%、2.08%，排名也逐渐靠前（见表1）。

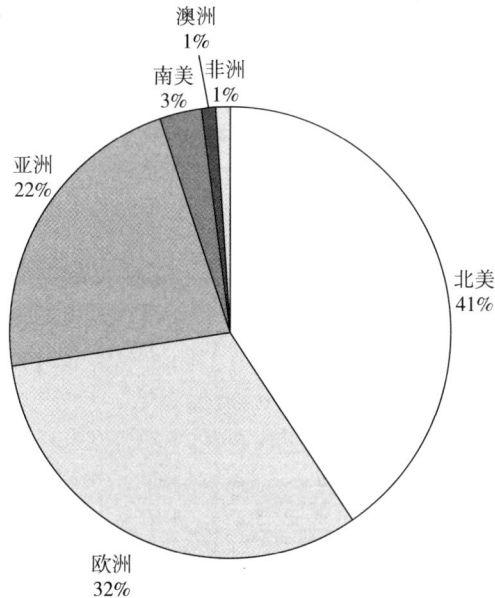

图2　2015年世界租赁市场份额

资料来源：根据《世界租赁年报（2017）》整理。

表1　2013～2015年租赁业务规模占GDP比重排名前30的国家或地区

单位：%

排名	国家或地区	2015年占比	排名	国家或地区	2014年占比	排名	国家或地区	2013年占比
1	爱沙尼亚	4.31	1	爱沙尼亚	4.81	1	爱沙尼亚	5.91
2	瑞　典	3.03	2	瑞　典	3.3	2	瑞　典	3.82
3	英　国	3.02	3	英　国	2.84	3	拉脱维亚	3.36
4	拉脱维亚	2.68	4	拉脱维亚	2.47	4	英　国	2.67
5	立　陶　宛	2.64	5	澳大利亚	2.47	5	立　陶　宛	2.65
6	丹　麦	2.5	6	丹　麦	2.36	6	丹　麦	2.5
7	瑞　士	2.4	7	瑞　士	2.3	7	斯洛伐克	2.48
8	斯洛伐克	2.19	8	斯洛伐克	2.24	8	芬　兰	2.31
9	澳大利亚	2.08	9	芬　兰	2.14	9	瑞　士	2.19

续表

排名	国家或地区	2015 年占比	排名	国家或地区	2014 年占比	排名	国家或地区	2013 年占比
10	美　　国	2.08	10	波　　兰	2.11	10	斯洛文尼亚	2.09
11	波　　兰	2.08	11	立　陶　宛	2.07	11	波　　兰	2.03
12	斯洛文尼亚	2.08	12	美　　国	1.95	12	德　　国	2.01
13	芬　　兰	1.9	13	德　　国	1.87	13	美　　国	1.92
14	德　　国	1.71	14	斯洛文尼亚	1.73	14	澳大利亚	1.74
15	中国台湾	1.67	15	加　拿　大	1.69	15	挪　　威	1.73
16	哥伦比亚	1.57	16	澳大利亚	1.63	16	哥伦比亚	1.62
17	澳大利亚	1.47	17	挪　　威	1.63	17	中国台湾	1.6
18	保加利亚	1.44	18	中国台湾	1.63	18	捷　　克	1.55
19	加　拿　大	1.39	19	捷　　克	1.36	19	保加利亚	1.51
20	中国大陆	1.37	20	保加利亚	1.31	20	摩　洛　哥	1.29
21	捷　　克	1.33	21	中国大陆	1.29	21	法　　国	1.25
22	挪　　威	1.28	22	法　　国	1.12	22	南　　美	1.23
23	秘　　鲁	1.26	23	哥伦比亚	1.09	23	俄罗斯	1.22
24	法　　国	1.05	24	南　　美	1.07	24	秘　　鲁	1.21
25	葡萄牙	0.98	25	比　利　时	0.99	25	比　利　时	1.13
26	比　利　时	0.94	26	葡　萄　牙	0.95	26	中国大陆	1.11
27	日　　本	0.93	27	匈　牙　利	0.93	27	日　　本	1.11
28	韩　　国	0.83	28	摩　洛　哥	0.91	28	匈　牙　利	1.09
29	摩　洛　哥	0.83	29	日　　本	0.89	29	智　　利	0.96
30	匈　牙　利	0.8	30	土　耳　其	0.88	30	澳大利亚	0.88

资料来源：《世界租赁年报（2017）》。

经过五年的全球经济复苏，租赁行业前景乐观。前 50 名国家的新业务从 2014 年的 9943.1 亿美元增长到 2015 年的 1 万多亿美元，同比增长 6.5%。三个地区，北美、欧洲和亚洲，占世界总量的 90% 以上。

2015 年，北美地区增长为 10.7%。拉美地区增长 28.9%，在全球涨幅最大。另一个地区亚洲，正在经历持续增长，业务增长 14.4%。

北美地区包括美国、加拿大、墨西哥。该地区一直保持其世界最大的市场地位，2015 年新的业务量为 4078 亿美元，现在已经占全球设备租赁市场的 42.1%。美国是该地区的主要支配者，而且是世界上最大的单一市场。在 2015 年新的业务量为 3740 亿美元，比上年增长 15%。欧洲为 3228 亿美元。2015 年美国设备金融业规模（租赁加保证贷款和信用额度）超过 1 万亿美元，2016 年进一步增长。加拿大整体报告销量为 262.1 亿美元，同比小幅增长 3.4%，因受 2014 年油价大跌影响。墨西哥同比增长 32%，新的业务成交额为 71.9 亿美元。

相比之下，欧洲总体小幅下滑。2015 年，英国租赁业收入达到 871.3 亿美元，增长率为 14%。英国市场已经证明了它的稳定性和效率。欧洲第二大市场是德国，同比增长 8.42%，新业务量达到 638.4 亿美元。德国租赁行业是最成熟的行业之一，其设备融资比例为 13%，融资租赁 48%，经营租赁 39%。2015 年租赁作为投资融资工具的份额变得更大，设备和施工行业更频繁地采用租赁。

亚洲新业务量在 2015 年增长了 14.4%，占全球市场份额的 22.2%，高于 2014 年同期市场成交量。中国央行五次降息，银行贷款更廉价，租赁缺乏吸引力。尽管如此，中国仍然是最大的亚洲市场成员，并增加了 26% 的数量，占有 1364.5 亿美元的新业务量。日本租赁市场从 2014 年的 -17% 复苏到 9%。新业务量从 550 亿美元增长到 608.4 亿美元。

澳大利亚、新西兰地区经历了同样数量的本地货币业务，但以美元表示下降 12.4%。澳大利亚排名从世界第六位降到第七位，主要是由于汇率的差异。但是，销售额保持不变（423 亿澳元）。

拉美整体新业务量增长了 28.9%。哥伦比亚显著增长 21%。

非洲占全球租赁市场的 0.7%，四个非洲国家（埃及、尼日利亚、摩洛哥、南非）在该地区取得了一席之地，跨越了 50 强租赁门槛。该地区成交量下降为 67 亿美元（-0.7%）。非洲租赁行业仍在起步阶段，除了南非之外，还缺乏可用定量数据。南非排在第 27 位，占比 1.16%。

（三）业务优势

在美国，承租人希望通过租赁来取得设备的理由大致有以下 6 个方面。

1. 现金管理

（1）预付款低：向银行借钱买设备，要求支付 10%～20% 的预付款；而租赁只付出设备成本的 2%～6%。

（2）前期成本低：取得设备的其他杂项成本在租赁中可以分期，并作为租金的一部分进行支付；若购买设备，则必须在前期支付这些成本，前期成本可能非常高，如美国某些州的销售税高达设备成本的 9%。

（3）月付低：承租人只支付使用设备的费用，由于在租赁中留有余值，租金较贷款费率更低，余值越高则租金越低，因此每个月的现金节省量因租赁设备的不同而不同。

（4）改进现金流预期：租金的每期金额和期限是固定的，因此承租人能准确地知道设备在未来的成本是多少，这能使企业的财务预算人员更精确地做好现金计划。

（5）偿还方针：从事受监管的行业（如公用工程）的企业以及为联邦政府提供服务的企业所发生的费用能够得到补偿，而如何补偿则往往取决于费用的性质。租赁的费用通常比购买资产的折旧利息更快获得补偿，故承租人可以通过租赁更快获得资产收益。

2. 适应技术进步

（1）转移余值：租赁在一定程度上将设备的技术陈旧风险转移给出租人，转移的方式有两种：承租人要求租赁期限在技术适用的期限内；出租人设定设备余值，只要求承租人对融资部分付费，例如，如果出租人设定设备的余值为 20%，则承租人承担的租金总额只构成资产成本的 80%。

（2）升级换代：某些特定设备的出租人乐于协助承租人一起进行设备升级换代工作。租赁交易中独特的升级换代服务使承租人具备进行设备升级换代的能力，并在升级换代中消化某些余值风险。

（3）不断更换：出租人协助承租人一起进行设备升级换代，把设备改造成新设备。可以采取对新设备融资，或针对更新中发生的费用在老的租赁合同基础上进行再融资两种方案。

（4）设备处分：在租期结束时，承租人可享有 3 种选择方案：退还设备、续租、购买设备。

3. 表外融资

表外融资指的是在会计处理中分类为经营租赁的一种租赁方式，是一种很普及的设备融资方式，能改进承租人的财务报表。

（1）改进盈利：在租赁的前期，对承租人的财务报表来讲，经营租赁比资本租赁更具有积极效果。如果当期盈利对企业有较大意义，其通常会选择表外融资（经营租赁）。资本租赁当期的折旧和利息费用之和高于经营租赁下的租金，故会对承租人当期的盈利带来更大影响。

（2）提高资产回报率：在业绩管理上应用最广的指标是资产回报率，红利与部门或整个企业的资产回报率密切相关。通过经营租赁使资产脱离报表，从而使资产回报率增加，所以经营租赁是所得增加；再结合总资产的降低，增加的净所得将在资产回报率公式中产生双倍的效果。

（3）改进财务比率：在资产负债表上没有租赁负债或租赁资产，企业得以双倍减负，流动性和盈利能力均得到加强，进而使得企业更容易获得贷款。

（4）摆脱资产的困境：如果设备在计提完折旧之前已陈旧落后，则企业拥有的设备在账簿上虽然还没有提完折旧，实际已经不值钱；如果企业出卖这些陈旧的设备，则会发生亏损，使报表上的盈利降低。选择保留这些不值钱的设备，按时间摊销损失直至提完全部折旧，从而使设备成为一种闲置的资产。

（5）报表的方便：经营租赁的所有付款都记为租金。另外，大多数租赁采用固定的等额租金，更便于估算现金流。

4. 所得税

美国的税法规定资产的所有权人计提折旧，构成资产的税收回报。如果出租人是享受税收回报的所有权人，则这种租赁称为税务租赁。在税务租赁中，出租人计租金收入并计提税务折旧。

（1）分享税收利益：出租人作为设备的所有权人得到税收利益，他们可通过降低租金的方式将这些利益全部或者部分转移给承租人。

（2）租金抵扣：在税务租赁项下，承租人支付的全部租金可在纳税时进行抵扣，如果承租人购买设备，则必须形成资产并对资产计提折旧，对租赁债务进行摊销。很多承租人为了方便会在每一期租金中抵扣一定的金额，在某些情况下，租金的抵扣比所有权计提折旧更有价值。

（3）购买罚金：美国当前的税法有两个条款可能对承租人购买附加的设备带来负面影响，公司购买新设备要交更多的税，因为已扣除一定的税收利益。在这种情况下，多租赁设备、少购买设备更符合企业利益。

5. 财务问题

（1）规避财务预算：公司每年都要进行财务预算，包括确定在新设备上的预计开支，只有列入预算的设备才能得到批准。但若采用租赁，则租金费用可以作为运营费用列支，而运营费用不列入财务预算。

（2）审批权限：公司设定费用限额，而当采购设备的经理们没有充分审批权限时，租赁就成为另一种途径。租金的金额往往列入月度开支计划。

（3）成本限制：租赁是取得设备使用权的现实途径。

（4）降低成本：租赁比购买的成本低。

（5）新的融资渠道。

（6）最终取得所有权。

6. 灵活与方便

（1）时间因素：通过租赁取得设备的使用权，比银行融资简便迅捷；同时，基于与制造厂商的关系，租赁公司的交货能更迅速。

（2）一站式购买：出租人能够在同一个交易中，提供设备知识、设备本身、融资产品以及很多灵活的选择方案；出租人用全服务租赁的方式还可以捆绑其他的产品和服务（如维护、税收和保险），全服务租赁不仅方便，而且比单独购买同样的服务更经济实惠。

（3）资产管理：租赁有助于承租人管理公司资产。

（4）灵活还租：出租人可以根据其能力来安排灵活的、独创的租金流，如租金递增、租金递减、租金免除、租金波动等。

（5）制约制造厂商：出于制约的目的，有的承租人从制造厂商的下属租赁部门租赁设备。承租人相信，如果设备出现问题，他们和制造厂家的联系将更为有效，因为他们和厂商租赁公司有直接的契约关系。

（6）规避余值处理：承租人在租赁期限结束时可以将设备退还出租人，处分设备的风险和费用则由出租人承担。这种退还的权利使承租人能在主业上集中精力，而不必疲于售卖旧设备。

（7）限制性条款：银行贷款通常会在协议中设立一些限制性条款限制公司在今后的融资方案，接受了限制性条款的公司的融资决策自由度很小。

（8）批量购买：某些租赁公司因为规模大，可以通过大批量购买而获得更高折扣，其可以降低租金的方式将节省的成本让利给承租人，这种价格的降低成为暗折扣。

（9）过度使用：有些承租人过度使用设备，经常造成设备磨损，因此更喜欢租赁设备，希望将资产减值的风险转移给出租人。

（10）优先取得：通过租赁承租人可以从大的租赁公司或者厂商租赁公司更有效地得到紧俏设备。

二　盈利模式

按照前文分类，融资租赁公司可按经营模式分为银行系租赁公司、厂商（制造商）系租赁公司以及独立第三方租赁公司三类，其盈利模式不尽相同，各有各自的特点，以下一一展开说明。

（一）银行系租赁公司的盈利模式分析

银行系租赁公司的经营收入主要包括三个方面：利息收入、交易收入和余值处置收入。

1. 利息收入

利息收入是指租赁公司持有包括融资租赁、设备贷款、经营租赁等资产产生的净利息收入[1]。利息收入是银行系租赁公司最主要的收入来源，在全

---

[1]　孔永新：《美国融资租赁盈利模式分析及对中国的启示》，《投资研究》2012 年第 12 期。

世界范围内，利息收入都是融资租赁行业最主要的收入来源。

由于银行系租赁公司的资金主要来自母银行公司，母银行可以通过多种途径获取较低成本且长期稳定的存款，为融资租赁公司提供充足的低息资金。尽管美国银行业不存在利率管制，但银行凭借其多年的运营经验、商业信用仍可以轻松地获得低成本的资金。这就奠定了银行系租赁公司获取较为丰厚的利息收入的基础。

从本质上讲，银行系租赁公司是其母银行的一个重要资金运用平台，是母银行配资高收益资产的重要途径，是母银行多元化经营、提高盈利的重要出口。

银行系租赁公司的生息资产主要来自三个方面：直接营销、间接营销以及购买其他机构的资产。

在直接营销方面，银行系租赁公司全面与母银行的资源整合，借助母银行的客户资源、营销网络开展租赁业务。

在间接营销方面，银行系租赁公司在大型设备制造商现有的营销渠道基础上开展合作，通过直接放款或者打包购买的方式获得相应的租赁资产，从而获取利息收入。

2. 交易收入

交易收入是指租赁公司通过组织银团、出售及重组现有资产获得的手续费和价差收入①。租赁行业的利息收入来自租赁资产，前提是持有租赁资产，但持有租赁资产也要承担相应的信用风险，同商业银行一样，需符合巴塞尔风险资本监管协议关于风险资本的要求。

为了提高资产周转率，控制租赁资产的风险，尽快收回资金投入，租赁公司往往需要通过出售租赁资产来收回成本。因此，银行系租赁公司需要时刻监控资产组合的质量和市场情况，如果融资者出现信用恶化、资产负债率过高、集中度过高等情况，或者财务预算部门需要额外的交易性收入，银行系租赁公司将会在租赁二级交易市场卖出相应资产。

此外，随着资产证券化的繁荣，租赁资产的证券化也是获得交易性收入

---

① 郭文玲：《国外融资租赁业务发展比较研究》，《现代商业》2010 年第 15 期。

的一个重要组成部分。银行系租赁公司通过资产证券化的操作，将租赁资产切分为不同信用等级、不同期限的标准资产，分散给不同的投资者。资产证券户不仅能提高资产的流动性，还能降低融资成本，进而可以在短期内获得可观的价差收入。

3. 余值收入

余值收入是指租赁公司在租赁业务中因为设备回收再出售或者再次租赁获得的价差收入①。

（二）厂商（制造商）租赁公司的盈利模式

随着金融理念的逐步深入，金融思维开始影响传统制造业，设备制造行业也认识到设备融资的重要性，设备租赁公司融资解决方案的价值逐渐显现。一些大的设备制造商开始建立自己的财务公司、融资机构等，一方面获取较低的融资成本，另一方面加强资金流动性、设备周转率。美国的直接融资体系非常发达，设备制造商的融资途径丰富，融资方式灵活，使其更加具有竞争力。在银行系租赁公司的市场份额逐步扩大、影响力日益明显之际，美国的厂商租赁公司仍然可以凭借其长期积累的客户把握、设备管理以及风险承受能力，在租赁市场分得一杯羹，占到近30%的市场份额。

此外，对租赁物的回收和二次出售，不仅是厂商租赁公司控制信贷损失的手段，更是其重要的收入和利润来源。

（三）独立第三方租赁公司的盈利模式分析

独立第三方租赁公司由于没有雄厚的股东背景实力，不能轻易地获得较低成本的融资，也不具备设备生产优势，因此无论是利差收入还是交易收入都不具备优势。随着融资租赁的逐步深入发展和金融对租赁行业的渗透，独立第三方租赁公司在租赁行业的生存空间逐步缩小，其在美国的市场份额已

---

① 廖岷：《中美两国融资租赁业的比较研究》，《新金融研究》2012年第2期。

不足 4%。

Alta 咨询公司做过一项调查，它与 25 位独立类租赁公司的高管做过交流，向他们提供了 9 项收入来源，要求他们根据自己的经验和观察就其重要性进行排序。调查结果显示：余值收入和利差收入是独立类租赁公司收入的主要来源[①]。

三　监管措施

（一）监管政策

美国租赁行业早在 1985 年就已经进入成熟期，加上金融对租赁行业的渗透，融资租赁也已经达到相当成熟的阶段，融资手段、金融产品也呈现多样化的局面，金融衍生品和结构化产品逐渐与租赁产品融合，如证券化、风险租赁和合成租赁。在这样的情况下，美国的租赁市场非常完善，各种市场机制、交易制度、法律法规也比较成熟。市场自身的运行机制足以保证租赁行业的良好运行。因此，美国对租赁业的监管持开放态度，将租赁视为普通的商业服务，不采取特殊监管。

在美国租赁业的三种分类方式下，厂商系租赁公司和独立第三方租赁公司为一般工商企业，不属于金融监管体系，主要由市场机制来调节运行；而银行系租赁公司则需要与其股东采取并表监管，按照银行监管部门的要求开展业务。

美国是世界上租赁行业发展最为成熟的国家，其对租赁行业的管理更侧重于从风险控制的角度加强行业基本制度建设，而不是设立条条框框限制行业发展，束缚手脚设置禁区。美国租赁行业的具体市场基本制度如表 2 所示。

[①] Sarah J. March, "Drivers of Success in the U. S. Equipment Lease and Financing Industry," *Journal of Equipment Lease Financing*, Vol/No. 1.

表 2　美国租赁行业的具体市场基本制度

制度名称	制度内容
建立保险与担保政策	美国政府对租赁公司,特别是在发展中国家开展业务的租赁公司提供全面的政治风险保险;进出口银行对租赁公司的对外租赁交易提供综合性出口信贷、出口担保和出口保险等
建立托拉斯信贷制度	由若干出租人组成托拉斯代理公司,共同向金融机构筹资购买设备后出租给承租人,共同承担风险与收益,以降低单一出租人在出租飞机等大型设备时面临过高的风险
建立信用评估体系	便于租赁公司准备评价承租人的信用
建立回购制度	美国80%的租赁项目都是通过供应商推荐的,租赁公司与供应商之间都有回购协议,以降低运营风险
建立坏账政策和保证金制度	建立美国租赁业规定,逾期三个月就计为坏账,而坏账比例一般控制在0.75之内,同时,出租人根据承租人的信用等级向其收取不同额度的保证金,以减少现金流风险

资料来源：笔者根据公开资料和相关文献整理。

对于中国融资租赁行业而言，尽管融资租赁公司按照监管部门的不同可以分为银监会监管的金融租赁公司和商务部监管的融资租赁公司，但其实质均为融资租赁公司，更多的是监管上的差异。金融租赁公司面对的监管压力要比融资租赁公司大得多，但所从事的融资租赁业务不存在明显差异。

（二）立法模式

美国并没有专门的融资租赁法，也没有融资租赁基本法，而是由各个法律部门综合调整融资租赁，这也是美国租赁业经过多年发展达到成熟阶段的表现之一，市场成熟、环境完善，租赁市场自身的运行机制能够很好地保证租赁行业的运行，这也是以美国为首的融资租赁交易较为发达国家的立法模式，即分散立法模式。英国、德国、日本等均采取此种模式。

在美国，融资租赁市场交易的法律关系主要由《美国统一商法典》设定，该法典对融资租赁交易的范围、租赁合同的履行、违约及其补救等做出了较为完善的规定；融资租赁的税法关系则主要由《投资税负减免法》《经济复兴税法》设定；会计制度则适用美国会计准则委员会制定的标准。

中美主要法律环境比较见表3。

表3　中美融资租赁业主要法律环境比较

	中国	美国
租赁物取回权问题	我国《合同法》《企业破产法》及相关司法解释仅对出租人的租赁物的所有权和取回权进行了原则性规定,但没有租赁物的所有权和抵押权发生冲突时的解决机制,没有租赁物所有权和善意第三人冲突解决机制、出租人取回权的具体行使条件、程序和方法进行规定,故实践中经常出现出租人所有权被侵害而得不到司法保护的情形	英美法系国家对租赁物的取回以判例法为主,租赁物的取回属于返回之诉,受普通法的强势保护。美国对融资租赁的规定主要集中于《美国统一商法典》中。根据该法规定,出现承租人不当拒收货物、撤销接收、不履行到期支付义务或者部分或全部货物毁弃合同、实施了实质性损害租赁合同的违约行为以及当事人约定的其他违约行为发生时,出租人可以行使取回权,并规定了具体方式,包括自力取回和公力取回
融资租赁登记问题	①运输工具登记是我国唯一有法律效力的动产租赁物所有权登记,其中民用航空主管部门主管民用航空器权利登记工作;港务监督机构是船舶登记主管机关;机动车登记由公安交通管理部门负责实施。②工商行政管理部门登记。《担保法》规定,以企业设备和其他动产抵押的,登记部门为财产所在地的工商行政管理部门,但它只是抵押登记,并非租赁所有权登记。③公证部门、银行征信系统等,均非所有权登记。 除运输工具外,其他动产缺乏所有权登记系统。另外,分别登记制易造成登记规则不统一、当事人查询困难等问题	设有全国统一的动产担保登记系统,《美国统一商法典》规定,融资租赁分为真实的融资租赁和构成担保交易的租赁,如承租人对标的物所享有的权益限于占有和使用,其余所有其他权益均属出租人,该交易界定为真实的融资租赁;如果承租人所享有的权益除了占有和使用标的物外,还享有支付完对价(租金)后即享有标的物的完全所有权,则交易界定为担保交易。其中,构成担保交易的融资租赁应当在全国统一的动产登记系统进行登记。在商业实践中,相关当事人为了避免交易性质上的模糊而造成风险,一般都会选择动产担保登记
承租人特殊资质适用于出租人的问题	我国许多法律、法规及规章仍固守"物的归属和利用只限于同一主体"的思维,只注意物的所有权,如国家食品药品监督管理总局于2005年发布的《关于融资租赁医疗器械监管问题的答复意见》中,将融资租赁公司开展医疗器械融资租赁行为界定为"属经营医疗器械行为范畴",并要求融资租赁公司"办理《医疗器械经营许可证》后方可从事经营活动"	注重融资租赁业务中租赁物的所有权和使用权的分离,不存在承租人特殊资质强加于出租人的问题

资料来源:笔者根据公开资料和相关文献整理。

四　扶持政策

美国融资租赁行业之所以能够快速发展，成为美国三大融资手段之一，市场渗透率达30%，与其完善的行业配套扶持政策是分不开的。这些配套政策为美国融资租赁企业创造了良好的发展环境，培育出了许多有竞争力的企业。美国融资租赁业的扶持政策主要包括税收政策、财政政策、信贷政策、保险政策和统计制度5个方面（见表4）。

表4　美国融资租赁业的扶持政策

扶持政策	政策内容
税收政策	租赁是以税收为杠杆实现宏观调控的重要工具，租赁行业本身不需要税收优惠。一方面，美国历史上税收政策多次反复，证明了租赁能够成为宏观调控的好工具；另一方面，没有税务租赁的发展就没有美国租赁业的竞争力。 美国的投资税收抵免（ITC）政策，是比加速折旧对税务租赁影响更大的因素。1962年推出政策，由于对所得税的影响太过剧烈，1966年暂停，投资效应立马下降，1967年重启，大规模避税引起财政收入流失，1969年废除，1971年又重启并缩短了折旧年限，1975年把ITC从7%提升到10%，1981年进一步加强加速折旧政策。多轮博弈，租赁对宏观调控的正面影响显而易见，租赁对财政收入的影响也显而易见。这与经济环境（投资不足）相关，和纳税习惯（合并纳税）相关。 除了税务方面的利得，税务租赁给行业带来的好处还有三个方面。第一，税务租赁带来了投资级别的客户。大量发展良好的公司，并不需要普通的信贷（间接融资），但需要通过租赁的方式来获得税收收益。通过习惯的培养，这部分投资级别的公司成为租赁业的常客。 第二，税务租赁建立了真实租赁的能力。虽然20世纪六七十年代美国税务规定较为含糊，但原则上需要是真实租赁才能使出租人获得投资税收抵免和加速折旧，这要求出租人留设备原值40% ~50%的余值。通过税务租赁的影响，美国设备租赁市场建立了余值租赁的能力，可以说是逼出来的。 第三，递延所得税成为重要的资金来源。1983年之后，由于财政赤字的压力，美国税务政策不断变化，也引起了税务租赁比例的变化。2000年左右税务租赁占40% ~50%，到2010年前后税务租赁占15% ~20%
财政补贴	财政补贴主要是对政府鼓励发展的项目给予设备租赁津贴，或允许融资租赁公司使用政府政策性基金
信贷政策	信贷政策主要是政府通过政策规定，给融资租赁公司提供带有政策性的优惠贷款，或允许其发行租赁基金或债券，从资本市场筹集资金，放宽市场准入条件

续表

扶持扶持	政策内容
保险政策	保险政策主要是对融资租赁公司所遭遇的某些特定风险,如政治风险、违约风险等实行政策性的保险,以保障其安全经营。如美国的官方信贷机构"海外私人投资公司",对跨国租赁公司提供全方位的政治风险保险。美国的"进出口银行"(官方机构)对租赁公司提供出口担保和政治风险、商业风险保险
统计制度	美国联邦政府未对租赁业建立统一的统计制度,对租赁服务的统计分散于各个行业部门。根据北美行业分类体系(NAICS),普通租赁纳入"房地产出租和租赁(53)"项下的"出租与租赁服务(532)",该门类主要包括两大项业务:一是面向消费者的出租服务,二是面向企业的出租服务,租赁的对象包括汽车、电脑、消费物资、工业机器与设备等,面向消费者的出租类似一种零售型的传统租赁服务,而面向企业的出租服务则通常会涉及一些长期租赁服务。融资租赁服务纳入"金融与保险(52)"项下统计。此外,运输设备、建筑设备、农业设备运营商所提供的租赁服务则分别纳入各个运营商所在的行业门类统计

资料来源：笔者根据公开资料和相关文献整理。

参考文献

［1］ Elisabeth Kiichler and Peter Haiss, "Market Structure as Determinant: The Case of Leasing in Banking Industry Transformation in Central and South Eastern Europe," *Paper for Presentation at the 8th Global Conference on Business & Economics*, Florence, Oct. 18 – 19, 2008.

［2］ Vinod Kothari, *The State of the Leasing Industry: Review of Developments and Trends* 2009.

［3］ Cameron Krueger, Steven Byrnes and Christine Williams, "Captive Finance in a Challenging Economy," *Journal of Equipment Lease Financing*, ISSN 0740 – 008X.

［4］ Sarah J. March, "Drivers of Success in the U. S. Equipment Lease and Financing Industry," *Journal of Equipment Lease Financing*, Vol/No. 1.

［5］孔永新：《美国融资租赁盈利模式分析及对中国的启示》,《投资研究》2012 年第 12 期。

［6］廖岷：《中美两国融资租赁业的比较研究》,《新金融研究》2012 年第 2 期。

［7］郭文玲：《国外融资租赁业务发展比较研究》,《现代商业》2010 年第 15 期。

B.13
附录　融资租赁行业大事记
2017年1月至2018年8月

2017年1月3日　深圳前海法院制定发布了《关于审理前海自贸区融资租赁合同纠纷案件的裁判指引》《关于审理前海自贸区保理合同纠纷案件的裁判指引》两大涉自贸区新类型案件裁判指引，旨在为融资租赁、保理合同两大类案件提供指引性思路，为自贸区创新开放型经济提供有力的司法保障。

2017年1月9日　最高人民法院发布《关于为自由贸易试验区建设提供司法保障的意见》。文件要求，依法支持自贸试验区企业创新性经营模式，例如，要鼓励自贸试验区内融资租赁业的创新发展。

2017年1月17日　东北地区首个融资租赁行业协会——沈阳市融资租赁协会第一届一次会员大会在沈阳召开，标志着沈阳市融资租赁协会正式成立。

2017年2月16日　渤海金控早间公告，渤海金控拟通过全资下属公司Park Aerospace Holdings Limited现金收购纽交所上市公司CIT下属商业飞机租赁业务，公司已获得境外行85亿美元的贷款。收购完成后公司将成为全球第三大飞机租赁公司。

2017年2月17日　在香港上市半年的国银租赁H股（1606.HK）正式入围恒生综合小型股指数成分股，并将于3月6日起正式生效。此项举动意味着，3月6日之后，国银租赁H股即可通过深港通进行交易。

2017年3月20日　中国飞机租赁集团控股有限公司之成员公司飞机再生国际有限公司宣布，已收购全球飞机解决方案提供商之一 Universal Asset

Management，Inc. 100% 股权。

2017 年 3 月 24 日 天津东疆保税港区管委会、融资租赁三十人论坛（天津）研究院在天津东疆保税港区发布了《中国融资租赁行业 2016 年度报告》。

2017 年 3 月 28 日 中国人民银行、工业和信息化部、银监会、证监会、保监会联合发布《关于金融支持制造强国建设的指导意见》，鼓励加快制造业融资租赁业务发展及其资产证券化。

2017 年 4 月 1 日 国务院制定《中国（湖北）自由贸易试验区总体方案》，方案提出大力发展融资租赁业务。

2017 年 4 月 10 日 能源行业唯一一家在美国上市的互联网金融企业绿能宝发出声明称，针对投资人于 2017 年 4 月 10 日及以后（最长 180 日）出现的提现逾期情况，经平台与各方协调，提现逾期将在 180 日内按照 T + 30 日通过平台向投资人兑付。

2017 年 4 月 26 日 由中诚信国际评估认证的全国首单融资租赁绿色债券"中电投融和融资租赁有限公司 2017 年度非公开定向债务融资工具"在交易商协会成功注册，境内绿色债券发行主体进一步丰富。

2017 年 5 月 2 日至 6 月 30 日 商务部组织各地开展融资租赁行业风险排查工作。本次风险排查工作对象为所有内资融资租赁试点企业和外商投资融资租赁企业，对 12 类企业进行重点检查。

2017 年 5 月 23 日上午 宁波杉杉股份有限公司控股子公司富银融资租赁正式在香港上市。

2017 年 5 月 31 日 广州南沙开发区（自贸试验区）推出"1 + 1 + 10"产业政策体系，包括 1 个纲领性文件、1 个产业发展资金管理办法和 10 个产业政策。

2017 年 6 月 1 日 为促进汽车租赁业健康发展，交通运输部会同住房和城乡建设部研究起草了《关于促进汽车租赁业健康发展的指导意见（征求意见稿）》，向社会公开征求意见，为期两周。

2017 年 6 月 12 日 中共中央办公厅、国务院办公厅印发了《关于加快构建政策体系培育新型农业经营主体的意见》，并发出通知，要求各地区各部门结合实际认真贯彻落实。

2017 年 6 月 14 日　为贯彻落实《国务院办公厅关于加快融资租赁业发展的指导意见》（国办发〔2015〕68 号）有关精神，进一步加快北京市融资租赁业发展，北京市商务委员会、北京市发展和改革委员会、北京市经济和信息化委员会等 12 个部门联合印发《关于加快融资租赁业发展的实施意见》。

2017 年 6 月 29 日　国家发改委、住建部、交通部、国家铁路局、中国铁路总公司五部门联合发布《关于促进市域（郊）铁路发展的指导意见》，鼓励金融租赁公司研发适合市域（郊）铁路特点的金融产品，采用直接租赁、售后回租等形式提供融资服务。

2017 年 7 月 5 日　上海市高级人民法院发布的《2016 年度上海法院金融商事审判情况通报》显示，上海市融资租赁合同类纠纷案件数量和标的金额在 2016 年保持了上升的态势，但上升幅度较 2015 年大幅缩小。

2017 年 7 月 10 日　浦发银行完成该行首单自贸区 FT 跨境飞机租赁融资业务。

2017 年 7 月 20 日上午　金融租赁服务长江经济带战略联盟在上海宣布成立，现场举行了签约仪式。成立大会上，联盟与沿江 11 个省市发展改革委签署协议，初步达成 3000 亿元的租赁合作意向。

2017 年 7 月 28 日　中国证券投资基金业协会对恒泰证券下发了纪律处分决定书，由于其管理的"宝信租赁二期 ABS""宝信租赁四期 ABS""吉林供水收费 ABS"三支资产支持专项计划涉嫌违规，基金业协会决定自 2017 年 8 月 1 日起暂停受理恒泰证券资产支持专项计划备案，期限为 6 个月。

2017 年 8 月 4 日　广州市商务委、金融工作局、财政局联合发布了《广州市商务发展专项资金融资租赁产业发展事项实施细则》，设立专项资金支持融资租赁产业发展，对融资租赁企业落户、增资扩股和融资租赁项目落地给予奖励和补贴。

2017 年 9 月 12 日　e 租宝案在北京一审宣判，两家涉案公司被处罚金共 19.03 亿元，26 名被告获刑，并被处以罚金。其中，主犯丁宁被判无期徒刑，罚金 1 亿元。

2017 年 9 月 22 日　一架全新的空客 A320 客机从法国图卢兹飞抵天津滨海国际机场，这是天津自贸区东疆保税港区片区以租赁形式引进的第 1000 架飞机。该架飞机的出租人为工银租赁，飞机飞抵后将交付东方航空。至此，东疆租赁飞机数已达 1000 架，成为全球继爱尔兰之后拥有飞机资产最多的飞机租赁聚集地。

2017 年 10 月 30 日　国家外汇管理局发布了关于融资租赁业务外汇管理有关问题的通知。

2017 年 10 月 30 日　辽宁丹东港集团宣布 10 亿元债券违约，其中涉及融资租赁债务高达 26 亿元。

2017 年 11 月 16 日　大连机床集团正式发布大连市中级人民法院指定大连机床等四家公司进行重整的公告。大连机床宣告破产，债务逾期超百亿，4 家租赁公司牵涉其中。

2017 年 11 月 24 日　由中国外商投资企业协会主办、中国外商投资企业协会租赁业工作委员会承办的"2017 中国融资租赁年会"在北京召开。

2018 年 1 月 8 日　财政部发布草拟《企业会计准则第 21 号——租赁（修订）（征求意见稿）》，并开始组织征求意见

2018 年 1 月 10 日　由浙江省商务厅提出并归口的全国首部融资租赁行业省级地方标准——《融资租赁企业管理与服务规范》经浙江省质量技术监督局批准正式发布，将于 2018 年 1 月 26 日实施。

2018 年 1 月 16 日　江苏金融租赁股份有限公司 IPO 首发申请获证监会通过，成为首家在 A 股上市的金融租赁公司。

2018 年 3 月 5 日　人民银行重庆营管部发布《推进中国（重庆）自由贸易试验区外汇管理改革试点实施细则》，内容涵盖经常项目、资本项目、外汇市场多项外汇创新业务，允许融资租赁公司收取外币租金。

2018 年 5 月 7 日　凯迪生态（000939.SZ）发布公告未能按期兑付 2011

年度发行的第一期中期票据"11凯迪MTN1",已构成实质性违约,9家租赁公司或受牵连。

2018年5月29日 国务院正式印发进一步深化广东、天津、福建自贸区改革开放方案,对三地自贸区进一步深化改革开放进行部署,并提供指导意见。在融资、企业征信、监管、税收等方面对融资租赁行业在天津自贸区的发展做出重点关注。

2018年6月7日 中国银保监督管理委员会已致函各省、自治区、直辖市、计划单列市人民政府,请其督促相关部门认真履行监管职责,加强监督管理,及时妥善处置风险隐患,尽快与中国银行保险监督管理委员会建立并完善日常工作联系和重大事件信息通报机制,组织本地区三类机构登录"全国融资租赁企业管理信息系统""商业保理业务信息系统""全国典当行业监督管理信息系统",真实、准确、完整填报信息,逐户审核确认企业填报信息,结合实际开展摸底工作。

2018年6月20日 营口港务集团有限公司向光大永明资产发出"无力偿还"债权计划本息复函被曝光。复函中称,由于资金短缺,营口港对于"光大永明——营口港债权投资计划"到期的本金及利息共计5.3亿余元无力偿还,申请光大永明资产管理股份有限公司调整《营口港债权投资计划》的还款计划。截至2017年末,营口港负债总额高达781亿元,租赁应付款逾77亿元。

2018年7月23日 雏鹰农牧集团股份有限公司发布公告称公司实控人侯建芳所持公司全部股份已遭司法冻结,主要原因为公司未按期偿还远东宏信(天津)融资租赁有限公司相应贷款。

Abstract

With the guidance of China's finance returning to the origin of servicing the real economy and the prevention of systemic financial risks, the financial sector got strong supervision. The unified supervision of financial leasing comes into being, and the financial leasing industry has entered a new stage of transformation and upgrading. *Annual Report on China's Financial Leasing Development* (*2018 – 2019*) follows the new development of financial leasing industry, analyzes "Four Pillars" of the leasing industry, namely legal, regulatory, accounting and taxation system, comprehensively combines the present situation and existing problems of China's financial leasing industry, systematically studies the theoretical and practical development trends of domestic and foreign financial leasing industry, and puts forward some policy suggestions for the development of China's financial leasing industry.

This blue book is divided into four main parts: the General Report, the Thematic, the City and the Revelation.

The General Report considers that China's financial leasing industry has entered a new stage of transformation and upgrading after experiencing the initial, normative and rapid development stage, due to changes in the internal and external environment. The General Report makes a comprehensive analysis of the overall operation of the financial leasing industry, focusing on the historical evolution of the regulatory fragmentation and the impact of the unified regulatory pattern on the development of the financial leasing industry. The part is firmly optimistic about the development prospects of China's financial leasing industry and holds that after systematically solving the problems faced by the industry, the financial leasing industry will develop towards high quality.

The Thematic Reports mainly study on the four pillars of the development of China's financial leasing industry, namely legal, regulatory, accounting and taxation system, systematically combs the evolution of the four pillars in China, analyzes the shortcomings and defects of the current system environment, and puts forward some suggestions for optimization. In particular, this part focuses on the impact on the financial leasing industry of the "value-added tax" policy and the new leasing criterion IFRS16 issued recently, and puts forward the corresponding measures.

The City Reports compare and analyze the development situation, policy environment, advantages, problems and prospects of the three major financial leasing industrial agglomerations in China, Tianjin, Shanghai and Shenzhen, and selects typical cases to introduce their development experiences. Through comparative analysis, this part comprehensively interprets the dynamic factors of the development of the financial leasing industry in the three places from various angles, which is helpful to predict and judge the future development trend of the financial leasing industry in China.

The Revelation Reports focuse on the financing channels of financial leasing companies and the development experience of international financial leasing industry. In the financing section, this paper studies how financial leasing companies use asset-backed securities, shareholders' capital injection, bond financing, equity financing and other financial instruments to open up financing channels, and successful cases of some companies' financing through capital markets. In addition, this section analyzes the advantages of large-scale and long-term of insurance funds, and discusses the prospects of comprehensive innovation and cooperation between insurance funds and financial leasing industry. In the international section, this part firstly introduces the development of financial leasing industry in Europe and America, and then analyzes the operation mode and supervision system of financial leasing industry in the United States, Germany, Japan and Korea. In view of the fact that the United States is the largest financial leasing market in the world, this part thematically studies the development situation, profit model, financing model, supervision measures and supporting policies of the financial leasing industry in the United States, summarizes the development experience of the financial leasing industry in the United States, and puts forward some countermeasures to promote the development of the financial leasing industry in China.

Keywords: Financial Leasing Industry; Four Pillars; Industrial Agglomeration; Capital Market Tools

Contents

I   General Report

Abstract: Since the birth of financial leasing industry in China, it has
experienced the initial, standard and rapid development stage, and has made
remarkable achievements in both the number of enterprises and business scale.
However, China's financial leasing industry is still in the primary stage of
development, with strong credit like features, which deviates from the nature of
financial leasing to some extent. With the state guiding the real economy,
preventing systemic financial risks, the introduction of strong financial regulation
policies, and the formation of a unified regulatory pattern of financial leasing,
China's financial leasing industry has entered a new stage of transformation,
upgrading and development. Under the new situation, the finance leasing industry is
faced with the problems of imperfect legal construction, ununified registration of
lease items, single financing channels and weak asset management ability. Under the
new normal of China's economy, the economic growth rate starts to slow down,
but the internal driving force of the rapid development of financial leasing is still
strong. The financial leasing industry should grasp the development opportunities in the
new era, practically change its business model, constantly expand financing channels,

improve the ability of asset management, and take a road of high-quality development.

Keywords: Finance Lease; Unified Supervision; Transformation and Development; Asset Management

II Thematic Reports

B. 2   A Research on Legal Regulation of Financial Leasing in China

Lin Shaowei / 033

Abstract: This report systematically reviews the legislative process of financial leasing in China over the past 30 years, sorts out the existing laws and regulations in China, points out the existing defects in the legal system of financial leasing through comparison, and gives some prospects for the future development of the legal system of financial leasing. At present, the domestic financial leasing industry maintains a high growth rate, but the incompleteness of legal regulations seriously affects the healthy development of the financial leasing industry, the market subject lacks the guidance of code of conduct, and the courts at all levels lack the judgment and standard constraints. The trend of legal regulation in the future should focus on the market ethics of free trade and embody the value of private law norms. While improving the specification details and enhancing the risk prevention and control, adhering to the concept of the general pattern, we have made continuous efforts to promote the introduction of the special financial leasing law, so as to realize the systematic and orderly legal regulations and contribute to the vigorous development of the financial leasing industry.

Keywords: Financial Leasing; Law Regulation; Contract Law; Judicial Interpretation Perfect

B. 3   Research on Supervisory System of Financial Leasing in China

Wei Jingqiang, Guo Zheyu / 062

Abstract: In recent years, China's financial leasing industry transaction subjects and market size show explosive growth, playing an increasingly important role in the national economy. With the unified consolidation of the financial leasing industry, the supervision of the commercial leasing industry in the future will start from the national grand strategy and strictly control risks. The industry rectification has started. First of all, this paper describes the overview of China's regulatory authorities on financial leasing industry, introduces the regulatory thinking and requirements of China's financial leasing industry, and lists the objectives, principles, standards and contents. Based on the discussion of the current situation, the potential problems existing in the lease industry under the original supervision system are elaborated step by step, the significance of unified supervision is briefly analyzed, the future direction of supervision policy is forecasted, and some rationalization Suggestions are put forward to provide beneficial reference for the healthy development of the industry. Unified supervision will do more good than harm in the long run. The regulation of financial leasing is expected to be in line with international standards, which will also help better control social and financial risks.

Keywords: Financial Leasing; Supervision Target; Supervision System; Regulations

B. 4 Research on Impact of VAT Reform on Financial
Leasing Business *Wang Li*, *Zhu Yuanjia* / 081

Abstract: In 2016, a fundamental change took place in the circulation tax system in China. Business tax was completely removed from the historical stage and replaced by value-added tax. As one of the four pillars of financial leasing business, tax issues have been greatly affected. This report sorts out the major taxes of financial leasing and the turnover taxes of financial leasing under different historical backgrounds, analyzes the tax policy content and tax requirements of replacing the business tax with a value-added tax, deeply analyzes the impact of replacing the business tax with a value-added tax on financial leasing participants, discusses the adverse factors and puts forward corresponding Suggestions. For Banks and leasing lenders, a higher tax rate does not necessarily mean a higher effective tax burden. Financial leasing enterprises are the most affected. As the actual ultimate payer of VAT in the loan link of leasing business, they need to pay 6% VAT, resulting in the increase of tax burden. The lessee is the undertaker of all costs and expenses in the final finance lease business. Replacing the business tax with a value-added tax is good for improving the collection of leasing turnover tax and ensuring the full tax coverage of leasing business link by link, but there are some problems that cannot be deducted or cannot be fully deducted.

Keywords: Leasing; Turnover Tax; Replacing Business Tax with VAT

B. 5   Research on Development of China's Financial
        Leasing Accounting System
                            Zhao Yuan, Zhu Yuanjia and Zhu Yukun / 092

Abstract: This report discusses the accounting policy and system of leasing industry, from the perspective of lease accounting system at home and abroad, this paper analyzes the development of the lease accounting system, analyzed the current ongoing suitability of accounting standards and new revision to take effect, combined with the new standard of major changes, the overall impact of leasing industry, the development direction of accounting theory and practice, definition, accountant processing details, transition from lease regulations, contrast Angle, both at home and abroad, discusses the development of the lease accounting.

Keywords: Accounting Standards; Financial Leasing; IFRS16

Ⅲ   City Reports

B. 6   Analysis of Financial Leasing Development and Problems
        in Tianjin   *Wang Li, Wu Di* / 123

Abstract: In the domestic financial leasing industry, Tianjin dongjiang occupies a pivotal position. Tianjin dongjiang financial leasing industry covers a large number of enterprises, and involves a variety of work types with strong innovation, which has formed a relatively significant industry aggregation effect. Tianjin dongjiang finance lease industry also faces some difficulties and problems, mainly in the absence of legislation; regulatory model to be improved, the demand side industry awareness and low penetration rate, single business model and risk prevention and sustainable development facing challenges, external development environment is not perfect. The state and the local government of Tianjin have provided certain policy support for the finance lease industry, which has formed great development advantages. Tianjin dongjiang financial leasing industry has a very broad development prospect, the advantages of financial leasing business will be further amplified, the scope of financial leasing subject matter will be further expanded, the financing cost of financial leasing enterprises will be further reduced, and the tax environment will be further optimized.

Keywords: Financial Leasing; Free Trade Zone; Financial Opening

B. 7　Analysis of Financial Leasing Development and Problems

in Shanghai　　　　　　　　　　　*Xia Luran, Wang Shi* / 142

Abstract: Relying on the special geographical advantages of international financial center, trade center and shipping center, Shanghai has been leading the development of financial leasing industry in China. Especially since the establishment and operation of Shanghai pilot free trade zone, various measures to deepen reform and expand opening-up have greatly stimulated the vitality of financial leasing market players. This report first interprets the development status and dynamic factors of financial leasing industry in Shanghai from multiple perspectives such as industrial development, macroeconomic industrial environment, policy planning and successful cases of the industry. Based on the analysis of the current situation, it makes multi-directional judgment and prediction on the development trend of financial leasing industry in Shanghai in the future.

Keywords: Finance Leasing; Free Trade; Pilot Zone; Financial Opening

B. 8   Analysis of Financial Leasing Development and Problems

in Shenzhen   *Wang Shi, Li Shenggang* / 175

Abstract: Shenzhen, as the third financial leasing industry highland in China after Tianjin and Shanghai, has witnessed rapid growth in the industry scale in the recent three years, mainly due to the inherent policy advantages of shenzhen, strong industrial foundation and unprecedented prosperity of modern financial services industry. In this report, the development status and dynamic factors of financial leasing industry in shenzhen are comprehensively interpreted from the perspectives of industry development, macro-economic industrial environment, and policy planning and successful cases of the industry. Based on the analysis of the current situation, the future development trend of financial leasing industry in shenzhen is judged and predicted from multiple perspectives.

Keywords: Financial Leasing; Special Zone; Qianhai; "One Belt And One Road"

Ⅳ   Revelation Reports

B. 9   Development and Cases of Leasing Company's Financing

on Capital Market   *Wang Jipei, Liu Kun* / 205

Abstract: For a long time, an important bottleneck restricting the development of financial leasing companies is the financing ability. Traditionally, the main financing channels of leasing companies are Banks and other financial institutions. Therefore, leasing companies backed by financial institutions usually

279

have stable financial support from major shareholders, and their business scale is usually easy to grow. But the commercial department leasing company is limited by the financing difficulty, appears to walk difficultly. In recent years, this situation is undergoing positive changes. Financing channels of financial leasing companies tend to be diversified. More and more leasing companies begin to use capital market financing to open up new financing channels by means of asset-backed securities (ABS), shareholder capital injection of listed companies, bonds and listed (equity) financing tools. In addition, we also analyze how ping an leasing, bohai finance holding, chenming leasing and xinxin leasing use differentiated capital market tools for financing through case studies.

Keywords: Capital Market Financing; Asset-backed securities (ABS); Case Study

B. 10　Acceleration to Finance Leasing Industry by Insurance Funds

Luo Ming / 223

Abstract: At present, China's financial leasing industry is facing serious capital constraints, financing channels are single and other bottlenecks, is one of the prominent problems restricting the development of the industry. The state is now encouraging insurance institutions to increase their support for financial leasing companies under the premise of controllable risks. With the continuous expansion of investment channels for insurance funds, the proportion of alternative investment has been steadily increased, and the innovative cooperation with the financial leasing industry has been deepened. Through equity, debt and asset support programs, the business needs of both sides have been connected to achieve win-win development.

Keywords: Insurance Capital; Financial Leasing; Business Innovation

B. 11　Development of International Financial Leasing Industry and

　　　Its Enlightenment to China　　　　　　　*Sun Shuning* / 232

Abstract: Since the new century, the global financial leasing industry has maintained rapid growth. This report by the European and American developed countries a comparative study of financial leasing industry development, focus on financing lease industry began, the United States, the industrial development has its own advantages and characteristics of South Korea, Japan and German finance lease rising stars on the financing lease industry in developed countries in the form of enterprise market operation status, business innovation, market characteristics, the government industry regulation and industry intermediary organizations, etc. , and a comprehensive comparison and analysis, to the financing lease industry in our country development and the government's policy to provide experience for reference and enlightenment. Can be seen from the practical experience of the European and American countries, healthy and stable development of financing leasing: there must be some necessary institutional arrangement to have a stable financial support, should have a sound securities bond financing market, should have a sound legal system, also need to be introduced from national level to give attention and establish and improve the policy support measures.

Keywords: Financial Leasing; International Leasing; Leverage Leasing

B. 12　Development of US Financial Leasing Industry

　　　　　　　　　　　　　　　　　　　　Xu Qian / 251

Abstract: This report focuses on the global scope and studies the international experience of the development of financial leasing industry. The United States is one of the earliest and most mature countries in the development of financial leasing. This part firstly summarizes the development context, business field, market scale and business advantages of the US financial leasing industry, and then analyzes its profit model, financing sources, regulatory model and supporting policies one by one. Finally, it summarizes and draws lessons from the development experience of the US financial leasing industry.

Keywords: American Financial Leasing Industry; Business Model; Policy Support

权威报告·一手数据·特色资源

皮书数据库
ANNUAL REPORT(YEARBOOK)
DATABASE

当代中国经济与社会发展高端智库平台

所获荣誉

- 2016年，入选"'十三五'国家重点电子出版物出版规划骨干工程"
- 2015年，荣获"搜索中国正能量 点赞2015""创新中国科技创新奖"
- 2013年，荣获"中国出版政府奖·网络出版物奖"提名奖
- 连续多年荣获中国数字出版博览会"数字出版·优秀品牌"奖

成为会员

通过网址www.pishu.com.cn访问皮书数据库网站或下载皮书数据库APP，进行手机号码验证或邮箱验证即可成为皮书数据库会员。

会员福利

- 已注册用户购书后可免费获赠100元皮书数据库充值卡。刮开充值卡涂层获取充值密码，登录并进入"会员中心"—"在线充值"—"充值卡充值"，充值成功即可购买和查看数据库内容。
- 会员福利最终解释权归社会科学文献出版社所有。

数据库服务热线：400-008-6695
数据库服务QQ：2475522410
数据库服务邮箱：database@ssap.cn
图书销售热线：010-59367070/7028
图书服务QQ：1265056568
图书服务邮箱：duzhe@ssap.cn

S 基本子库
SUB DATABASE

中国社会发展数据库（下设 12 个子库）

全面整合国内外中国社会发展研究成果，汇聚独家统计数据、深度分析报告，涉及社会、人口、政治、教育、法律等 12 个领域，为了解中国社会发展动态、跟踪社会核心热点、分析社会发展趋势提供一站式资源搜索和数据分析与挖掘服务。

中国经济发展数据库（下设 12 个子库）

基于"皮书系列"中涉及中国经济发展的研究资料构建，内容涵盖宏观经济、农业经济、工业经济、产业经济等 12 个重点经济领域，为实时掌控经济运行态势、把握经济发展规律、洞察经济形势、进行经济决策提供参考和依据。

中国行业发展数据库（下设 17 个子库）

以中国国民经济行业分类为依据，覆盖金融业、旅游、医疗卫生、交通运输、能源矿产等 100 多个行业，跟踪分析国民经济相关行业市场运行状况和政策导向，汇集行业发展前沿资讯，为投资、从业及各种经济决策提供理论基础和实践指导。

中国区域发展数据库（下设 6 个子库）

对中国特定区域内的经济、社会、文化等领域现状与发展情况进行深度分析和预测，研究层级至县及县以下行政区，涉及地区、区域经济体、城市、农村等不同维度。为地方经济社会宏观态势研究、发展经验研究、案例分析提供数据服务。

中国文化传媒数据库（下设 18 个子库）

汇聚文化传媒领域专家观点、热点资讯，梳理国内外中国文化发展相关学术研究成果、一手统计数据，涵盖文化产业、新闻传播、电影娱乐、文学艺术、群众文化等 18 个重点研究领域。为文化传媒研究提供相关数据、研究报告和综合分析服务。

世界经济与国际关系数据库（下设 6 个子库）

立足"皮书系列"世界经济、国际关系相关学术资源，整合世界经济、国际政治、世界文化与科技、全球性问题、国际组织与国际法、区域研究 6 大领域研究成果，为世界经济与国际关系研究提供全方位数据分析，为决策和形势研判提供参考。

法律声明

　　"皮书系列"（含蓝皮书、绿皮书、黄皮书）之品牌由社会科学文献出版社最早使用并持续至今，现已被中国图书市场所熟知。"皮书系列"的相关商标已在中华人民共和国国家工商行政管理总局商标局注册，如 LOGO（ 📖 ）、皮书、Pishu、经济蓝皮书、社会蓝皮书等。"皮书系列"图书的注册商标专用权及封面设计、版式设计的著作权均为社会科学文献出版社所有。未经社会科学文献出版社书面授权许可，任何使用与"皮书系列"图书注册商标、封面设计、版式设计相同或者近似的文字、图形或其组合的行为均系侵权行为。

　　经作者授权，本书的专有出版权及信息网络传播权等为社会科学文献出版社享有。未经社会科学文献出版社书面授权许可，任何就本书内容的复制、发行或以数字形式进行网络传播的行为均系侵权行为。

　　社会科学文献出版社将通过法律途径追究上述侵权行为的法律责任，维护自身合法权益。

　　欢迎社会各界人士对侵犯社会科学文献出版社上述权利的侵权行为进行举报。电话：010-59367121，电子邮箱：fawubu@ssap.cn。

社会科学文献出版社